U0660056

国家中等职业教育改革发展示范学校建设系列教材

会计基础知识

（非会计专业）

主　编　刘继周　吕永红

副主编　梁玉环　陈巧巧　谢俊锋

王海梅　张建坤

中国商务出版社

图书在版编目（CIP）数据

会计基础知识／刘继周，吕永红主编. —北京：中国商务出版社，2018.5

国家中等职业教育改革发展示范学校建设系列教材

ISBN 978-7-5103-2398-0

Ⅰ.①会… Ⅱ.①刘…②吕… Ⅲ.①会计学—中等专业学校—教材 Ⅳ.①F230

中国版本图书馆 CIP 数据核字（2018）第 093729 号

国家中等职业教育改革发展示范学校建设系列教材

会计基础知识

KUAIJI JICHU ZHISHI

主　编　刘继周　吕永红

出　　版：中国商务出版社

地　　址：北京市东城区安定门外大街东后巷 28 号　　**邮　　编**：100710

责任部门：国际经济与贸易事业部（010-64269744　gjjm@ cctpress. com）

责任编辑：张永生

总 发 行：中国商务出版社发行部（010-64266119　64515150）

网　　址：http://www. cctpress. com

邮　　箱：cctp@ cctpress. com

印　　刷：北京建宏印刷有限公司

开　　本：787 毫米×1092 毫米　1/16

印　　张：21　　**字　　数**：362 千字

版　　次：2018 年 5 月第 1 版　**印　　次**：2018 年 5 月第 1 次印刷

书　　号：ISBN 978-7-5103-2398-0

定　　价：52.00 元

国家中等职业教育改革发展示范学校建设系列教材

编委会

编写说明

本书是中等职业学校非会计专业学生学习会计基础知识的教学用书，是根据以中等职业学校学生的特点和培养目标而进行编写，是针对商科类学校非会计专业的特点，以“够用、实用、适用”为原则，体现教材系统性和行业特点而构建、开发的一本教材，突出专业针对性、实用性和科学性。

本书依据项目化教学法进行教学设计，鼓励积极主动、勇于探索的自主学习方式，注重培养学生的职业能力，培养学生基本的会计知识、基本技能，培养学生的控制成本的意识，使学生对企业日常会计核算和成本核算有明确的认识。本书共有十个项目(其中，带★的部分为选学内容)，分别为：项目一会计书写规范；项目二初识会计；项目三会计基础知识；项目四填制和审核会计凭证；项目五登记会计账簿；项目六成本核算基础；项目七部组成本核算；项目八物流企业成本核算；项目九汽车修理企业成本核算；项目十餐饮企业成本核算。

在使用该教材时，应根据专业的需要，选学相关内容。建议市场营销、电子商务及其专业选学项目一、项目二、项目三、项目四、项目五、项目六、项目六和项目七；物流及其相关专业选学项目一、项目二、项目三、项目四、项目五、项目六和项目八；汽修及其相关专业选学项目一、项目二、项目三、项目四、项目五、项目六和项目九；烹饪及其相关专业选学项目一、项目二、项目三、项目四、项目五、项目六和项目十，并根据教学安排增删其中的内容。

本书由长期从事中等职业学校会计专业教学研究和会计实践的骨干教师共同编写而成。广西商业学校刘继周、吕永红老师担任主编，负责全书编写大纲的拟定并参加教材编写；广西商业学校梁玉环、陈巧巧、谢俊锋、王海梅、张建坤老师担任副主编并参加教材编写。其中，项目一由王海梅老师负责编写（其中项目一中的任务二由吕永红老师负责编写）；项目二、项目三由梁玉环老师负责编写；项目四、项目五由吕永红老师负责编写；项目六、项目八由刘继周老师负责编写；项目七、项目九由陈巧巧老师负责编写；项目十由谢俊锋、张建坤老师负责编写。最后，由刘继周老师和吕永红老师对全书进行总纂、审核、修改和定稿。

在本教材的编写过程中，引用和参考了许多相关教材内容和资料观点，在此一并表示衷心感谢！

由于作者水平有限，错漏和不当之处在所难免，敬请广大读者不吝赐教！

编者

2018 年 3 月

目　录

项目一　会计书写规范

会计书写规范是指会计工作人员，在经济业务活动的记录过程中，对接触的数码和文字的一种规范化书写以及书写方法。会计工作离不开书写，没有规范的书写就没有会计工作质量。书写规范也是衡量一个会计工作人员素质高低的标准。会计书写的内容包括阿拉伯数码字的书写、数字大写以及汉字书写两大部分。在一些三资企业，有时还需用外文记账，外文字母的书写也应当规范。

任务一　数字书写规范

会计数字书写是指会计人员依据财政部制定的会计工作规范在填制会计凭证时的内容、字迹、写法、顺序等的基本规定。

阿拉伯数字又称小写数字，主要用于会计凭证、账簿、报表等金额栏的书写，由“0、1、2、3、4、5、6、7、8、9”十个数字组成，这是世界通用的十个数字。在会计工作中，尤其是会计记账过程中的阿拉伯数字书写与其他工作中的书写方法不同，已形成一定的标准。

一、数字书写

（一）了解书写阿拉伯数字

阿拉伯数字的规范写法（手写体），如图 1-1 所示。

图 1-1　阿拉伯数字规范手写体

（二）小写金额的标准写法

在会计实践中，用阿拉伯数字表示的金额数字通常被简称为“小写金额”。

（1）小写金额数字前应填写货币币种符号，如人民币应填写“￥”符号，美元应填写“$”符号，且币种符号和阿拉伯数字之间不得留有空白，以防止金额数字被人涂改。凡阿拉伯数字前写有币种符号的，数字后面不再写货币单位。

“￥”是“yuan（元）”第一个字母的缩写变形，它既代表人民币的币制，又表示人民币“元”的单位。所以，小写金额前填写人民币符号“￥”以后，数字后面可不写“元”字。

“￥”主要应用于填写票证（发票、支票、存单等）和填制记账凭证，在登记账簿和编制报表时，一般不使用“￥”符号。

（2）在没有数位分割线的凭证、账、表上，所有以元为单位的阿拉伯数字，除用于表示单价等情况外，一律写到角、分。

到元为止无角分的金额数字，角位和分位可写“00”或用符号“—”表示。如“人民币陆佰元整”，应写成“￥600.00”，也可写成“￥600—”。有角无分的金额数字，分位应当写“0”，不得用符号“—”代替，如“人民币柒佰元零陆角整”，应写成“￥700.60”，而不能写成“700.6—”。

只有分位金额数字的，在元位和角位上各写一个“0”字并在元与角之间点一个小数点，如“0.09”。

（3）有数位分割线的凭证、账、表的标准写法，对应固定的位数填写，不得错位，从最高位起，后面各数位格数字必须写完整。

只有分位金额数字的，在元位和角位上均不得写“0”字。

只有角位或角分位金额数字的，在元位上不得写“0”字。

分位是“0”的金额数字，在分位上写“0”，角分位都是“0”的金额数字，在角分位上各写一个“0”字。不能采用画线等方法代替。

（4）采用三位分节制。使用分节号能够较容易地辨认数的位数，有利于数字的书写、阅读和计算工作。数的整数部分，采用国际通用的“三位分节制”，从个位向左每三位数用分节号“,”分开或用空格隔开。如“￥8 632 580.74”或“￥ 8 632 580.74”。

二、数字书写错误的更正

按照《会计基础工作规范》的要求，书写数字发生错误时，严禁采用刮、擦、涂改或采用药水消除字迹方法改错，应采用正确的更正方法进行更正。更正的方法叫划线更正法，即将错误的数字全部用单红线注销掉，并在错误的数字上盖章，以明确责任，而后在原数字上方对齐原位填写出正确的数字。

（一）更正金额错位

会计记录发生金额错位时，应当采用正确的更正方法进行规范更正。更正方法，如图 1–2 所示。

错误的更正方法：直接在写错位的数字“6”上画红线注销，如图 1–3 所示。

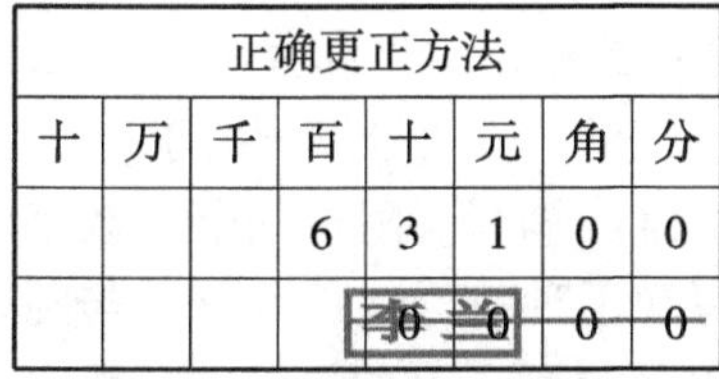

正确更正方法							
十	万	千	百	十	元	角	分
			6	3	1	0	0
				李 0	兰 0	0	0

图 1–2　正确更正金额错位

错误更正方法							
十	万	千	百	十	元	角	分
				3			
			6	李 6	兰	0	0

图 1–3　错误更正金额错位

（二）更正金额错误

出纳员李兰在登账时误将“￥4 351. 00”写成“￥4 315. 00”。

正确的更正方法是：先在整行数字上画一道红线表示注销，然后将正确的数字写在被注销数字的上方，并加盖订正人的名章，如图 1–4 所示。

错误的更正方法是直接在写错的数字“1”和“5”上画红线注销，并在上方标注正确的金额，如图 1–5 所示。

正确更正方法							
十	万	千	百	十	元	角	分
		4	3	5	1	0	0
		4	3	李 1	兰 5	0	0

图 1–4　正确更正金额错误

错误更正方法							
十	万	千	百	十	元	角	分
		4	3	5	1	0	0
		4	3	李 1	兰 5	0	0

图 1–5　错误更正金额错位

任务二　会计凭证书写规范

会计凭证是重要的会计核算资料。会计凭证的书写质量和保管情况，对会计核算的质量和会计核算工作的连续性和可溯性，都有直接的影响。

《会计基础工作规范》第52条规定：“填制会计凭证，字迹必须清晰、工整。”这不但便于辨认，也有助于防止篡改。《会计基础工作规范》的这一条还对填制会计凭证时阿拉伯数字、汉字大写数字和货币符号等的书写要求作了十分具体的规定。这都是在填制会计凭证时应当严格遵守的要求。

一、原始凭证书写规范

（1）原始凭证的内容。原始凭证必须具备的内容包括凭证的名称；填制凭证的日期；填制凭证单位名称或者填制人姓名；经办人员的签名或者盖章；接收凭证单位名称；经济业务内容；数量、单价和金额。

（2）填制原始凭证，字迹必须清晰、工整，并符合下列要求：

①阿拉伯数字应当一个一个地写，不得连笔写。阿拉伯金额数字前面应当书写货币币种符号或者货币名称简写和币种符号。币种符号与阿拉伯金额数字之间不得留有空白。凡阿拉伯数字前写有币种符号的，数字后面不再写货币单位。

②所有以元为单位（其他货币种类为货币基本单位，下同）的阿拉伯数字，除表示单价等情况外，一律填写到角分；无角分的，角位和分位可写“00”，或者符号“—”；有角无分的，分位应当写“0”，不得用符号“—”代替。

③汉字大写数字金额如零、壹、贰、叁、肆、伍、陆、柒、捌、玖、拾、佰、仟、万、亿等，一律用正楷或者行书体书写，不得用0、一、二、三、四、五、六、七、八、九、十等简化字代替，不得任意自造简化字。大写金额数字到元或者角为止的，在“元”或者“角”字之后应当写“整”字或者“正”字；大写金额数字有分的，分字后面不写“整”或者“正”字。

④大写金额数字前未印有货币名称的，应当加填货币名称，货币名称与金额数字之间不得留有空白。如“人民币叁万柒仟陆佰元整”。

⑤阿拉伯金额数字中间有“0”时，汉字大写金额要写“零”字；阿拉伯数字金额中间连续有几个“0”时，汉字大写金额中可以只写一个“零”字；如小写金额为“￥45 008.00”，大写金额应写为“人民币肆万伍仟零捌元整”。阿拉伯金额数字元位是“0”，或者数字中间连续有几个“0”、元位也是“0”但角位不是“0”时，汉字大写金额可以只写一个“零”字，也可以不写“零”字。

⑥凡填有大写和小写金额的原始凭证，大写与小写金额必须相符。购

买实物的原始凭证，必须有验收证明。支付款项的原始凭证，必须有收款单位和收款人的收款证明。

（3）票据的书写日期书写规定。票据的出票日期必须使用中文大写，为防止变造票据的出票日期，在填写月、日时，月为壹、贰和壹拾的，日为壹至玖和壹拾、贰拾和叁拾的，应在其前加“零”，11 月 12 月需要加“壹”，日为拾壹至拾玖的应在其前加“壹”，如 1 月 15 日应写成零壹月壹拾伍日，再如 10 月 20 日应写成零壹拾月零贰拾日。

票据出票日期使用小写填写的，银行不予受理；大写日期未按要求规范填写的，银行可予受理，但由此造成损失的由出票人自行承担。

二、记账凭证书写规范

（1）记账凭证的内容。记账凭证必须具备的内容包括填制凭证的日期；凭证编号；经济业务摘要；会计科目；金额；所附原始凭证张数；填制凭证人员、稽核人员、记账人员、会计机构负责人、会计主管人员签名或者盖章。收款和付款记账凭证还应当由出纳人员签名或者盖章。

（2）填制记账凭证时，应当对记账凭证进行连续编号。一笔经济业务需要填制两张以上记账凭证的，可以采用分数编号法编号。

（3）记账凭证可以根据每一张原始凭证填制，或者根据若干张同类原始凭证汇总填制，也可以根据原始凭证汇总表填制。但不得将不同内容和类别的原始凭证汇总填制在一张记账凭证上。

（4）除结账和更正错误的记账凭证可以不附原始凭证外，其他记账凭证必须附有原始凭证。如果一张原始凭证涉及几张记账凭证，可以把原始凭证附在一张主要的记账凭证后面，并在其他记账凭证上注明附有该原始凭证的记账凭证的编号或者附原始凭证复印件。

（5）如果在填制记账凭证时发生错误，应当重新填制。

已经登记入账的记账凭证，在当年内发现填写错误时，可以用红字填写一张与原内容相同的记账凭证，在摘要栏注明“注销某月某日某号凭证”字样，同时再用蓝字重新填制一张正确的记账凭证，注明“订正某月某日某号凭证”字样。如果会计科目没有错误，只是金额错误，也可以将正确数字与错误数字之间的差额，另编一张调整的记账凭证，调增金额用蓝字，调减金额用红字。发现以前年度记账凭证有错误的，应当用蓝字填制一张更正的记账凭证。

（6）记账凭证填制完经济业务事项后，如有空行，应当自金额栏最后一笔金额数字下的空行处至合计数上的空行处划线注销。

(7) 实行会计电算化的单位，对于机制记账凭证，要认真审核，做到会计科目使用正确，数字准确无误。打印出的机制记账凭证要加盖制单人员、审核人员、记账人员及会计机构负责人、会计主管人员印章或者签字。

任务三 账簿登记书写规范

会计账簿简称账簿，是由具有一定格式、相互联系的账页所组成，用来序时、分类地全面记录一个企业、单位经济业务事项的会计簿籍。设置和登记会计账簿，是重要的会计核算基础工作，是连接会计凭证和会计报表的中间环节，做好这项工作，对于加强经济管理具有十分重要的意义。

一、会计账簿登记书写规范

(1) 各单位应当按照国家统一会计制度的规定和会计业务的需要设置会计账簿。会计账簿包括总账、明细账、日记账和其他辅助性账簿。

(2) 现金日记账和银行存款日记账必须采用订本式账簿。不得用银行对账单或者其他方法代替日记账。

(3) 启用会计账簿时，应当在账簿封面上写明单位名称和账簿名称。在账簿扉页上应当附启用表，内容包括：启用日期、账簿页数、记账人员和会计机构负责人、会计主管人员姓名，并加盖名章和单位公章。记账人员或者会计机构负责人、会计主管人员调动工作时，应当注明交接日期、接办人员或者监交人员姓名，并由交接双方人员签名或者盖章。

启用订本式账簿，应当从第一页到最后一页顺序编定页数，不得跳页、缺号。使用活页式账页，应当按账户顺序编号，并须定期装订成册。装订后再按实际使用的账页顺序编定页码，另加目录，记明每个账户的名称和页次。

(4) 会计人员应当根据审核无误的会计凭证登记会计账簿。登记账簿的基本要求：

①登记会计账簿时，应当将会计凭证日期、编号、业务内容摘要、金额和其他有关资料逐项记入账内，做到数字准确、摘要清楚、登记及时、字迹工整。

②登记完毕后，要在记账凭证上签名或者盖章，并注明已经登账的符号，表示已经记账。

③账簿中书写的文字和数字上面要留有适当空格，不要写满格；一般应占格距的1/2。

④登记账簿要用蓝黑墨水或者碳素墨水书写，不得使用圆珠笔（银行的复写账簿除外）或者铅笔书写。

⑤下列情况，可以用红色墨水记账：

a. 按照红字冲账的记账凭证，冲销错误记录。

b. 在不设借贷等栏的多栏式账页中，登记减少数。

c. 在三栏式账户的余额栏前，如未印明余额方向的，在余额栏内登记负数余额。

d. 根据国家统一会计制度的规定可以用红字登记的其他会计记录。

⑥各种账簿按页次顺序连续登记，不得跳行、隔页。如果发生跳行、隔页，应当将空行、空页划线注销，或者注明“此行空白”“此页空白”字样，并由记账人员签名或者盖章。

⑦凡需要结出余额的账户，结出余额后，应当在“借或贷”等栏内写明“借”或者“贷”等字样。没有余额的账户，应当在“借或贷”等栏内写“平”字，并在余额栏内用“Q”表示。

现金日记账和银行存款日记账必须逐日结出余额。

⑧每一账页登记完毕结转下页时，应当结出本页合计数及余额，写在本页最后一行和下页第一行有关栏内，并在摘要栏内注明“过次页”和“承前页”字样；也可以将本页合计数及金额只写在下页第一行有关栏内，并在摘要栏内注明“承前页”字样。

对需要结计本月发生额的账户，结计“过次页”的本页合计数应当为自本月初起至本页末止的发生额合计数；对需要结计本年累计发生额的账户，结计“过次页”的本页合计数应当为自年初起至本页末止的累计数；对既不需要结计本月发生额也不需要结计本年累计发生额的账户，可以只将每页末的余额结转次页。

（5）实行会计电算化的单位，总账和明细账应当定期打印。用计算机打印的会计账簿必须连续编号，经审核无误后装订成册，并由记账人员和会计机构负责人、会计主管人员签字或者盖章。

发生收款和付款业务的，在输入收款凭证和付款凭证的当天必须打印出现金日记账和银行存款日记账，并与库存现金核对无误。

二、错账更正规范

账簿记录发生错误，不准涂改、挖补、刮擦或者用药水消除字迹，不准重新抄写，必须按照下列方法进行更正：

(1) 登记账簿过程中发生错误时，应当将错误的文字或者数字划红线注销，但必须使原有字迹仍可辨认；然后在划线上方填写正确的文字或者数字，并由记账人员在更正处盖章。对于错误的数字，应当全部划红线更正，不得只更正其中的错误数字。对于文字错误，可只划去错误的部分。

(2) 由于记账凭证错误而导致的账簿记录发生错误，应当按错账更正法进行规范更正。这个内容将在“项目五登记会计账簿”中做详细介绍。

项目二　初识会计

通过本项目的学习，要求学生理解会计的概念、会计的对象、会计核算的一般原则；掌握会计的职能、会计核算的基本前提、会计要素及会计等式、会计核算的方法和会计核算的具体内容等。

任务一　认识会计

一、会计的含义

会计是社会生产发展到一定阶段的产物，是人们为组织和管理生产的需要而产生的并得到不断发展的科学。

会计是以货币为主要计量单位，反映和监督一个单位经济活动的一种经济管理工作。在企业，会计主要反映企业的财务状况、经营成果和现金流量，并对企业经营活动和财务收支进行监督。

会计是以会计凭证为依据，以货币为主要计量单位，运用一系列专门的技术方法，全面、连续、系统、综合地反映和监督企、事业单位的经济活动，并向相关会计信息使用者提供符合会计法律、法规和规章制度要求的会计信息的一项管理工作。

二、会计目标及性质

当前我国会计的主要目标，应定位在向委托人报告受托责任的履行情况上，围绕这一目标展开，凸显了保护投资者利益以及公共利益的核心理念，有两个要点：

（1）向信息使用者应当提供与企业财务状况、经营成果和现金流量有关的会计信息。信息使用者包括投资者、债权人、政府及其有关部门和社会公众等。

（2）反映企业管理层受托责任的履行情况，有助于使用者做出经济决策。

会计的性质，是指能够彻底反映会计内涵、特征、职能的根本表现，这种根本表现是将会计区别于其他人类活动的标志。对会计性质的认识，近几十年来经历了若干发展阶段，形成了不同阶段下各有特色的理论阐述。通过对这些认识的回顾，我们可以清楚地看到：对会计性质的认识经历了由低级到高级、由浅入深的过程；而每一阶段不同的理论也积极影响了会计实践的发展。

任务二　会计的职能和方法

一、会计的基本职能

会计的职能包括进行会计核算、实施会计监督、预测经济前景、参与经营决策、评价经营业绩等。其中进行会计核算、实施会计监督是会计的最基本职能。

（一）会计的核算职能

会计的核算职能是指会计对客观经济活动的表述和价值数量上的确定，为管理经济活动提供所需的会计信息。会计核算贯穿于经济活动的全过程，是会计最基本的职能，也称反映职能。

（二）会计的监督职能

会计监督职能也称控制职能，是指会计人员在进行会计核算的同时，对特定主体经济业务的真实性、合法性和合理性进行审查的功能。会计监督是会计的基本职能之一，是我国经济监督体系的重要组成部分。

会计监督要依据会计的监督标准。会计的监督标准：党和国家的路线、方针、政策和法律；会计法规、准则、制度；企业单位内部控制制度、计划和定额等。包括对经济活动的合法性、真实性、合理与有效性进行监督。

会计的反映职能和监督职能是不可分割的。如实反映是监督的必备条件和基础，而严格监督则又是反映的前提和继续。没有会计监督，会计反映就失去存在的意义，没有会计反映，会计监督就失去存在的基础。随着会计领域派生出许多新的会计职能，如利用各种预测数据，参与制定经济决策的“决策职能”；再如利用责任会计，对经济活动进行控制的“控制职能”；等等，都在进一步探讨中，但“反映”和“监督”职能是会计学界对会计基本职能的共识。

二、会计对象

会计对象是指会计核算和监督的内容，具体是指社会再生产过程中能以货币表现的经济活动，即资金运动或价值运动。因此，凡是特定主体能够以货币表现的经济活动，都是会计核算和监督的内容，即会计对象。

由于各企业的性质不同，经济活动的内容不同，因此会计的具体对象也就不尽相同。下面以工业企业为例，说明工业企业会计的具体对象。工业企业的资金运动通常表现为资金投入、资金运用和资金退出三个过程。具体内容，如图 2-1 所示。

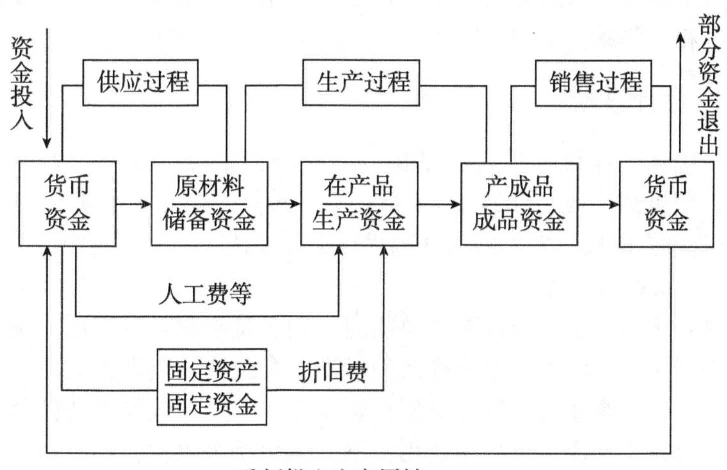

图 2-1　工业企业资金运动图

（1）资金的投入：资金运动的起点，包括企业所有者投入的资金（所有者权益）和债权人投入的资金（债权人权益，即负债）两部分。

（2）资金的运用（资金的循环和周转）：分为供应、生产、销售三个阶段。如图 2-1 所示。

（3）资金的退出：包括偿还各项债务、上交各项税金、向所有者分配利润等，这部分资金便离开本企业，退出本企业的资金循环与周转。

资金循环指产业资本从一定的职能形式出发，顺次经过购买、生产、销售三个阶段，分别地采取货币资本、生产资本、商品（产品）资本三种职能形式，实现了价值的增值，并回到原来出发点的全过程。资金循环过程中资金的形态：货币形态依次由货币资金→储备资金→生产资金→产品资金等四个形态。

资金周转是指企业的资金，在购进商品时由货币形态转化为商品形态；随着商品的销售，购买商品时所垫支的货款得以收回，企业的资金又从商品形态回归为货币形态；企业资金的这种存在形态的转换和回归，随着商品流转的不断进行，而周转复始、延续不断的循环过程。

没有资金的投入，就不会有资金的运用；没有资金的运用，就不会有债务的偿还等资金的退出；而没有这类资金的退出，就不会有新一轮资金的投入，也就不会有企业的进一步发展。

综上所述，从任一时点上看，资金运动总是处于相对静止的状态，即企业的资金在任一时点上均表现为资金的占用和资金来源两个方面，这两个方面既相互联系，又相互制约。

三、会计基础

会计确认、计量和报告的基础，简称会计基础。会计基础主要有两种：权责发生制和收付实现制。《企业会计准则——基本准则》第9条规定："企业应当以权责发生制为基础进行会计确认、计量和报告。"

（一）权责发生制

权责发生制，也称应计制或应收应付制，是指收入、费用的确认应当以收入和费用的实际发生作为确认的标准，合理确认当期损益的一种会计基础。在我国，企业会计核算采用权责发生制，要求凡是当期已经实现的收入、已经发生和应当负担的费用，不论款项是否收付，都应当作为当期的收入、费用；凡是不属于当期的收入、费用，即使款项已经在当期收付了，也不应当作为当期的收入、费用。

（二）收付实现制

收付实现制，也称现金制，是以收到或者支付现金作为确认收入和费用的标准，是与权责发生制相对应的一种会计基础。按照收付实现制，收入和费用的归属期间将与现金收支行为的发生与否紧密地联系在一起。换言之，现金收支行为在其发生的期间全部记作收入和费用，而不考虑与现金收支行为相连的经济业务实质上是否发生。

目前，我国事业单位会计核算一般采用收付实现制；事业单位部分经济业务或者事项，以及部分行业、事业单位的会计核算采用权责发生制核算的，由财政部在相关会计制度中具体规定。

四、会计计量属性

会计计量就是对会计要素按货币量度进行量化的过程，即确定其金额的过程。其特点即会计计量是一种价值计量。所谓计量属性，是指被计量客体的特性或外在表现形式。如对一张桌子，可以分别从长度、宽度、高度、体积、重量等方面进行测量，也就有不同的计量属性。

会计计量属性，是指会计要素可用财务形式定量化的方面，即能用货币单位计量的方面。会计要素同样可以从多个方面予以货币计量，从而有不同的计量属性。普遍认可的计量属性有历史成本、重置成本、现值、可变现净值、公允价值等。

（一）历史成本

在历史成本计量下，资产按照购置时支付的现金或者现金等价物的金额，或者按照购置资产时所付出的对价的公允价值计量。负债按照因承担现时义务而实际收到的款项或者资产的金额，或者承担现时义务的合同金额、或者按照日常活动中为偿还负债预期需要支付的现金或者现金等价物的金额计量。

（二）重置成本

重置成本是指在本期重置或重购持有资本的成本。在重置成本计量下，资产按照现在购买相同或者相似资产所需支付的现金或者现金等价物的金额计量。负债按照现在偿付该项债务所需支付的现金或者现金等价物的金额计量。

（三）可变现净值

在可变现净值计量下，资产按照其正常对外销售所能收到现金或者现金等价物的金额扣减该资产至完工时估计将要发生的成本、估计的销售费用以及相关税费后的金额计量。

（四）现值

在现值计量下，资产按照预计从其持续使用和最终处置中所产生的未来净现金流入量的折现金额计量。负债按照预计期限内需要偿还的未来净现金流出量的折现金额计量。现值计量属性考虑了货币时间价值，与决策的相关性最强，现值计量属性能够体现经管责任的全部要求。然而，由于现值计量基于一系列假设与判断，难以实现“硬”计量，其未来现金流入量现值是不确定的，与决策的可靠性较差。

（五）公允价值

市场以价格为信号传递信息，市场根据不同资产的风险与收益决定其具有不同的交换价格。在存在市场交易价格的情况下，交换价格即为公允价值。因此，市价是所有市场参与者充分考虑了某项资产或负债未来现金流量及其不确定性风险之后所形成的共识，若没有相反的证据表明所进行的交易是不公正的或非出于自愿的，市场交易价格即为资产或负债的公允价值。

五、会计核算方法

会计方法是指用来核算和监督会计对象，执行会计职能，实现会计目标的手段。包括会计核算、会计分析、会计考核、会计预测和会计决策等五种具体方法。

会计核算方法是指会计对企业、事业单位和行政单位等会计主体已经发生的经济活动进行连续、系统、全面反映和监督所采用的方法。主要包括设置会计科目及账户、复式记账、填制和审核凭证、登记账簿、成本计算、财产清查和编制财务会计报告等几种方法。

（一）设置会计科目及账户

会计科目是对会计对象的具体内容进行科学分类的名称。企业可以选用国家统一会计制度设置的会计科目，也可以根据统一会计制度规定的内容自行设置和使用会计科目。

账户是根据会计科目在账簿中设置的，具有一定的结构，用以反映会计对象具体内容的增减变化及其结果的一种专门方法。

（二）复式记账

复式记账是指每一项经济业务事项，都要以相等的金额，在相互关联的两个或两个以上的账户中同时进行记录的方法。任何一项经济业务事项，都会引起起码两个方面的变化，或同时出现增减，或此增彼减。这种变化既相互独立，又密切联系。采用复式记账法，可以通过账户的对应关系完整地反映经济业务的来龙去脉，还可以通过每一项经济业务事项所涉及的两个或两个以上的账户之间的平衡关系，来检查会计记录的正确性。

（三）填制和审核凭证

会计凭证是记录经济业务事项，明确经济责任人的书面证明，是登记账簿的依据。填制和审核凭证，是为了保证会计记录真实、可靠、完整、正确而采用的方法。它不仅是会计核算的专门方法，也是会计监督的重要方式。对于任何一项经济业务事项，都应根据实际发生和完成的情况填制或取得会计凭证，经有关部门和人员审核无误后，方可登记账簿。填制和审核凭证是保证会计资料真实、完整的有效手段。

（四）登记账簿

会计账簿，是由具有规定格式的账页所组成，用以全面、系统、连续地记录经济业务事项的簿籍。登记账簿，是根据审核无误的会计凭证，分门别类地记入有关簿籍的专门方法。账簿是将会计凭证中分散的经济业务事项进行分类、汇总、系统记录的信息载体。账簿记录的资料，是编制财务会计报告的重要依据。

（五）成本计算

成本计算就是将经营过程中发生的全部费用，按照一定对象进行归集，借以明确各对象的总成本和单位成本的专门方法。通过成本计算，可以考核各企业的物化劳动和活劳动的耗费程度，进而为成本控制、价格决策和经营成果的确定提供有用资料。

（六）财产清查

财产清查是指定期或不定期地对财产物资、货币资金、往来结算款项进行清查盘点，以查明其实物量和价值量实有数额的一种专门方法。通过财产清查，可以保证账实相符，从而确保财务会计报告的数据真实可靠。同时，也是加强财产物资管理，充分挖掘财产物资潜力，明确经济责任，强化会计监督的重要制度。

（七）编制财务会计报告

编制财务会计报告是根据账簿记录的数据资料，概括地、综合地反映各单位在一定时期经济活动情况及其结果的一种书面报告。财务会计报告由会计报表、会计报表附注和财务情况说明书组成。编制财务会计报告是对日常核算的总结，是在账簿记录基础上对会计核算资料的进一步加工整理，也是进行会计分析、会计检查、会计预测和会计决算的重要依据。

以上这些会计核算方法反映了会计核算过程，当会计主体（企业）的经济业务发生后，首先，要填制或取得并审核原始凭证，按照设置的会计科目和账户，运用复式记账法，编制记账凭证；其次，要根据会计凭证登记会计账簿，然后根据会计账簿资料和有关资料，对生产经营过程中发生的各项费用进行成本计算，并依据财产清查的方法对账簿的记录加以核实；最后，在账实相符的基础上，根据会计账簿资料编制会计报表。在会计核算过程中，填制和审核会计凭证是开始环节，登记会计账簿是中间环节，编制会计报表是终结环节。

项目三　会计基础知识

通过本项目的学习，了解会计一般对象的经济内容和资金表现；在会计一般对象的基础上，认识企业会计要素的定义、特征和分类；理解会计基本等式的表达方式及意义，掌握经济业务事项的基本类型及对会计等式的影响。

任务一　会计要素

会计的对象是指会计作为一项管理活动所要核算和监督的内容。明确会计对象，对于发挥会计职能具有重要的意义。因为只有了解会计所要核算和监督的内容，才能有针对性地采取适当的会计方法，真正发挥会计工作在经济管理工作中的作用，最终实现会计工作目标。

一、会计对象的经济内容

在社会经济生活中，由于各单位所属的空间领域比如运行情况、工作性质、特点和内容都不尽相同，因而使得各单位的会计对象既有共性的一面，又体现了个性的特点。从各单位会计的共性出发研究会计对象，即会计的一般对象。而从各单位会计的个性出发研究会计对象，即会计的具体对象。为了明确会计的一般对象应按经济活动的特点，分为营利性单位和非营利性单位两类。

无论是营利单位，还是非营利单位，尽管经济活动中的具体形式各不相同、具体的会计对象也各有侧重，但总体上，可以归结为以下六个方面，即：

（1）资产的取得与使用。

（2）负债的发生与结算。

（3）所有者权益的增减变动。

（4）费用发生与成本的形成。

（5）销售的实现与收入的取得。

（6）利润的形成与分配。

简而言之，会计核算的一般对象就是各单位所发生的、可以以货币表现的经济活动。随着企业管理决策的科学性进一步加强，不仅上述六个方面的货币度量信息应为管理当局所重视，甚至于对一些重要的非确定性量化信息，也开始受到人们的关注。

二、会计要素及其分类

（一）会计要素的含义

为了具体实施会计核算，需要对会计核算和监督的内容进行分类。会计要素是指根据交易或者事项的经济特征所确定的财务会计对象的基本分类。

（二）会计要素的分类

我国《企业会计准则》将企业会计要素划分为资产、负债、所有者权益、收入、费用和利润六类。其中，资产、负债和所有者权益反映企业在一定日期的财务状况，是对企业资金运动的静态反映，属于静态要素，在资产负债表中列示；收入、费用和利润反映企业在一定时期内的经营成果，是对企业资金运动的动态反映，属于动态要素，在利润表中列示。

政府与非营利组织会计要素分为五大类，即资产、负债、净资产、收入和支出。其中最基本的会计要素为资产、负债、净资产。

三、企业会计要素

《企业会计准则》规定，企业会计要素分为资产、负债、所有者权益、收入、费用和利润。其中，资产、负债和所有者权益要素侧重反映企业的财务状况，收入、费用和利润要素侧重反映企业的经营成果。

（一）资产

1. 资产的定义

资产是指企业过去的交易或者事项形成的、由企业拥有或者控制的、预期会给企业带来经济利益的资源。它是企业从事生产经营活动必须拥有的物质基础，如库存现金、银行存款、房屋建筑物、机器设备、原材料、库存商品等。

根据资产的定义，资产具有以下几个方面的特征：

（1）资产预期会给企业带来经济利益。

资产预期会给企业带来经济利益，是指直接或者间接导致现金和现金等价物流入企业的潜力。这种潜力既可以来源于企业的日常经营活动，也可以来源于非日常经营活动。

（2）资产为企业拥有或者控制的经济资源。

资产为企业拥有或者控制，是指企业享有某项资源的所有权，或者虽然不享有某项资源的所有权，但该资源能被企业所控制。

（3）资产是由企业过去的交易或者事项形成的。

资产是企业过去的交易或者事项形成的。企业过去的交易或者事项包括购买、生产、由企业建造行为或其他交易或者事项。预期在未来发生的交易或者事项不形成资产。只有过去的交易或事项才能产生资产，企业预期在未来发生的交易或者事项不形成资产。

2. 资产的分类

企业的资产按其流动性，可分为：

（1）流动资产。流动资产是指可以在一年或者超过一年的一个营业周期内变现或者耗用的资产。主要包括库存现金、银行存款、交易性金融资产、应收及预付款、存货等。

（2）非流动资产。即不能在一年或者超过一年的一个营业周期内变现或者耗用的资产。主要包括持有至到期投资、可供出售金融资产、投资性房地产、固定资产、无形资产等。

一个正常营业周期是指企业从购买用于加工的资产起至实现现金或现金等价物的期间。正常营业周期通常短于一年，在一年内有几个营业周期。但是，也存在正常营业周期长于一年的情况，在这种情况下，与生产循环相关的产成品、应收账款、原材料尽管是超过一年才变现、出售或耗用，仍应作为流动资产，当正常营业周期不能确定时，应当以一年（12个月）作为正常营业周期。

（二）负债

1. 负债的定义

负债是指企业过去的交易或者事项形成的、预期会导致经济利益流出企业的现时义务。

根据负债的定义，负债具有以下几个方面的特征：

（1）负债是企业承担的现时义务。

负债是企业目前承担的现时义务。现时义务是指企业在现行条件下已承担的义务。未来发生的交易或者事项形成的义务不属于现时义务，不应当确认为负债。

（2）负债预期会导致经济利益流出企业。

负债是企业所承担的现实义务，履行义务时必然会引起企业经济利益的流出。否则，就不能作为企业的负债来处理。

（3）负债由企业过去的交易或者事项所形成。

负债是企业过去的交易或者事项所形成的结果。过去的交易或者事项包括购买商品、使用劳务、接受贷款等。只有过去发生的交易或者事项才能作为企业的负债，预期在未来发生的交易或者事项不形成负债。

2. 负债的分类

负债按其流动性，可分为：

（1）流动负债。即在一年或超过一年的一个营业周期内偿还的债务，包括短期借款、应付票据、应付账款、预收账款、应付职工薪酬、应交税费、应付利息、应付股利、其他应付款等。

（2）非流动负债。即偿还期在一年或超过一年的一个营业周期以上的债务，包括长期借款、应付债券、长期应付款等。

（三）所有者权益

1. 所有者权益的定义

所有者权益是指企业资产扣除负债后由所有者享有的剩余权益。公司的所有者权益又称为股东权益。

所有者权益具有以下特征：

（1）除非发生减资、清算或分派现金股利，企业不需要偿还所有者权益；

（2）企业清算时，只有在清偿所有负债后，所有者权益才返还给所有者；

（3）所有者凭借所有者权益承担企业的风险和参与企业的利润分配。

所有者权益的来源包括所有者投入的资本、直接计入所有者权益的利得和损失、留存收益等。

2. 所有者权益的分类

所有者权益按其构成的内容，可以分为以下四个项目：

（1）实收资本（股本）。即所有者投入的，构成注册资本或股本的部分。

（2）资本公积。即投资人投入的资本溢价或股本溢价，直接计入所有者权益的利得和损失。

（3）盈余公积。即按国家有关规定从税后利润中提取的公积金等。

(4) 本年利润。即企业某个会计年度净利润（或净亏损），它是由企业利润组成内容计算确定的，本年利润是一个汇总类账户。

(5) 利润分配。即企业实现的净利润，按照国家财务制度规定的分配形式和分配顺序，在企业和投资者之间进行的分配。

(四) 收入

1. 收入的定义

收入是指企业在日常活动中形成的、会导致所有者权益增加的、与所有者投入资本无关的经济利益的总流入。

根据收入的定义，收入具有以下几个方面的特征：

(1) 收入由企业在日常活动中所形成。日常活动，是指企业为完成其经营目标所从事的经常性的活动以及与之相关的活动。例如工业企业制造并销售产品，商业企业销售商品等。

(2) 收入会导致经济利益的流入。收入使企业资产增加或者负债减少，但这种经济利益的流入不包括由所有者投入资本的增加所引起的经济利益流入。

(3) 收入最终导致所有者权益增加。因收入所引起的经济利益流入，使得企业资产的增加或者负债的减少，最终会导致所有者权益增加。

2. 收入的分类

收入按其取得的来源分为：

(1) 主营业务收入。又称基本业务收入。指企业在主要的生产经营业务中产生的收入。例如工业企业在生产和销售商品的过程中所取得的收入。

(2) 其他业务收入。指企业在主营业务以外的生产经营活动中产生的收入。例如：材料的销售收入、技术转让收入、固定资产的出租收入等。

(3) 营业外收入。指企业确认与企业生产经营活动没有直接关系的各种收入。营业外收入并不是由企业经营资金耗费所产生的，不需要企业付出代价，实际上是一种纯收入，不需要与有关费用进行配比。因此，在会计核算上，应当严格区分营业外收入与营业收入的界限。通俗一点讲就是，除企业营业执照中规定的主营业务以及附属的其他业务之外的所有收入。

(五) 费用

1. 费用的定义

费用是指企业在日常活动中发生的、会导致所有者权益减少的、与向所有者分配利润无关的经济利益的总流出。

根据费用的定义，费用具有以下几个方面的特征：

(1) 费用是企业日常活动中所发生。费用必须是企业日常活动中主要的、经常性的耗费。如企业发生的职工薪酬、固定资产折旧、销售成本、销售费用等。

(2) 费用会导致经济利益的流出。费用使企业资产减少或者负债增加，但这种经济利益的流出不包括向所有者分配利润引起的经济利益流出。

(3) 费用最终导致所有者权益减少。因费用所引起的经济利益流出使得企业资产减少或者负债增加，最终会导致所有者权益减少。

2. 费用的分类

费用可分为营业支出、期间费用和资产减值损失。

(1) 营业支出。即营业成本和营业税金及附加。其中：营业成本是指已销售商品、已提供劳务等经营活动发生的生产（劳务）成本。生产成本包括直接费用和间接费用。

直接费用，是指为生产商品和提供劳务等发生的直接人工、直接材料、商品进价和其他直接费用。直接费用与营业收入有明确的因果关系，应直接计入生产经营成本，与营业收入进行配比。

间接费用，是指为生产商品、提供劳务而发生的共同性费用。这些费用同提供的商品与劳务也具有一定的因果关系，但需要采用一定的标准分配计入生产经营成本，并与营业收入相配比。

(2) 期间费用。期间费用是指企业当期发生的、不能直接或间接计入产品生产成本，而应直接计入当期损益的各项费用，包括企业行政管理部门为组织和管理生产经营活动而发生的管理费用；为筹集资金等而发生的财务费用；为销售商品和提供劳务而发生的销售费用和为组织商品流通而发生的进货费用。由于期间费用与会计期间直接相联，则期间费用与其发生期的收入相配比，在当期的利润中应全额予以抵减。

(3) 资产减值损失。即资产已发生的不能带来经济利益的减值损失。

(六) 利润

1. 利润的定义

利润是指企业在一定会计期间的经营成果。利润包括收入减去费用后的净额以及直接计入当期利润的利得和损失等。其中：

(1) 收入减去费用后的净额，反映了企业日常经营活动的业绩；

(2) 直接计入当期利润的利得和损失，是指应当计入当期损益、会导致所有者权益发生增减变动的、与所有者投入资本或者向所有者分配利润无关的利得或者损失。反映的是企业非日常活动的业绩。

2. 利润的构成

利润通常包括以下项目：

(1) 营业利润。即营业收入减去营业成本、税金及附加、期间费用和资产减值损失，加上公允价值变动收益（减损失）和投资收益（减损失）后的金额。

(2) 利润总额。即营业利润加营业外收支差额后的金额。

营业外收入是指企业确认与企业生产经营活动没有直接关系的各种收入。营业外收入并不是由企业经营资金耗费所产生的，不需要企业付出代价，实际上是一种纯收入，不需要与有关费用进行配比。因此，在会计核算上，应当严格区分营业外收入与营业收入的界限。通俗一点讲就是，除企业营业执照中规定的主营业务以及附属的其他业务之外的所有收入视为营业外收入。一般采用贷方多栏式明细账格式进行分类核算。

营业外支出是企业发生的与其日常活动无直接关系的各项损失，主要包括非流动资产处置损失、公益性捐赠支出、盘亏损失、非常损失、罚款支出等。

(3) 净利润。即利润总额减去所得税费用后的差额。所得税费用是指企业应当负担的所得税。

以上六大会计要素，在《企业会计准则》中分别作了详细说明。会计要素的划分，是设置会计科目和账户、构筑基本会计报表框架的依据，在会计核算上具有重要的意义。

任务二　会计等式

会计等式又称会计方程式或会计恒等式，是表明企业会计诸要素之间相互关系的代数方程表达式。会计等式揭示了会计要素之间的内在联系，因而成为会计核算的理论基础。

一、会计基本等式

一个企业要开展生产经营活动，首先必须拥有一定数量的资产，如库存现金、银行存款等货币资产，或是材料、房屋建筑物、机器设备等实物资产。资产是企业正常经营的物资基础。通常，企业的资产主要依托投资者的原始投入。此外，企业还可以通过向债权人举债的方式获取资产。显而易见，企业取得资产无外乎投资者投入和向债权人借入这两大途径。

权益，是指资产的提供者对企业资产所拥有的权利。权益和资产密切相连，是对同一个企业的经济资源从两个不同的角度所进行的表述。因此资产与权益从数量上总是相等的，有多少资产就应有多少权益。用公式表示：

资产=权益

由于企业资产的出资人包括投资者和债权人，因而对资产的要求权自然分为投资者权益和债权人权益。债权人权益，即负债，要求企业到期还本付息的权利；投资者权益或所有者权益，是指所有者对企业资产抵减负债后的净资产所享有的权利。因此，所有者权益又称净权益，权益由负债和所有者权益组成。用公式表示：

权益=负债+所有者权益

基于法律上债权人权益优于所有者权益，则会计恒等式表达：

资产=负债+所有者权益

这一等式称会计基本等式，又称会计恒等式。它表明了资产、负债和所有者权益三个会计要素之间的基本关系，反映了企业在某一特定时点所拥有的资产及债权人和投资者对企业资产要求权的基本状况。这一等式是设置账户、复式记账和编制资产负债表的理论依据。

企业运用债权人和投资者所提供的资产，经其经营运作后获得收入，同时以发生相关费用为代价。将一定期间实现的收入与费用配比，就能确定该期间企业的经营成果。用公式表示：

收入-费用=利润（或亏损）

如前所述，凡是收入，会引起资产的增加或是负债的减少，进而使所有者权益增加；凡是费用，会引起资产的减少或是负债的增加，进而使所有者权益减少。因此在会计报告期中，会计恒等式又有如下的转化形式：

资产=负债+所有者权益+（收入-费用）

资产=负债+所有者权益+利润

收入与费用两大会计要素记载的经济业务事项，依据配比原则并通过结账形成利润，最终转化为所有者权益。因此，在会计期末，会计恒等关系又恢复至其基本形式，即：

资产=负债+所有者权益

这一平衡关系构建了资产负债表的基本框架，可以总括地反映企业某特定时点的财务状况。例如，表3-1是某企业2016年12月31日的资产负债表的简化格式。

表 3-1　资产负债表

2016 年 12 月 31 日　　　　单位：元

资产		负债及所有者权益	
银行存款	900 000	应付账款	500 000
应收账款	600 000	短期借款	1 000 000
存货	2 500 000		
		实收资本	7 000 000
固定资产	6 000 000	盈余公积	1 500 000
资产总计	10 000 000	负债及所有者权益总计	10 000 000

从上述的资产负债表中，可以了解到这家企业的资产合计 10 000 000 元，这一资产总额由两个方面的权益构成，一是债权人提供的 1 500 000 元（负债）和所有者提供的 8 500 000 元（所有者权益）。资产负债表的重要特征就是企业的资产总计与负债和所有者权益总计相等。

二、经济业务对会计等式的影响

经济业务又成为会计事项，是指在经济活动中使会计要素发生增减变化的交易或者事项。企业在生产经营活动中，每天都会发生各种各样的经济业务，并引起各个会计要素在数量上发生增减变化，但无论怎样变化都不会破坏会计恒等式的平衡关系，即企业在任何时点资产总额始终等于负债和所有者权益总额。

企业经济业务可以概括为以下九种基本类型：

（1）一项资产增加，另一项资产等额减少。

（2）一项资产增加，一项负债等额增加。

（3）一项资产增加，一项所有者权益等额增加。

（4）一项资产减少，一项负债等额减少。

（5）一项资产减少，一项所有者权益等额减少。

（6）一项负债增加，一项所有者权益等额减少。

（7）一项负债减少，一项所有者权益等额增加。

（8）一项负债增加，另一项负债等额减少。

（9）一项所有者权益增加，另一项所有者权益等额减少。

上述九种类型，如表 3-2 所示。

表 3-2　经济业务的类型

经济业务类型	资产	负债	所有者权益
第一种类型	增加、减少		
第二种类型	增加	增加	
第三种类型	增加		增加
第四种类型	减少	减少	
第五种类型	减少		减少
第六种类型		增加	减少
第七种类型		减少	增加
第八种类型		增加、减少	
第九种类型			增加、减少

以会计基本等式为例，上述九种基本经济业务的发生，均不影响基本会计等式的平衡关系。现以某企业 2016 年 10 份发生的经济业务为例，说明如下：

（一）一项资产增加，另一项资产等额减少

【例 3-1】企业以银行存款 30 000 元购入设备一台。

这笔业务使该企业资产中的固定资产增加 30 000 元，该企业因这一项投资使资产中的银行存款减少，两者金额均为 30 000 元。这笔业务对会计等式的影响，如表 3-3 所示。

表 3-3　　单位：元

	资产	=	负债	+	所有者权益
经济业务事项发生前	10 000 000	=	1 500 000	+	8 500 000
经济业务事项引起的变动	+30 000				
	−30 000				
经济业务事项发生后	10 000 000	=	1 500 000	+	8 500 000

（二）一项资产增加，一项负债等额增加

【例 3-2】企业购入原材料 10 000 元，原材料验收入库，货款未付。

这笔业务增加了材料，即存货资产。同时，也使企业的负债中的应付账款项目增加，两者的金额均为 10 000 元。这笔业务对会计等式的影响，如表 3-4 所示。

表 3-4　　单位：元

	资产	=	负债	+	所有者权益
经济业务事项发生前	10 000 000	=	1 500 000	+	8 500 000
经济业务事项引起的变动	+10 000		+10 000		
经济业务事项发生后	10 010 000	=	1 510 000	+	8 500 000

（三）一项资产增加，一项所有者权益等额增加

【例 3-3】企业收到投资者投入资金 1 000 000 元。

这笔业务使企业资产中的银行存款增加，同时也使得所有者权益中的实收资本增加，两者金额均为 1 000 000 元。这笔业务对会计等式的影响，如表 3-5 所示。

表 3-5　　单位：元

	资产	=	负债	+	所有者权益
经济业务事项发生前	10 010 000	=	1 510 000	+	8 500 000
经济业务事项引起的变动	+1 000 000				+1 000 000
经济业务事项发生后	11 010 000	=	1 510 000	+	9 500 000

（四）一项资产减少，一项负债等额减少

【例 3-4】企业以银行存款 40 000 元偿还前欠的材料购货款。

这笔业务使企业资产中的银行存款减少，而这一减少的存款正好予以弥补应付账款，使负债也发生减少，两者金额均为 40 000 元。这笔业务对会计等式的影响，如表 3-6 所示。

表 3-6　　单位：元

	资产	=	负债	+	所有者权益
经济业务事项发生前	11 010 000	=	1 510 000	+	9 500 000
经济业务事项引起的变动	-40 000		-40 000		
经济业务事项发生后	10 970 000	=	1 470 000	+	9 500 000

（五）一项资产减少，一项所有者权益等额减少

【例 3-5】企业以银行存款 20 000 元分配股利。

这笔业务使企业资产中的银行存款减少，同时利润分配导致所有者权

益减少，两者金额均为 20 000 元。这笔业务对会计等式的影响，如表 3-7 所示。

表 3-7

单位：元

	资产	=	负债	+	所有者权益
经济业务事项发生前	10 970 000	=	1 470 000	+	9 500 000
经济业务事项引起的变动	-20 000				-20 000
经济业务事项发生后	10 950 000	=	1 470 000	+	9 480 000

（六）一项负债增加，一项所有者权益等额减少

【例 3-6】企业宣告分派股利 25 000 元。

这笔业务由于股利未付，使企业负债中的应付股利增加，同时通过利润分配导致所有者权益减少，两者金额均为 25 000 元。这笔业务对会计等式的影响，如表 3-8 所示。

表 3-8

单位：元

	资产	=	负债	+	所有者权益
经济业务事项发生前	10 950 000	=	1 470 000	+	9 480 000
经济业务事项引起的变动			+25 000		-25 000
经济业务事项发生后	10 950 000	=	1 495 000	+	9 455 000

（七）一项负债减少，一项所有者权益等额增加

【例 3-7】企业与某债权人达成协议，将其 100 000 元应付账款转为对本企业的投资。

这笔业务使企业负债中的应付账款减少，同时所有者权益中的实收资本增加，两者金额均为 100 000 元。这笔业务对会计等式的影响，如表 3-9 所示。

表 3-9

单位：元

	资产	=	负债	+	所有者权益
经济业务事项发生前	10 950 000	=	1 495 000	+	9 455 000
经济业务事项引起的变动			-100 000		+100 000
经济业务事项发生后	10 950 000	=	1 395 000	+	9 555 000

（八）一项负债增加，另一项负债等额减少

【例 3-8】企业向银行取得短期借款，直接偿还应付账款 80 000 元。

这笔业务使企业增加了负债项目的短期借款，同时取得的短期借款直接用以冲减短期借款，使应付账款金额减少，两者金额均为 80 000 元。这笔业务对会计等式的影响，如表 3-10 所示。

表 3-10　　单位：元

	资产	=	负债	+	所有者权益
经济业务事项发生前	10 950 000	=	1 395 000	+	9 555 000
经济业务事项引起的变动			+80 000		
			−80 000		
经济业务事项发生后	10 950 000	=	1 395 000	+	9 555 000

（九）一项所有者权益增加，另一项所有者权益等额减少

【例 3-9】企业以盈余公积 300 000 元转增资本。

这笔业务一方面使企业所有者权益中的盈余公积减少，另一方面使企业所有者权益中的另一个项目实收资本增加，两者金额均为 300 000 元。这笔业务对会计等式的影响，如表 3-11 所示。

表 3-11　　单位：元

	资产	=	负债	+	所有者权益
经济业务事项发生前	10 950 000	=	1 395 000	+	9 555 000
经济业务事项引起的变动					+300 000
					−300 000
经济业务事项发生后	10 950 000	=	1 395 000	+	9 555 000

上述会计事项的九种基本类型，使得会计基本等式两边发生同增或同减的数目变化（第 2、3、4、5），或是会计基本等式一边发生此增彼减数目变化（第 1、6、7、8、9）。但无论是上述哪一种情况，均不会破坏资产、负债及所有者权益之间的数量恒等关系。

实际中，还可能涉及一些更为复杂的情形。

【例 3-10】企业购买机器设备一台，价值 50 500 元，其中 50 000 元以转账支票支付，余款以库存现金付讫。

这笔经济使企业资产项目中的固定资产增加 50 500 元，银行存款减少

50 000 元，库存现金减少 500 元。这笔业务对会计等式的影响，如表 3-12 所示。

表 3-12　　单位：元

	资产	=	负债	+	所有者权益
经济业务事项发生前	10 950 000	=	1 395 000	+	9 555 000
经济业务事项引起的变动	+50 500				
	−50 000				
	−500				
经济业务事项发生后	10 950 000	=	1 395 000	+	9 555 000

虽然这笔业务涉及两个以上的项目，但总体上仍属于资产项目此增彼减的基本业务类型，对会计等式的数量平衡关系没有任何影响。

【例 3-11】 企业向银行取得 600 000 元的长期借款，其中 500 000 元直接用于偿还短期借款，余款存入银行。

这笔经济使企业负债中的长期借款增加 600 000 元，短期借款减少 500 000 元，资产项目中的银行存款增加 100 000 元。这笔业务对会计等式的影响，如表 3-13 所示。

表 3-13　　单位：元

	资产	=	负债	+	所有者权益
经济业务事项发生前	10 950 000	=	1 395 000	+	9 555 000
经济业务事项引起的变动	+100 000		+600 000		
			−500 000		
经济业务事项发生后	11 050 000	=	1 495 000	+	9 555 000

这笔业务同时包含了负债项目此增彼减和资产与负债同时增加两种基本业务类型。这一类会计事项称为复合业务。同时，正如上述分析所示，复合业务同样不对会计恒等关系产生任何影响。

任务三　会计科目与账户

会计核算的主要对象是企业发生的各项经济业务事项，虽然通过会计要素的设置，可以使这些经济业务事项按资产、负债、所有者权益、收入、费用和利润进行分类地归纳与整理，但由于会计要素本身所涉及的内容较为复杂，因此，所提供的分类信息仍不能满足企业日常管理的需要。为了能提供更为详细的分类信息，设置会计科目与账户则成为会计核算中用于连续的、系统的、分类的对会计对象进行确认、计量、记录和报告的基础方法。

一、会计科目的含义

会计科目，简称科目，是对会计要素进行科学分类核算的项目。设置会计科目，就是根据会计对象的具体内容和管理要求，事先规定分类核算的项目和标志的一种专门方法。企业所使用的会计科目，一般应根据《企业会计准则》中的统一规定为基准，根据企业自身的生产经营特点增加或减少某些会计科目。

二、会计科目的分类

会计科目可按其反映的经济内容（即所属会计要素）、所提供信息的详细程度及其统驭关系分类。

（一）按反映的经济内容分类

企业的经济活动是通过资产、负债、所有者权益、收入、费用、利润等会计要素的增减变化体现出来的，各个会计要素既有其特定的经济内容，又是互相联系的。因此，会计科目按其反映的经济内容不同，可以分为资产类科目、负债类科目、共同类科目、所有者权益类科目、成本类科目和损益类科目。

（1）资产类会计科目，是对资产要素的具体内容进行分类核算的项目。按资产的流动性分为反映流动资产的科目和反映非流动资产的科目。反映流动资产的科目有“库存现金”“银行存款”“原材料”“应收账款”“库存商品”等；反映非流动资产的科目有“长期股权投资”“长期应收款”“固定资产”“无形资产”“长期待摊费用”等。

（2）负债类会计科目，是对负债要素的具体内容进行分类核算的项目。按负债的偿还期限分为反映流动负债的科目和反映非流动负债的科目。反映流动负债的科目有“短期借款”“应付账款”“应付职工薪酬”“应交税费”等；反映长期负债的科目有“长期借款”“应付债券”“长期应付款”等。

（3）共同类会计科目，是既有资产性质又有负债性质的科目，主要有“清算资金往来”“外汇买卖”“衍生工具”“套期工具”“被套期项目”等科目。

（4）所有者权益类会计科目，是对所有者权益要素的具体内容进行分类核算的项目。按所有者权益的形成和性质可分为反映资本的科目和反映留存收益的科目。反映资本的科目有“实收资本”(或“股本”)“资本公积”等；反映留存收益的科目有“盈余公积”“本年利润”“利润分配”等。

（5）成本类会计科目，是对可归属于产品生产成本、劳务成本等的具体内容进行分类核算的项目。按成本的内容和性质的不同可分为反映制造成本的科目、反映劳务成本的科目等。反映制造成本的科目有“生产成本”“制造费用”；反映劳务成本的科目有“劳务成本”等。企业产品销售后，其生产成本就转换为销售当期的费用，实质属于费用要素。

（6）损益类会计科目，是对收入、费用要素的具体内容进行分类核算的项目。按损益的不同内容可以分为反映收入的科目和反映费用的科目。反映收入的科目有“主营业务收入”“其他业务收入”“营业外收入”等；反映费用的科目有“主营业务成本”“其他业务成本”“管理费用”“财务费用”“销售费用”“所得税费用”“营业外支出”等。损益类科目分别归属于收入要素和费用要素。

（二）按提供信息的详细程度及其统驭关系分类

在设置会计科目的时候，要兼顾对外报告信息和企业内部经营管理的需要，并根据所需提供信息的详细程度及其统驭关系的不同分设总分类科目和明细分类科目。

（1）总分类科目，又称总账科目或一级科目，它是对会计要素具体内容进行总括分类、提供总括信息的会计科目，如“应收账款”“应付账款”“原材料”等。总分类科目反映各种经济业务的概括情况，是进行总分类核算的依据。

（2）明细分类科目，又称明细科目，是对总分类科目作进一步分类，提供更详细和具体会计信息的科目。如“应收账款”科目按债务人名称或姓名设置明细科目，反映应收账款的具体对象。对于明细科目较多的总账科目，可在总分类科目下设置二级明细科目，在二级明细科目下设置三级明细科目。

总分类科目概括地反映会计对象的具体内容，明细分类科目详细地反映会计对象的具体内容。总分类科目对明细分类科目具有统驭和控制作用，而明细分类科目是对其所属的总分类科目的补充和说明。其相互关系，如表 3-14 所示。

表 3-14　总分类科目和明细分类科目的关系

总分类科目（一级科目）	明细分类科目	
	二级科目	三级科目
应交税费	应交增值税	进项税额
	应交增值税	销项税额

三、账户

会计账户是根据会计科目设置，用以分类核算和监督会计主体各项以货币表现的经济业务的发生情况和由此而引起的资产、负债、所有者权益、收入和费用的变化及其结果的一种方式，是对会计信息进行记录、整理、加工的载体。

账户与会计科目既相联系，又有所区别。账户是对会计事项进行分类核算的工具，每个账户都应反映一定的经济内容，账户与会计科目所反映的经济内容是相同的，账户的名称就是会计科目。然而从理论上分析，账户与科目也有一定的区别。会计科目只表明某项经济内容，而账户不仅表明相同的经济内容，且账户必须具备一定的结构格式，用以反映经济业务事项所引起的数量增减变化及其结果的情况。

四、账户的功能与结构

（一）账户的功能

账户的功能在于连续、系统、完整地提供企业经济活动中各会计要素增减变动及其结果的具体信息。其中，会计要素在特定会计期间增加和减少的金额，分别称为账户的“本期增加发生额”和“本期减少发生额”，两者统称为账户的“本期发生额”；会计要素在会计期末的增减变动结果，称为账户的“余额”，具体表现为期初余额和期末余额，账户上期的期末余额转入本期，即为本期期初余额；账户本期的期末余额转入下期，即为下期的期初余额。

账户的期初余额、期末余额、本期增加发生额和本期减少发生额统称为账户的四个金额要素。对于统一账户而言，它们之间的基本关系：

期末余额=期初余额+本期增加发生额-本期减少发生额

（二）账户的结构

账户结构是根据管理需要和信息使用者的具体要求，对会计要素的内容进行科学的再分类，并给每一类别予以标准的名称和相应的结构。账户的结构是指账户的组成部分及其相互关系。账户通常由以下内容组成：

（1）账户的名称（会计科目）——规定账户所要记录的经济业务事项内容。

（2）日期——记录经济业务事项日期。

（3）凭证字号——标明账户记录所依据的会计凭证。

（4）摘要——简要说明经济业务事项的内容。

（5）金额——增加金额、减少金额和余额。

每个账户一般有四个金额要素，即期初余额、本期增加发生额、本期减少发生额和期末余额。本期增加额，又称本期增加发生额，是指一定时期内在账户中记录的增加金额。本期减少额，又称本期减少发生额，是指一定时期内在账户中记录的减少金额。期初余额和本期增加发生额之和与本期减少发生额相抵后的差额就是期末余额。

在正常情况下，账户四个数额之间的关系如下：

期末余额=期初余额+本期增加发生额-本期减少发生额

账户本期的期末余额转入下期，即为下期的期初余额。

账户的基本结构格式，如表 3-15 所示。

表 3-15　账户名称（会计科目）

日期	凭证号	摘要	借方	贷方	借或贷	余额

为了便于会计教学和练习，通常可将上述的账户格式简化为“T”字型格式，即只保留账户的金额栏，其余栏目予以删去。如图 3-1 所示。

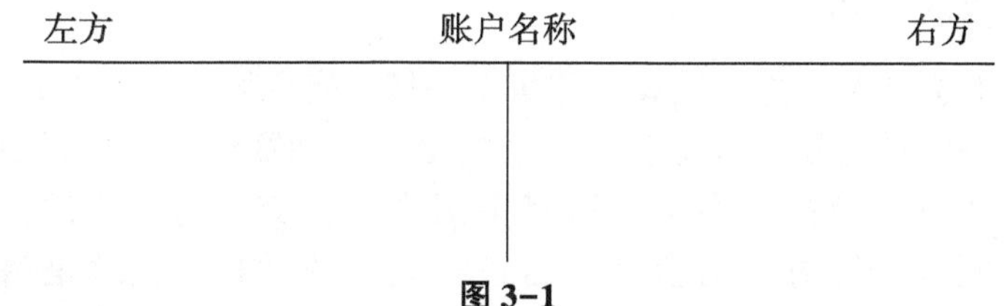

图 3-1

账户分左右两方，哪一方登记增加额，哪一方登记减少额，其余额在哪一方，均取决于记账方法和账户本身的性质。

五、会计科目与账户的联系和区别

会计科目与账户是两个既有联系又有区别的概念。其共同点在于两者都按会计对象的内容设置，相同名称的会计科目与账户反映的经济内容相同。两者的区别在于，会计科目只是一个名称，只表明某类经济内容，而账户既有名称又有结构，可以记录和反映某类经济内容的增减变动及其结果。在实际工作中，会计人员往往不加区别地把会计科目与账户作为同义语。

（一）会计科目与账户的联系

（1）二者都是对会计对象具体内容的科学分类，口径一致，性质相同，会计科目是账户的名称，也是设置账户的依据，账户是会计科目的具体运用。

（2）没有会计科目，账户便失去了设置的依据；没有账户，会计科目就无法发挥作用。

（二）会计科目与账户的区别

（1）会计科目仅仅是账户的名称，不存在结构；而账户则具有一定的格式和结构。

（2）会计科目仅说明反映的经济内容是什么，而账户不仅说明反映的经济内容是什么，而且系统反映和控制其增减变化及结余情况。

（3）会计科目的作用主要是为了开设账户、填凭证所运用；而账户的作用主要是提供某一具体会计对象的会计资料，为编制会计报表所运用。

任务四　会计记账方法

一、会计记账方法

为了对会计要素进行核算和监督，在按一定原则设置了会计科目后，就需要用一定的记账方法将会计要素的增减变动登记在会计科目中。所谓的记账方法，就是指在会计科目中记录经济交易与事项的具体手段及方式。运用记账方法对会计科目进行登记的过程，也就是将对经济交易与事项进行会计确认和计量的结果在相关科目中进行记录或登记的过程。

在设置了会计科目与账户以后，就有了记录经济业务事项的信息载体。在账户中进行登记，则涉及记账方法的选用。从会计发展的初期至今，曾经使用和正在使用的记账方法可以分为两类：单式记账法和复式记账法。

（一）单式记账法

单式记账法下，所有的经济业务事项只作单方面的登记，通常只将现金、银行存款的收付款业务和债权、债务等往来结算业务在账户中进行登记，而对实物的收付业务一般不作登记。比如，以银行存款购买机器设备，账簿记录中一般只反映银行存款的减少，而不反映机器设备的增加。

（二）复式记账法

1. 复式记账法的概念

复式记账法由单式记账法发展而来。由于任何各项会计事项都会引起有关会计要素及其项目的增减变动，因此，对每一笔会计事项，以相等的金额，在所涉及的两个或两个以上的账户中同时进行登记的复式记账方法，就能全面地反映经济业务事项所引起的资金变动。

复式记账法是对每项经济业务按相等的金额在两个或两个以上有关账户中同时进行登记的方法。

复式记账法的理论依据是“资产=负债+所有者权益”的会计等式。按照会计等式，任何一项经济业务都会引起资产与权益之间至少两个项目发生增减变动，而且增减变动的金额相等。因此对每一笔经济业务的发生，都可以以相等的金额在两个或两个相关账户中作等额双重记录。这种记账如实反映了经济事物的客观联系，是一种科学的记账方法。

2. 复式记账法的种类

复式记账法根据记账符号的不同，可分为借贷记账法、增减记账法和收付记账法三种。借贷记账法以“借”和“贷”作为记账符号，借贷记账法是国际上通用的记账方法。我国《企业会计准则——基本准则》规定企业应当采用借贷记账法记账；《事业单位会计准则》和《行政单位会计制度》也要求采用借贷记账法记账。

二、借贷记账法

（一）记账符号

借贷记账法是以“借”和“贷”作为记账符号来反映经济业务增减变化的一种复式记账法。因此，在借贷记账法下，账户的左方即“借”方，账户的右方即“贷”方。如图 3-2 所示。

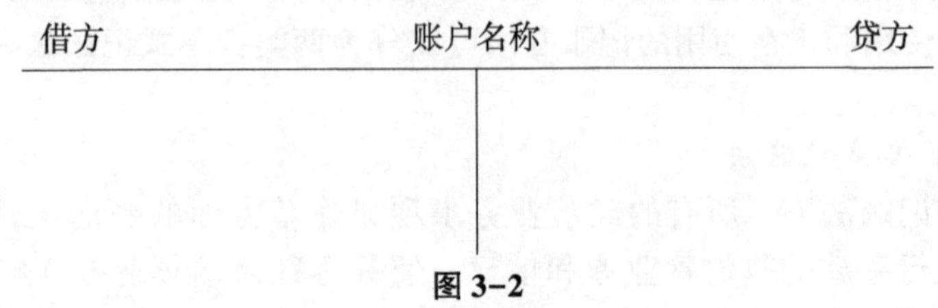

图 3-2

在这里，“借”和“贷”作为记账符号，已不再具有其本身的含义，只用来反映经济业务事项的数量变化，“借”方和“贷”方所反映的经济业务事项数量变化的增减性质是不固定的，完全视具体账户的性质而定。但有一点是肯定的，就是对于任何一个账户，“借”和“贷”所反映的数量增减性质是相反的，即一方反映增加，则另一方必定反映其减少。

借贷记账法下，账户的左方称为借方，右方称为贷方。所有账户的借方和贷方按相反方向记录增加数和减少数，即一方登记增加额，另一方就登记减少额。至于“借”表示增加，还是“贷”表示增加，则取决于账户的性质与所记录经济内容的性质。

通常而言，资产、成本和费用类账户的增加用“借”表示，减少用“贷”表示；负债、所有者权益和收入类账户的增加用“贷”表示，减少用“借”表示。备抵账户的结构与所调整账户的结构正好相反。

（二）账户结构

账户结构是反映账户内容的组成要素，账户的结构是由账户的性质，换言之，也就是由账户所反映的经济内容所决定的。不同性质的账户其结构中所反映的资金数量的增减方向也有所不同。

借贷记账法下，所有账户的结构都是左方为借方，右方为贷方。但借方、贷方反映会计要素数量变化的增减性质则是不固定的。不同性质的账户，借贷方所登记的内容不同。下面分别说明各类账户的结构。

1. 资产类账户的结构

资产类账户的结构主要体现在：资产的增加金额记入账户的借方，减少金额记入账户的贷方；账户若有余额，一般为借方余额，表示期初或期末资产的结存金额。其计算公式：

$$\text{资产类期末借方余额} = \text{期初借方余额} + \text{本期借方发生额} - \text{本期贷方发生额}$$

其账户结构，如图 3-3 所示。

借方	资产类账户		贷方
期初余额：	×××		
本期增加额：	×××	本期减少额：	×××
	⋮		⋮
本期发生额合计：	×××	本期发生额合计：	×××
期末余额：	×××		

图 3-3　资产类账户结构

2. 负债、所有者权益类账户

负债及所有者权益类账户同属于权益类账户，由于资产与权益是同一事物的两个方面，因而作为权益类账户的结构，与资产类账户结构正好相反，即增加金额记入账户的贷方，减少金额记入账户的借方；账户若有余额，一般为贷方余额，表示期初或期末负债及所有者权益的结存金额。其计算公式：

$$\frac{\text{负债、所有者权益}}{\text{类期末贷方余额}}=\frac{\text{期初贷}}{\text{方余额}}+\text{本期贷方发生额}-\text{本期借方发生额}$$

其账户结构，如图 3-4 所示。

借方	负债、所有者权益类账户名称		贷方
		期初余额：	×××
本期减少额：	×××	本期增加额：	×××
	⋮		⋮
本期发生额合计：	×××	本期发生额合计：	×××
		期末余额：	×××

图 3-4　负债、所有者权益账户结构

在所有者权益类账户中，包括利润计算账户。企业收入与费用配比的结果是利润，利润属于所有者权益，因此利润计算账户归属于所有者权益类账户。从账户结构分析，利润计算账户的贷方发生额为本期收入的总额，借方的发生额为本期费用的总额，贷方发生额与借方发生额的差额即本期实现的利润（或亏损）。期末的贷方余额表示截止至本期末企业实现的累计利润；期末的借方余额则表示截止至本期末发生的累计亏损。该账户年末结转后无余额。其账户结构，如图 3-5 所示。

借方	利润计算账户名称		贷方
		期初余额：	×××
本期费用	×××	本期收入	×××
期末余额：	×××		

图 3-5　利润计算类账户结构

3. 损益类账户

损益类账户包括损益收入类和损益费用类账户。

（1）损益收入类。收入的取得使企业资产增加或负债减少，从而引起所有者权益的增加。因此，损益收入类账户的结构与所有者权益类账户的结构相似，即增加金额记入账户的贷方，减少或转销的金额记入账户的借方。由于本期发生的损益，在期末全额结转到利润计算账户，因此损益收入类账户期末无余额。其账户结构，如图 3-6 所示。

借方	损益收入类账户名称		贷方
本期减少	×××	本期增加额：	×××
或转销额：	：		：
	：		：
	：		：
本期发生额：	×××	本期发生额：	×××

图 3-6　损益收入类账户结构

（2）损益费用类。费用的发生使企业资产减少或负债增加，从而导致所有者权益减少。因此，损益费用类账户的结构与所有者权益类账户的结构正好相反，即增加金额记入账户的借方，减少或转销的金额记入账户的贷方。由于本期发生的损益，在期末全额结转到利润计算账户，因此损益费用类账户期末无余额。其账户结构，如图 3-7 所示。

借方	损益费用类账户名称		贷方
本期增加额：	×××	本期减少	×××
	：	或转销额：	：
	：		：
	：		：
本期发生额：	×××	本期发生额：	×××

图 3-7　损益费用类账户结构

4. 成本类账户

成本类账户的结构兼有损益费用类账户和资产类账户的特征。其发生额的记录与损益费用类账户结构相同；其余额的反映与资产类账户相同。即成本的增加记入账户的借方，成本的减少或结转记入账户的贷方；借方的余额反映期初或期末的结存成本。其账户结构，如图 3-8 所示。

借方	成本类账户名称		贷方
期初余额：	×××		
本期增加额：	×××	本期减少	×××
	：	或结转额：	：
	：		：
	：		：
本期发生额：	×××	本期发生额：	×××
期末余额：	×××		

图 3-8　成本类账户结构

根据上述对资产、负债、所有者权益、成本、损益五类账户结构的描述，可以将账户借、贷方发生额的基本特点归纳如下，如表 3-16 所示。

表 3-16

账户类型	借方	贷方	余额方向
资产类账户	增加	减少	借方
负债类账户	减少	增加	贷方
所有者权益类账户	减少	增加	贷方

续表

账户类型	借方	贷方	余额方向
成本类账户	增加	减少	借方（如有余额）
损益收入类账户	减少	增加	无余额
损益费用类账户	增加	减少	无余额

（三）借贷记账法的记账规则

记账规则是指采用某种记账方法登记具体经济业务时应当遵循的规律。在借贷记账法下，对每一项经济业务事项，都要遵循“有借必有贷，借贷必相等”的记账规则，在两个或两个以上的账户同时进行等额登记。

现举例说明借贷记账法记账规则的运用：

【例 3-12】企业以银行存款 30 000 元购入设备一台。

该笔经济业务的类型属于资产内部项目的此增彼减，其中资产中的固定资产增加，银行存款减少。根据资产增加记借方，资产减少记贷方，这笔业务应借记“固定资产”30 000 元，贷记“银行存款”30 000 元。具体登记，如图 3-9 所示。

单位：元

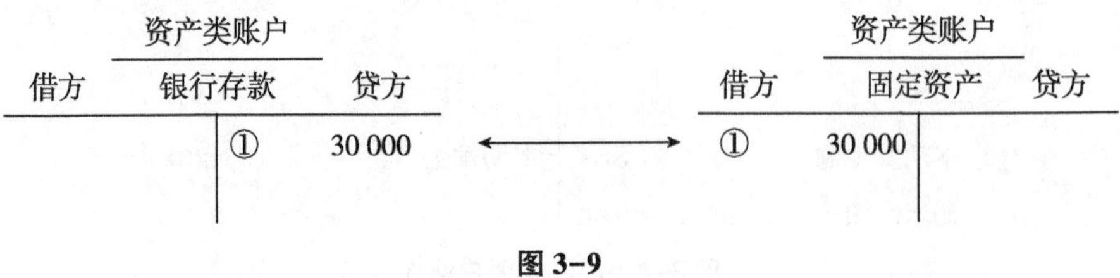

图 3-9

【例 3-13】企业购材料 10 000 元。材料验收入库，货款未付。

该笔经济业务的类型属于资产与负债同增，其中资产中的原材料增加，负债中的应付账款增加。根据资产增加记借方，负债增加记贷方，这笔业务应借记“原材料”10 000 元，贷记“应付账款”10 000 元。具体登记，如图 3-10 所示。

【例 3-14】企业收到投资者投入资金 1 000 000 元。

该笔经济业务的类型属于资产与所有者权益同增，其中资产中的银行存款增加，所有者权益中的实收资本增加。根据资产增加记借方，所有者权益增加记贷方，这笔业务应借记“银行存款”1 000 000 元，贷记“实收

单位：元

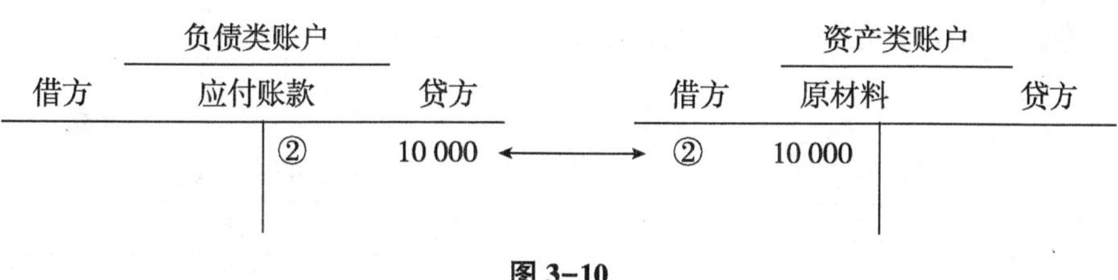

图 3-10

资本”1 000 000 元。具体登记，如图 3-11 所示。

单位：元

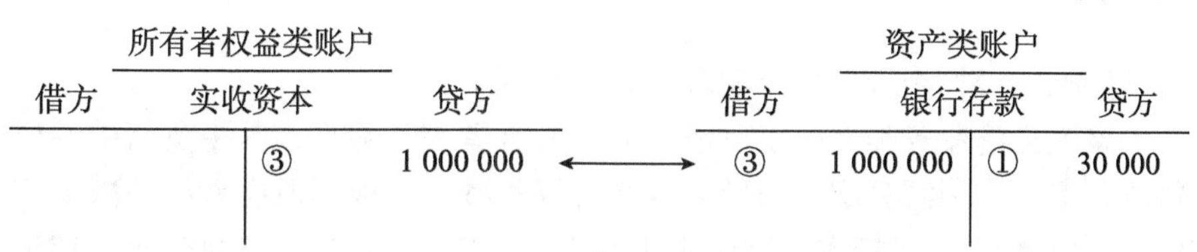

图 3-11

【例 3-15】企业以银行存款 40 000 元偿还前欠的材料购货款。

该笔经济业务的类型属于资产与负债同减，其中资产中的银行存款减少，负债中的应付账款减少。根据资产减少记贷方，负债减少记借方，这笔业务应借记“应付账款”40 000 元，贷记“银行存款”40 000 元。具体登记，如图 3-12 所示。

单位：元

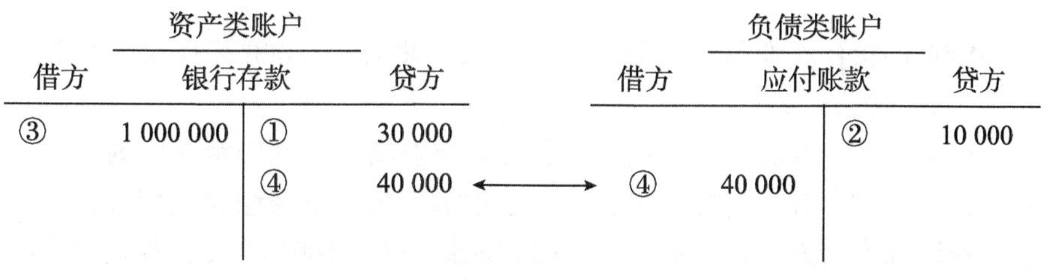

图 3-12

【例 3-16】企业以银行存款 20 000 元回购股权。

该笔经济业务的类型属于资产与所有者权益同减，其中资产中的银行存款减少，利润分配增加导致所有者权益减少。根据所有者权益减少记借方，资产减少记贷方，这笔业务应借记“实收资本”20 000 元，贷记“银行存款”20 000 元。具体登记，如图 3-13 所示。

单位：元

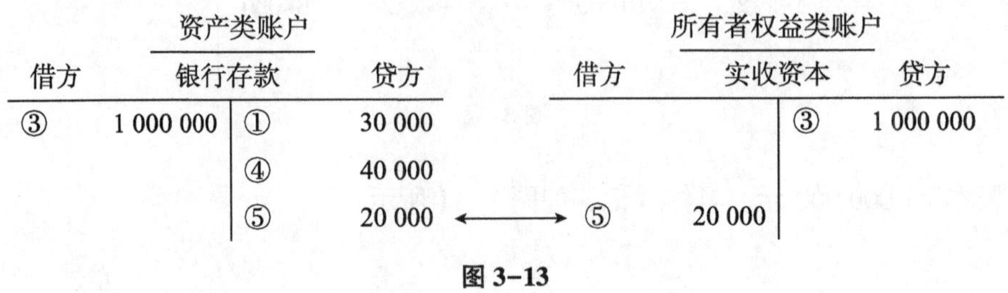

图 3-13

【例 3-17】企业宣告分派股利 25 000 元。

该笔经济业务类型属于负债增加，所有者权益减少，其中负债中的应付股利增加，利润分配增加导致所有者权益减少。根据所有者权益减少记借方，负债增加记贷方，这笔业务应借记“利润分配”25 000 元，贷记“应付股利”25 000 元。具体登记，如图 3-14 所示。

单位：元

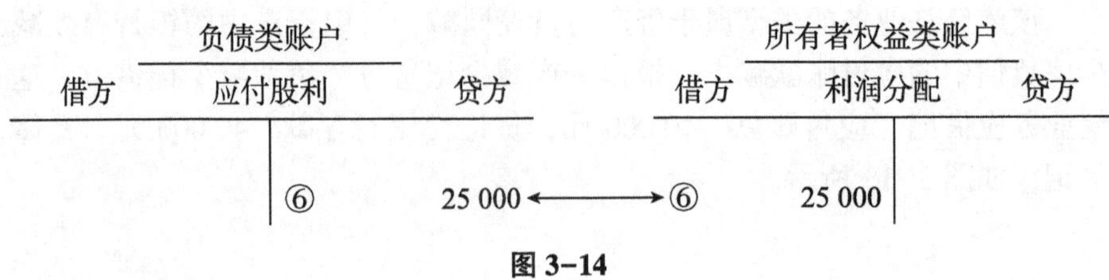

图 3-14

【例 3-18】企业与某债权人达成协议，将其 100 000 元应付账款转为对本企业的投资。

该笔经济业务属于负债减少，所有者权益增加，其中负债中的应付账款减少，同时所有者权益中的实收资本增加。根据负债减少记借方，所有者权益增加记贷方，这笔业务应借记“应付账款”100 000 元，贷记“实收资本”100 000 元。具体登记，如图 3-15 所示。

【例 3-19】企业向银行取得短期借款，直接偿还应付账款 80 000 元。

该笔经济业务类型属于负债内部项目此增彼减，其中负债中的短期借款增加，应付账款减少。根据负债减少记借方，负债增加记贷方，这笔业务应借记“短期借款”80 000 元，贷记“应付账款”80 000 元。具体登记，

单位：元

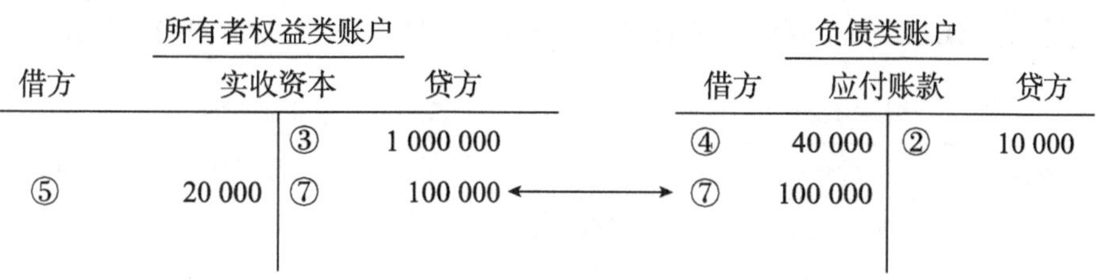

图 3-15

如图 3-16 所示。

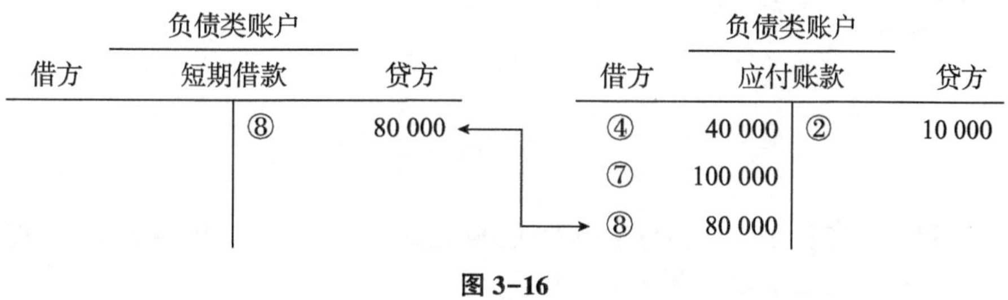

图 3-16

【例 3-20】企业以盈余公积 300 000 元转增资本。

该笔经济业务属于所有者权益内部项目此增彼减，其中所有者权益中的盈余公款减少，实收资本增加。根据所有者权益减少记借方，所有者权益增加记贷方，这笔业务应借记“盈余公积”300 000 元，贷记“实收资本”300 000 元。具体登记，如图 3-17 所示。

所有者权益账户：实收资本

借方		贷方	
		③	1 000 000
		⑦	100 000
⑤	20 000	⑨	300 000

所有者权益账户：盈余公积

借方		贷方
⑨	300 000	

图 3-17

【例 3-21】企业购买机器设备一台，价值 50 500 元，其中 50 000 元以转账支票支付，余款以库存现金付讫。

该笔经济业务的类型属于资产内部项目此增彼减，涉及有关账户三个，其中资产项目中的固定资产增加，银行存款减少，现金减少。根据资产增加记借方，资产减少记贷方，这笔业务应借记“固定资产”50 500元，贷记“银行存款”50 000元，贷记“库存现金”500元。具体登记，如图3-18所示。

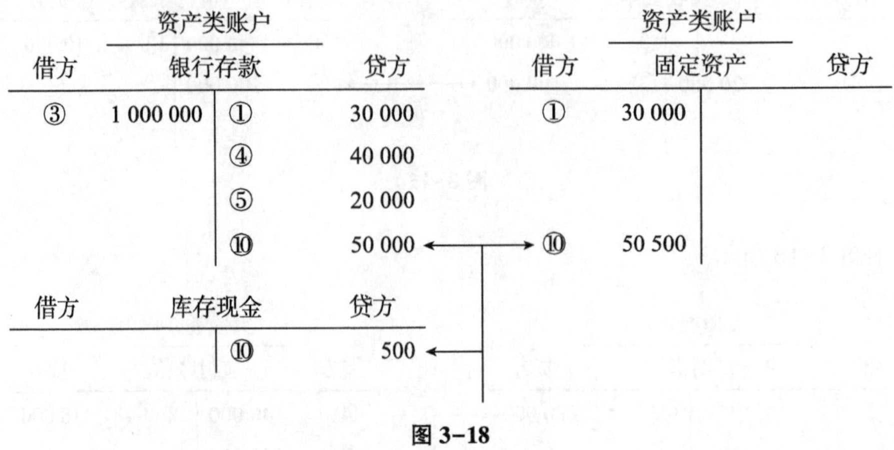

图3-18

【**例3-22**】企业向银行取得600 000元的长期借款，其中500 000元直接用于偿还短期借款，余款存入银行。

该笔经济义务属于复合型业务类型，涉及负债内部项目此增彼减和资产与负债同增，其中负债项目中的长期借款增加，短期借款减少，资产中的银行存款增加。根据负债增加记贷方，负债减少记借方，资产增加记借方，这笔业务应借记“短期借款”500 000元，借记“银行存款”100 000元，贷记“长期借款”600 000元。具体登记，如图3-19所示。

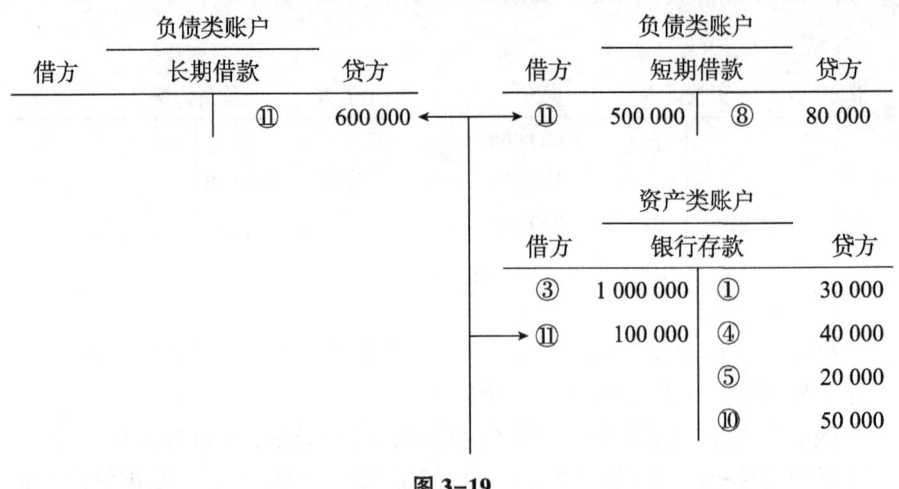

图3-19

在借贷记账法下，会计事项的内容就是通过账户的这种对应关系表现出来，只有正确地确定账户之间的对应关系，才能如实地反映经济业务事项的内容。实际工作中，根据各项经济业务事项的原始凭证，将账户的对应关系以会计分录的形式，在记账凭证或是普通日记账中记录下来。

(四) 借贷记账法下的会计分录

1. 会计分录的含义

会计分录，简称分录，又称记账公式，是根据经济业务事项所涉及的账户及借贷方向和金额所编制的一种记录。

2. 会计分录的分类

按照所涉及账户的多少，分为简单会计分录和复合会计分录。

简单会计分录是指只涉及一个账户借方和另一个账户贷方的会计分录，即一借一贷的会计分录。

复合会计分录是指由两个以上（不含两个）对应账户所组成的会计分录，即一借多贷、一贷多借或多借多贷的会计分录。但是要注意的是，企业不能将没有相互联系的简单分录合并相加成多借多贷的会计分录，否则无法反映账户的对应关系。

3. 会计分录包含的要素

会计分录包括三要素：①记账方向（借方或贷方）；②账户名称（会计科目）；③应记金额。

4. 会计分录的书写格式

会计分录的书写格式是①先借后贷：借方在前，贷方在后；②上借下贷，借贷错位：贷方的文字和数字都要比借方后退两格书写。需要注意的是，在一借多贷或一贷多借，多借多贷情况下，借方或贷方的文字要对齐，金额也对齐。

以下是根据【例 3-12】到【例 3-22】的资料，展示运用借贷记账法如何编制会计分录。

【例 3-12】借：固定资产　　30 000
　　贷：银行存款　　30 000

【例 3-13】借：原材料　　10 000
　　贷：应付账款　　10 000

【例 3-14】借：银行存款　　1 000 000
　　贷：实收资本　　1 000 000

【例 3-15】借：应付账款　　40 000
　　贷：银行存款　　40 000

【例 3-16】借：实收资本　　20 000
　　　　贷：银行存款　　20 000
【例 3-17】借：利润分配　　25 000
　　　　贷：应付股利　　25 000
【例 3-18】借：应付账款　　100 000
　　　　贷：实收资本　　100 000
【例 3-19】借：应付账款　　80 000
　　　　贷：短期借款　　80 000
【例 3-20】借：盈余公积　　300 000
　　　　贷：实收资本　　300 000
【例 3-21】借：固定资产　　50 500
　　　　贷：银行存款　　50 000
　　　　贷：库存现金　　500
【例 3-22】借：短期借款　　500 000
　　　　借：银行存款　　100 000
　　　　贷：长期借款　　600 000

在借贷记账法下，简单分录如上述例 3-12 至例 3-20 的只涉及一借一贷的会计分录。复合分录中一借多贷、一贷多借、多借多贷的会计分录。如上述例 3-21 和例 3-22 的会计分录。

（五）借贷记账法下的试算平衡

1. 试算平衡的含义

试算平衡，是指在借贷记账法下，利用借贷发生额和期末余额（期初余额）的平衡原理，检查账户记录是否正确的一种方法。它的目的是预先验证会计分录的准确性，以提高会计效率。试算平衡的理论基础就是会计基本恒等式，即“资产=负债+所有者权益”。

2. 试算平衡的分类

试算平衡分为发生额平衡和余额平衡两类。

（1）发生额平衡。

发生额平衡是指一定时期全部账户借方发生额合计等于该时期内全部账户贷方发生额合计。这是由有借必有贷，借贷必相等的记账规则决定的。

（2）余额平衡。

余额平衡是指任意会计期末全部账户借方余额合计等于该期末全部账户贷方余额合计。这是由会计恒等式决定的。

3. 试算平衡的基本公式

在借贷记账法，试算平衡的基本公式：

（1）全部账户的借方期初余额合计数=全部账户的贷方期初余额合计数。

（2）全部账户的借方发生额合计=全部账户的贷方发生额合计。

（3）全部账户的借方期末余额合计=全部账户的贷方期末余额合计。

如果上述三个方面都能保持平衡，说明记账工作基本上是正确的，否则就是说明记账工作发生了差错。在实际工作中，这种试算平衡通常是通过编制试算平衡表来进行的。

4. 编制试算平衡表应注意的问题

值得注意的是，试算平衡所验证的不过是各账户借方余额（发生额）与各账户的贷方余额（发生额）是否相等而已。如果借贷试算不平衡，说明账户记录必定存在错误。但如果借贷试算平衡，也不能完全肯定账户记录没有错误，因为有些错误并不影响借贷双方的平衡，例如：①漏记某一项会计事项。②重记某一项会计事项。③记错账户。④借贷方向同时记反。⑤一项错误与另一项错误正好抵销；等等。所以，试算平衡的结果只能作为账户记录基本没有错误的结论，而不能作为账户记录绝对没有错误的判断依据。此外，试算表的编制还有助于会计报表的编制。

根据上述十一笔经济业务，编制发生额平衡表，如表3-17所示。

表3-17　本期发生额试算平衡表

××××年××月××日　　　　单位：元

会计科目	本期发生额	
	借方	贷方
库存现金		⑩500
银行存款	③1 000 000 ⑪100 000	①30 000 ④40 000 ⑤20 000 ⑩50 000
原材料	②10 000	
固定资产	①30 000 ⑩50 500	
短期借款	⑪500 000	⑧80 000

续 表

会计科目	本期发生额	
	借方	贷方
应付账款	④40 000 ⑦100 000 ⑧80 000	②10 000
应付股利		⑥25 000
长期借款		⑪600 000
实收资本	⑤20 000	③1 000 000 ⑦100 000 ⑨300 000
盈余公积	⑨300 000	
利润分配	⑥25 000	
合计	2 255 500	2 255 500

假设某企业有关账户期初余额如表 3-18 所示，根据上述十一笔经济业务，编制余额试算平衡表，如表 3-18 所示。

表 3-18　余额试算平衡表

××××年××月××日　　单位：元

会计科目	期初余额		本期发生额		期末余额	
	借方	贷方	借方	贷方	借方	贷方
库存现金	90 000			⑩500	89 500	
银行存款	3 000 000		③1 000 000 ⑪100 000	①30 000 ④40 000 ⑤20 000 ⑩50 000	3 960 000	
原材料	100 000		②10 000		110 000	
固定资产	1 620 000		①30 000 ⑩50 500		1 700 500	
短期借款		500 000	⑪500 000	⑧80 000		80 000
应付账款		250 000	④40 000 ⑦100 000 ⑧80 000	②10 000		40 000

续 表

会计科目	期初余额		本期发生额		期末余额	
	借方	贷方	借方	贷方	借方	贷方
应付股利		30 000		⑥25 000		55 000
长期借款		600 000		⑪600 000		1 200 000
实收资本		3 000 000	⑤20 000	③1 000 000 ⑦100 000 ⑨300 000		4 380 000
盈余公积		400 000	⑨300 000			100 000
利润分配		30 000	⑥25 000			5 000
合计	4 810 000	4 810 000	2 255 500	2 255 500	5 860 000	5 860 000

任务五　支付结算方法

一、支付结算的概念

支付结算是指单位、个人在社会经济活动中使用票据、信用卡和结算凭证进行货币给付及其资金清算的行为。其主要功能是完成资金从一方当事人向另一方当事人的转移。银行（银行、城市信用合作社、农村信用合作社，以下统称银行）以及单位（含个体工商户）和个人是办理支付结算的主体。

支付结算有广义和狭义之分。广义的支付结算包括现金结算和银行转账结算。支付结算作为一种要式行为，具有一定的法律特征。

二、办理支付结算的基本要求

第一，单位、个人和银行办理支付结算必须使用按中国人民银行统一规定印制的票据和结算凭证。

第二，单位、个人和银行应当按照《人民币银行结算账户管理办法》（以下简称《办法》）的规定开立、使用账户。

第三，票据和结算凭证上的签章和其他记载事项应当真实，不得伪造、变造。

第四，填写票据和结算凭证应当规范，做到要素齐全、数字正确、字迹清晰、不错不漏、不潦草，防止涂改。

三、现金结算

（一）现金结算的概念

现金结算是转账结算的对称。指在商品交易、劳务供应等经济往来中直接使用现金进行应收应付款结算的行为，是货币结算的形式之一。在我国，主要适用于单位与个人之间的款项收付以及单位之间在转账结算起点金额（1 000 元）以下的零星小额收付。

现金结算主要有两种渠道：一种是付款人直接将现金支付给收款人，不通过银行等中介机构；另一种是付款人委托银行和非银行金融机构或非金融机构如邮局将现金支付给收款人。

（二）现金收付范围的一般规定

现金结算起点是 1 000 元。根据我国《现金管理暂行条例》第 5 条的规定，开户单位可以在下列范围内使用现金：

（1）职工工资、津贴。

（2）个人劳务报酬。

（3）根据国家规定颁发给个人的科学技术、文化艺术、体育等各种奖金。

（4）各种劳保、福利费用以及国家规定的对个人的其他支出。

（5）向个人收购农副产品和其他物资的价款。

（6）出差人员必须随身携带的差旅费。

（7）结算起点以下的零星支出。

（8）中国人民银行确定需要支付现金的其他支出。

结算起点定为 1 000 元。结算起点的调整，由中国人民银行确定，报国务院备案。

四、转账结算

（一）转账结算的概念

转账结算亦称“非现金结算”“划拨结算”，是指各单位发生的款项往来，不用现金结算，而是通过银行将款项从付款人账户划转到收款人账户的货币收付行为，主要用于单位和单位之间因商品交易、劳务供应、资金调拨所发生的款项收付。转账结算是货币结算的一种形式。可分为同城结算和异地结算两类。

（二）转账结算的原则

（1）恪守信用，履约付款原则。

（2）谁的钱进谁的账、由谁支配原则。

（3）银行不垫款原则。

（三）转账结算的基本要求

根据《支付结算办法》的规定，单位、个人和银行办理支付结算的基本要求包括：

（1）单位、个人和银行办理支付结算必须使用按中国人民银行统一规定印制的票据和结算凭证。未使用中国人民银行统一规定格式的结算凭证，银行不予受理。

（2）单位、个人和银行应当按照《人民币银行结算账户管理办法》的规定开立、使用账户。

（3）票据和结算凭证上的签章和其他记载事项应当真实，不得伪造、变造。

票据和结算凭证上的签章，为签名、盖章或者签名加盖章；单位、银行在票据上的签章和单位在结算凭证上的签章，为该单位、银行的公章加其法定代表人或者其授权的代理人的签名或者盖章。

（4）填写票据和结算凭证应当规范，做到要素齐全、数字正确、字迹清晰、不错不漏、不潦草，防止涂改。

票据和结算凭证的金额、出票或者签发日期、收款人名称不得更改，更改的票据无效；更改的结算凭证，银行不予受理。对票据和结算凭证上的其他记载事项，原记载人可以更改，更改时应当由原记载人在更改处签章证明。

票据和结算凭证金额以中文大写和阿拉伯数码同时记载，二者必须一致，否则银行不予受理。

（四）转账结算的方式

支付结算方式包括：票据、托收承付、委托收款、信用卡和信用证等结算行为。其中票据包括支票、银行本票、银行汇票和商业汇票等。上述结算为必须通过中国人民银行批准的金融机构或其他机构进行。《支付结算办法》第6条规定：“银行是支付结算和资金清算的中介机构。未经中国人民银行批准的非银行金融机构和其他单位不得作为中介机构经营支付结算业务。但法律，行政法另有规定的除外。”

1. 汇票

汇票是最常见的票据类型之一，我国的《票据法》第19条规定：“汇票是出票人签发的，委托付款人在见票时，或者在指定日期无条件支付确定的金额给收款人或者持票人的票据。”汇票是国际结算中使用最广泛的一种信用工具。

2. 本票

本票是一项书面的无条件的支付承诺，由一个人完成，并交给另一人，经制票人签名承诺，即期或定期或在可以确定的将来时间，支付一定数目的金钱给一个特定的人或其指定人或来人。

我国《票据法》对本票的定义，指的是银行本票，它是指出票人签发的，承诺自己在见票时无条件支付确定金额给收款人或者持票人的票据。

3. 支票

支票是出票人签发的，委托办理支票存款业务的银行或者其他金融机构在见票时无条件支付确定的金额给收款人或者持票人的票据。

支票是以银行为付款人的即期汇票，可以看作汇票的特例。支票出票人签发的支票金额，不得超出其在付款人处的存款金额。如果存款低于支票金额，银行将拒付给持票人。这种支票称为空头支票，出票人要负法律上的责任。

开立支票存款账户和领用支票，必须有可靠的资信，并存入一定的资金。支票可分为现金支票、转账支票、普通支票。支票一经背书即可流通转让，具有通货作用，成为替代货币发挥流通手段和支付手段职能的信用流通工具。运用支票进行货币结算，可以减少现金的流通量，节约货币流通费用。

4. 信用卡

信用卡是指商业银行向个人和单位发行的，凭以向特约单位购物、消费和向银行存取现金，且具有消费信用的特制载体卡片。

5. 汇兑

汇兑，是指汇款人委托银行将其款项支付给收款人的结算方式。汇兑便于汇款人向收款人主动付款，分为信汇、电汇两种方式，由汇款人自行选择。

6. 托收承付

托收承付是根据购销合同由收款人发货后委托银行向异地付款人收取款项，由付款人向银行承认付款的结算方式。使用托收承付结算方式的收款单位和付款单位，必须是国有企业、供销合作社以及经营管理较好，并经开户银行审查同意的城乡集体所有制工业企业。

办理托收承付结算的款项，必须是商品交易以及因商品交易而产生的劳务供应的款项。代销、寄销、赊销商品的款项，不得办理托收承付结算。

托收承付结算每笔的金额起点为 1 万元，新华书店系统每笔的金额起点为 1 000 元。

7. 委托收款

委托收款是收款人委托银行向付款人收取款项的结算方式。委托收款便于收款人主动收款，该结算方式适用范围十分广泛。无论是同城还是异地都可使用。

委托收款分邮寄和电报划回两种，由收款人选用。

项目四　填制和审核会计凭证

通过本项目的学习，应理解会计凭证的相关概念；能说出原始凭证、记账凭证的分类方法、种类以及原始凭证及记账凭证应具备的基本要素；掌握常用原始凭证的填制方法，掌握依据原始凭证填制记账凭证的方法；初步学会对会计凭证审核的操作要领。

任务一　会计凭证及其分类

一、会计凭证的概念

会计凭证是记录经济业务发生或者完成情况的书面证明，也是登记账簿的依据。任何单位对于发生的每一笔经济业务，都必须首先填制或取得会计凭证作为证明文件，并经会计部门审核无误后才能作为记账的依据。

填制和审核会计凭证是会计核算方法之一，也是整个会计核算工作的起点和基础。

二、会计凭证的分类

会计凭证的形式多种多样，可以按照不同的标准进行分类。会计凭证按填制程序和用途的不同可以分为原始凭证和记账凭证两类。原始凭证和记账凭证又可以进一步按照一定的标准进行分类。

（一）原始凭证

原始凭证又称为单据，是指在经济业务发生或完成时取得或填制的，用以记录或证明经济业务的发生或完成情况、明确有关经济责任的书面证明。任何经济业务发生都必须填制或取得原始凭证，它是经济业务发生的最初证明，具有法律效力，是会计核算的原始资料和重要依据。如发票、借款单、差旅费报销单、入库单等。

（二）记账凭证

由于原始凭证只表明经济业务的内容，而且种类繁多、数量庞大、格式不一，加上原始凭证一般都不能具体表明经济业务应记入的会计科目及借贷方向，直接据以记账容易发生差错，也不便于查账。因此，会计人员要根据审核无误后的原始凭证进行归类、整理，据以填制记账凭证，在记账凭证摘要中说明经济业务的内容、确定应借应贷的账户名称和金额，并将原始凭证作为附件，然后再根据记账凭证登记会计账簿。

记账凭证又称记账凭单，是会计人员根据审核无误的原始凭证或汇总原始凭证，按照经济业务事项的内容加以归类，并据此反映会计要素增减变化，确定会计分录，作为记账依据的书面证明。它是登记账簿的直接依据。

（三）原始凭证与记账凭证的区别

记账凭证和原始凭证虽然同属于会计凭证，但就其性质来讲却截然不同，二者存在以下区别：

（1）填制人员不同。原始凭证大多是由本单位或外单位的业务经办人员填制的；而记账凭证一律由会计人员填制。

（2）填制依据不同。原始凭证是根据发生或完成的经济业务填制；而记账凭证是根据审核无误后的原始凭证或汇总原始凭证填制。

（3）填制方式不同。原始凭证仅用以记录、证明经济业务已经发生或完成；记账凭证要依据会计科目对已经发生或完成的经济业务进行归类、整理。

（4）发挥作用不同。原始凭证是填制记账凭证的依据，而记账凭证是登记账簿的依据。

三、会计凭证的作用

（一）记录经济业务，提供记账依据

填制会计凭证，可以正确、及时地反映各项经济业务的完成情况，为登记账簿提供可靠的依据。因此会计凭证所记录有关信息是否真实、可靠、及时，对保证会计信息质量具有至关重要的影响。

（二）明确经济责任，强化内部控制

任何会计凭证除记录有关经济业务的基本内容外，还必须由有关部门和人员签章，这样可以对会计凭证所记录经济业务的真实性、完整性、合法性等负责，防止舞弊行为，强化内部控制。如有发生违法乱纪或经济纠纷事件，也可借助于会计凭证上经办人员的记录追根溯源，查明责任归属，分清经济责任，从而加强内部经营管理上的岗位责任制。

（三）监督经济活动，控制经济运行

通过会计凭证的审核，可以查明每一项经济业务是否真实发生、是否符合国家有关法律、法规、制度的规定，是否符合计划、预算进度，是否有违法乱纪、铺张浪费行为，可及时发现经营管理上存在的问题和管理制度上存在的漏洞。对查出的问题，应积极采取措施予以纠正，实现对经济活动的事中控制，保证经济活动健康进行。

任务二　原始凭证的填制与审核

一、原始凭证的种类

原始凭证的种类繁多，格式各异，可以根据不同的标准来进行分类。

（一）按照原始凭证来源的渠道不同分类

原始凭证按照来源渠道的不同分为外来原始凭证和自制原始凭证两类。

1. 外来原始凭证

外来原始凭证是指在经济业务发生或完成时，从外单位或个人处取得的原始凭证。如购买货物时取得的由供货单位开具的增值税专用发票或普通发票；职工出差取得的火车票、飞机票、住宿费单据等；税务机关开具的税收缴款书、对外支付款项时取得的由收款单位或个人开出的收据，如图 4-1 所示。

2. 自制原始凭证

自制原始凭证俗称内部原始凭证，是指在本单位内部发生经济业务时，由本单位有关人员自行填制、仅供本单位内部使用的原始凭证。如验收材料入库时的收料单、领用材料时的领料单、差旅费报销单、产品入库单、产品出库单、借款单、工资发放明细表、折旧计算表等，如图 4-2 所示。

4501171140 **广西增值税专用发票** № 23215896

发票联

开票日期：2017 年 4 月 20 日

购买方	名　　称：南州市华贸商场 纳税人识别号：450211004583491 地 址、电 话：南州市江宁路 312 号 3423455 开户行及账号：中国银行南州市江宁支行 683000005098045	密码区	S454-+>4521<<5410001<458 -265>+5451104441402S6210 50-+>400<<558000-<212500 180<4151240<25486884589

货物或应税劳务、服务名称	规格型号	单位	数量	单价	金额	税率	税额
甲商品		件	1 000	200. 00	200 000. 00	17%	34 000. 00
合　计					¥ 200 000. 00		¥ 34 000. 00
价税合计（大写）	⊗贰拾叁万肆仟元整				（小写） ¥ 234 000. 00		

销售方	名　　称：广西晨星商贸有限责任公司 纳税人识别号：450523210016547 地 址、电 话：南州市中山路 295 号 3721348 开户行及账号：中国银行南州市中山支行 683000000945721	备注	广西晨星商贸有限责任公司 450523210016547 发票专用章

收款人：　　复核：李明　　开票人：赵丽　　销货单位：(章)

第三联：发票联 购货方记账凭证

图 4-1 增值税专用发票

收 料 单

2017 年 4 月 21 日　　编号：N10021

材料编号	材料名称	规格	单位	数量		单价	材料金额	运杂费	合计
				应收	实收				
10101	A 材料		千克	1 000	1 000	40. 00	40 000. 00		40 000. 00
供货单位	宏大公司		结算方式			合同号			
备注									

主管：　　会计：　　质量检验员：　　仓库验收：王小蒙　　交料人：周海

记账联

图 4-2 收料单

（二）按照原始凭证填制的手续不同分类

按填制手续不同，可以将原始凭证分为一次原始凭证、累计原始凭证和汇总原始凭证。

1. 一次原始凭证

一次原始凭证是一次填制完成，只记录一笔经济业务，不能重复使用的原始凭证。如借款单（图 4-3）、领料单、收据、购货发票、销货发票、税务机关开具的完税证明等都是一次凭证。所有外来原始凭证和绝大多数的自制原始凭证都属于一次原始凭证，其特点就是一张凭证一次填制完成。

借　款　单

2017 年 3 月 21 日　　　　NO：2045878

借款人	钱璐璐	部门	行政部
借款金额	人民币（大写）贰仟元整　　¥2 000.00		
借款事由	到广州出差		
单位领导批示：同意 周凯 2017 年 3 月 22 日	部门领导意见：同意 赵丽燕 2017 年 3 月 21 日	财务负责人意见：同意 闫卫红 2017 年 3 月 22 日	备注

主管：　　会计：　　复核：　　出纳：

图 4-3　借款单

2. 累计原始凭证

累计原始凭证是指在一张凭证中经多次填制，记录同类重复发生的经济业务的原始凭证。其特点是一张凭证内可以连续登记相同性质的经济业务，并随时结出累计数及结余数。只有完成全部填制手续后，才能作为原始凭证据以记账。最典型的累计原始凭证是“限额领料单”，如图 4-4 所示。

3. 汇总原始凭证

汇总原始凭证，又称原始凭证汇总表，是根据若干个同类经济业务的原始凭证汇总编制而成的一种凭证。如发料凭证汇总表（表 4-1）、工资结算汇总表、差旅费报销单等。汇总原始凭证合并了同类型经济业务，既可以提供经营管理所需要的总量指标，又可以大大简化记账工作量。值得注意的是，汇总原始凭证只能将同类内容的经济业务汇总在一张汇总凭证上，不能汇总两类或两类以上的经济业务。

限额领料单

领料单位：一车间　　　　　　　　　　　　　　编　　号：022

用　　途：生产甲商品　　　　2017 年 01 月　　　　发料仓库：原料仓

<table>
<tr><td>材料类别</td><td>材料编号</td><td>材料名称及规格</td><td>单位</td><td>单价</td><td>领用限用</td><td>实际领用</td><td>金额</td></tr>
<tr><td>原材料</td><td>10101</td><td>A 材料</td><td>千克</td><td>40.00</td><td>800</td><td>770</td><td>30 800.00</td></tr>
<tr><td colspan="4">供应部门负责人：（签章）李志权印</td><td colspan="4">生产计划部门负责人：（签章）冯立强印</td></tr>
<tr><td>日期</td><td>请领数量</td><td>实发数量</td><td>发料人</td><td>领料人</td><td>限额结余</td><td>限料数量</td><td>退料经办人</td></tr>
<tr><td>1 月 3 日</td><td>200</td><td>200</td><td>刘丽莉</td><td>张强</td><td>600</td><td></td><td></td></tr>
<tr><td>1 月 15 日</td><td>150</td><td>150</td><td>刘丽莉</td><td>刘东</td><td>450</td><td></td><td></td></tr>
<tr><td>1 月 22 日</td><td>300</td><td>300</td><td>刘丽莉</td><td>刘东</td><td>150</td><td></td><td></td></tr>
<tr><td>1 月 28 日</td><td>120</td><td>120</td><td>刘丽莉</td><td>刘东</td><td>30</td><td></td><td></td></tr>
<tr><td></td><td></td><td></td><td></td><td></td><td></td><td></td><td></td></tr>
<tr><td></td><td></td><td></td><td></td><td></td><td></td><td></td><td></td></tr>
<tr><td>合计</td><td>770</td><td>770</td><td></td><td></td><td>30</td><td></td><td></td></tr>
</table>

图 4-4　限额领料单

表 4-1　发料凭证汇总表

发料凭证汇总表

2017 年 4 月 1~10 日　　　　　　单位：元

会计科目	领料部门	A 材料	B 材料	合计
生产成本	甲产品	24 000.00	11 000.00	35 000.00
	乙产品	35 000.00	16 500.00	51 500.00
	小计	59 000.00	27 500.00	86 500.00
制造费用	一车间	23 000.00		23 000.00
	二车间	18 000.00	18 700.00	36 700.00
	小计	41 000.00	18 700.00	59 700.00
管理费用	厂部	2 400.00	256.00	2 656.00
合　计		102 400.00	46 456.00	148 856.00

财会负责人：李强东　　　　复核：张小军　　　　制表：周林伟

二、原始凭证的内容

原始凭证尽管品种繁多、格式各异，但为了准确反映和充分证明经济业务的执行和完成情况，各种原始凭证都应具备一些共同的基本内容。原始凭证所包括的基本内容通常称为凭证要素，主要有：

（1）原始凭证的名称。

（2）原始凭证的编号。

（3）填制原始凭证的日期。

（4）原始凭证填制单位的名称。

（5）接受原始凭证单位的名称。

（6）经济业务的内容（包括数量、单价和金额等）。

（7）原始凭证填制单位签章。

（8）经办人员的签章。

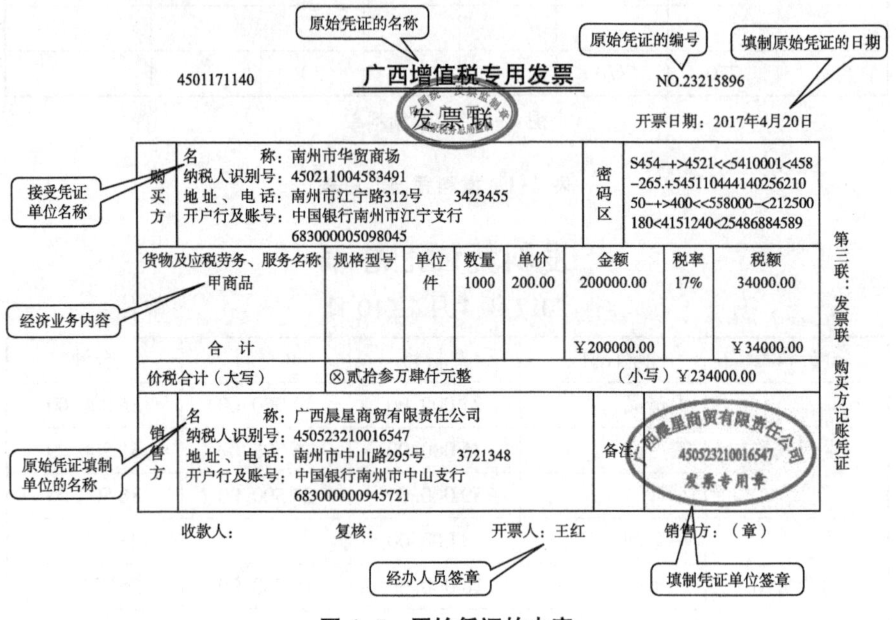

4501171140　　**广西增值税专用发票**　　NO.23215896

发票联

开票日期：2017年4月20日

购买方	名　　称：南州市华贸商场 纳税人识别号：450211004583491 地 址、电 话：南州市江宁路312号　3423455 开户行及账号：中国银行南州市江宁支行 683000005098045					密码区	S454−+>4521<<5410001<458 −265.+545110444140256210 50−+>400<<558000−<212500 180<4151240<25486884589	
货物及应税劳务、服务名称	规格型号	单位	数量	单价	金额	税率	税额	
甲商品		件	1000	200.00	200000.00	17%	34000.00	
合　计					￥200000.00		￥34000.00	
价税合计（大写）	⊗贰拾参万肆仟元整					（小写）￥234000.00		
销售方	名　　称：广西晨星商贸有限责任公司 纳税人识别号：450523210016547 地 址、电 话：南州市中山路295号　3721348 开户行及账号：中国银行南州市中山支行 683000000945721					备注		

收款人：　　复核：　　开票人：王红　　销售方：（章）

第三联：发票联　购买方记账凭证

图 4-5　原始凭证的内容

三、原始凭证的填制要求

为了保证原始凭证能够正确、及时、清晰地反映各项经济业务的真实情况，提高会计核算的质量，原始凭证的填制必须符合下列基本要求：

(一) 记录真实，业务合法

原始凭证所反映的经济业务必须符合国家有关政策、法规、制度的要求，同时又要如实反映实际发生的经济业务，凭证上填列的日期、业务内容、数字必须真实可靠，绝不允许有任何歪曲或弄虚作假，更不得伪造凭证。

(二) 内容完整，手续完备

原始凭证上填列的项目必须逐项填写齐全，不得遗漏或省略。特别强调的是：年、月、日要按照原始凭证的实际日期填写；名称要齐全，不能简化；品名或用途要填写正确，不能含糊不清；填制或取得的原始凭证都要经过严格审核，确保凭证内容真实可靠，经办人员和有关部门的负责人都要在凭证上签章，签章必须齐全，以示对凭证的真实性和合法性负完全责任。

自制原始凭证必须有经办单位负责人或指定人员签名或盖章；对外开出的原始凭证，必须加盖本单位公章；从外单位取得的原始凭证应加盖有填制单位的公章。从个人处取得的原始凭证，必须有填制人员的签名或盖章。这里所说的“公章”，是指具有法律效力和特定用途，能够证明单位身份和性质的印鉴，包括业务公章、财务专用章、发票专用章、结算专用章等。

(三) 书写清楚，格式规范

原始凭证要按规定填写，应当做到文字简明、字迹清晰、书写规范，不得使用未经国务院公布的简化汉字。具体包括：

(1) 原始凭证要按照规定使用蓝黑或碳素墨水书写，不得使用圆珠笔或铅笔书写。书写时字迹清晰、工整，易于辨认，有错误需要更正时，应当采用正确、规范的更正方法。

(2) 小写金额用阿拉伯数字逐个填写，不得写连笔字。在小写金额前应当书写货币币种符号，如人民币符号“￥，美元符号“＄”，币种符号与阿拉伯金额数字之间不得留有空格。凡阿拉伯数字前写有币种符号的，数字后面不再写货币单位。如人民币 20 000 元，应写成￥20 000.00；美元 6 000 元，应写成＄6 000.00。

(3) 所有以元为单位的阿拉伯数字，除表示单价等情况外，一律填写到角、分；无角分的，角位和分位可写“00”或用符号“—”表示；有角无分的，分位应写“0”，不得用符号“—”代替。如人民币 20 000 元可写为“￥20 000.00”或“￥20 000.—”；人民币壹拾贰元伍角整的写法，正确的是“￥12.50”，而不正确的写法是“￥12.5—”。

(4) 汉字大写金额，一律用正楷或行书书写，大写金额用汉字壹、贰、叁、肆、伍、陆、柒、捌、玖、拾、佰、仟、万、亿、元、角、分、零、整（正）等，不得任意自造简化字。即不得用○、一、二（两）、三、四、五、六、七、八、九、十、毛、另等简化字来代替。大写金额到元或角为止的，后面应写“整”或“正”字；如为“分”的，分字后面不写“整”或“正”字。

(5) 大写金额数字前未印有货币名称的，应当加填货币名称，如“人民币”字样，且其与金额数字之间不得留有空格。

(6) 阿拉伯金额数字中间有“0”时，汉字大写金额要写“零”字，例如小写金额为“￥205.00”，大写金额应写为“人民币贰佰零伍元整”；阿拉伯金额数字中间连续有几个“0”时，汉字大写金额中可以只写一个“零”字，例如小写金额为“￥30 008.00”，大写金额应写为“人民币叁万零捌元整”；阿拉伯金额数字元位是“0”或者数字中间连续有几个“0”、元位也是“0”但角位不是“0”时，汉字大写金额可以只写一个“零”，也可以不写“零”字。

(7) 原始凭证不得任意涂改或刮、擦、挖、补，否则为无效凭证，不能作为填制记账凭证或登记账簿的依据。原始凭证有错误的，应当由出具单位重开或者更正，更正处应当加盖出具单位印章。原始凭证金额有错误的，应当由出具单位重开，不得在原始凭证上直接更改。

(8) 编号要连续。各类原始凭证要连续编号，以便查考。如果凭证已预先印定编号，如发票、收据、支票等都有连续编号，应按编号连续使用。在填写有误需作废时，应加盖“作废”戳记，与存根一起妥善保管，不得撕毁。

（四）填制要及时

在经济业务实际发生或完成时，要求有关部门和人员必须及时填制原始凭证，并按规定的程序及时送交会计机构、会计人员进行审核，并据以填制记账凭证，不得拖延，避免事后回忆填制造成差错，贻误工作。

四、原始凭证的填制技术

（一）增值税专用发票的填制

增值税专用发票是由国家税务总局监制设计印制，只限于增值税一般纳税人领购使用的，既作为纳税人反映经济活动的重要会计凭证，又是销货方纳税义务和购货方进项税额的合法证明，是增值税计算和管理中重要的专用发票。

1. 使用要点

(1) 适用范围：增值税一般纳税人使用。

(2) 联次。

增值税专用发票基本联次为三联，分别为记账联、抵扣联和发票联。记账联为销售方记账凭证，抵扣联为购买方扣税凭证，发票联为购买方记账凭证。

2. 增值税专用发票样式

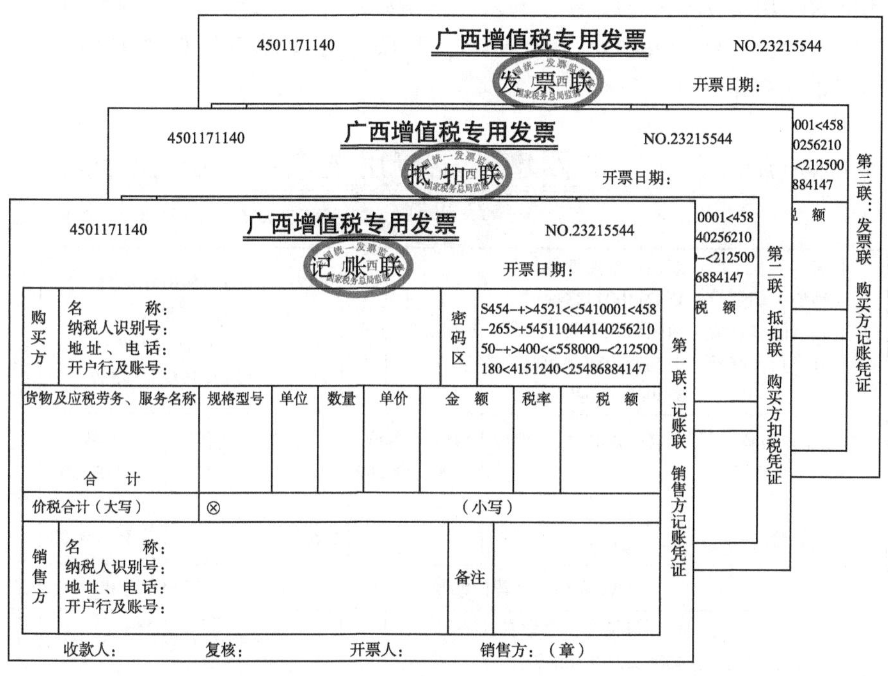

4501171140　　广西增值税专用发票　　NO.23215544

发票联　　开票日期：

第三联：发票联　购买方记账凭证

4501171140　　广西增值税专用发票　　NO.23215544

抵扣联　　开票日期：

第二联：抵扣联　购买方扣税凭证

4501171140　　广西增值税专用发票　　NO.23215544

记账联　　开票日期：

购买方	名　　称： 纳税人识别号： 地 址 、电 话： 开户行及账号：					密码区	S454–+>4521<<5410001<458 –265>+545110444140256210 50–+>400<<558000–<212500 180<4151240<25486884147	
货物及应税劳务、服务名称	规格型号	单位	数量	单价	金　额	税率	税　额	
合　计								
价税合计（大写）	⊗				（小写）			
销售方	名　　称： 纳税人识别号： 地 址 、电 话： 开户行及账号：					备注		

收款人：　　复核：　　开票人：　　销售方：（章）

第一联：记账联　销售方记账凭证

图 4–6　增值税专用发票

3. 填制说明

(1) 增值税专用发票一律由计算机填开，手写发票一律无效。

(2) “销售方”的资料由计算机自动生成。

(3) “购买方”的资料应根据购货方提供的资料填开，如发生差错，应作废后重新填开。

(4) “密码区”由开票系统自动生成，不需要输入。

(5) 发票上的内容必须清晰可见，不得压线，也不得填开到表格外面。

（6）在第二联和第三联上加盖收款单位发票专用章。

4. 填制实例

【例 4–1】 广西晨星商贸有限责任公司为增值税一般纳税人，税务登记号为450523210016547，地址为南州市中山路295号，电话：3721348，开户银行为中国银行南州市中山支行，账号为683000000945721。该企业于2017年4月20日向华贸商场以每件200元的价格销售甲商品1 000件，购货方华贸商场提供的有关资料如下：税务登记号为450211004583491，地址为南州市江宁路312号，电话：3423455，开户银行为中国银行南州市江宁支行，账号为683000005098045，开票人张琴填开增值税专用发票，如图4–7所示。

4501171140　　**广西增值税专用发票**　　NO. 23215896

发票联　　开票日期：2017年4月20日

购买方	名　　称：南州市华贸商场 纳税人识别号：450211004583491 地 址、电 话：南州市江宁路312号　3423455 开户行及账号：中国银行南州市江宁支行 683000005098045				密码区	S454−+>4521<<5410001<458 −265>+545110444140256210 50−+>400<<558000−<212500 180<4151240<25486884589	
货物或应税劳务、服务名称	规格型号	单位	数量	单价	金额	税率	税额
甲商品		件	1000	200. 00	200 000. 00	17%	34 000. 00
合　计					¥200 000. 00		¥34 000. 00
价税合计（大写）	⊗贰拾叁万肆仟元整				（小写）¥234 000. 00		
销售方	名　　称：广西晨星商贸有限责任公司 纳税人识别号：450523210016547 地 址、电 话：南州市中山路295号　3721348 开户行及账号：中国银行南州市中山支行 683000000945721				备注	广西晨星商贸有限责任公司 450523210016547 发票专用章	

第三联：发票联　购买方记账凭证

收款人：　　复核：　　开票人：张琴　　销货方：（章）

图 4–7　增值税专用发票

（二）增值税普通发票的填制

1. 使用要点

（1）适用范围：增值税普通发票主要为增值税小规模纳税人使用，当增值税一般纳税人承担增值税纳税义务但不能使用增值税专用发票时也应使用。

（2）联次。

增值税普通发票基本联次为两联，分别为记账联和发票联。记账联为销售方记账凭证，发票联为购买方记账凭证。

2. 增值税普通发票样式

增值税普通发票样式，如图 4-8 所示。

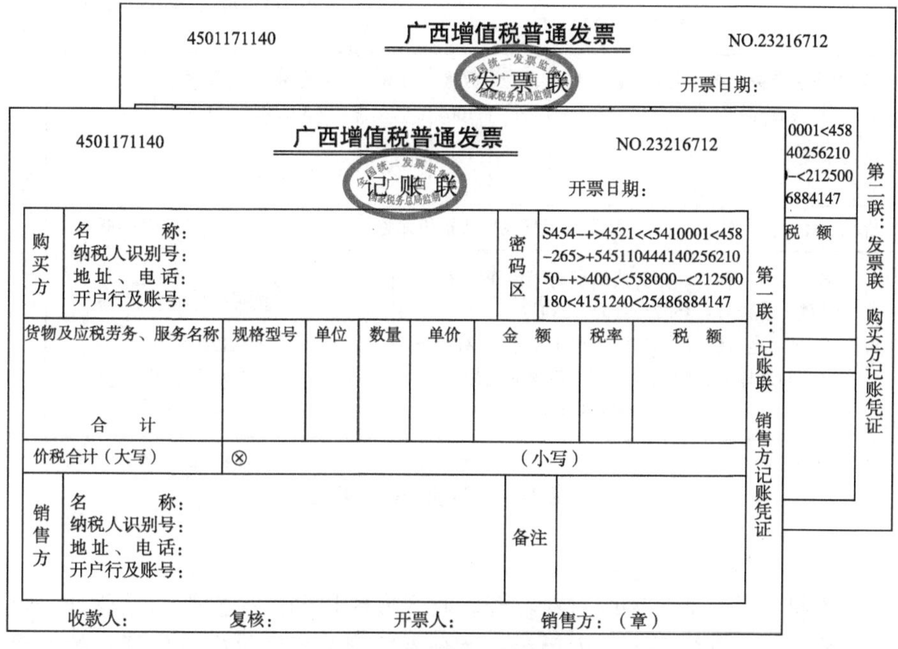

4501171140　　**广西增值税普通发票**　　NO.23216712

发票联　　开票日期：

第二联：发票联　购买方记账凭证

4501171140　　**广西增值税普通发票**　　NO.23216712

记账联　　开票日期：

购买方	名　　称： 纳税人识别号： 地 址 、电 话： 开户行及账号：				密码区	S454-+>4521<<5410001<458 -265>+545110444140256210 50-+>400<<558000-<212500 180<4151240<25486884147	
货物及应税劳务、服务名称	规格型号	单位	数量	单价	金　额	税率	税　额
合　计							
价税合计（大写）	⊗				（小写）		
销售方	名　　称： 纳税人识别号： 地 址 、电 话： 开户行及账号：				备注		

收款人：　　复核：　　开票人：　　销售方：（章）

第一联：记账联　销售方记账凭证

图 4-8　增值税普通发票

3. 填制说明

增值税普通发票的填制与增值税专用发票的填制基本一致。

4. 填制实例

【例 4-2】广西天成商贸有限责任公司为增值税小规模纳税人，税务登记号为 450215210001289，地址为滨州市康太路 125 号，电话：7212976，开户银行为中国银行滨州市康太支行，账号为 683047000089201。该企业于 2017 年 3 月 28 日向欣鑫公司以每件 125 元的价格销售乙产品 100 件。购货方欣鑫公司提供的有关资料如下：税务登记号为 320500000053686，地址为滨州市七星路 314 号，电话为 7218934，开户银行为中国银行滨州市七星支行，账号为 683074000004012。开票人刘璐填开增值税普通发票，如图 4-9 所示。

4501171140　　**广西增值税普通发票**　　No. 53215254

发票联

开票日期：2017 年 3 月 28 日

购买方	名　　称：欣鑫公司 纳税人识别号：320500000053686 地 址、电 话：滨州市七星路 314 号　7218934 开户行及账号：中国银行滨州市七星支行 683074000004012				密码区	S454-+>4521<<5410001<458 -265>+54511044414025621050 50-+>400<<558000-<212500 180<4151240<254868822560		
货物或应税劳务、服务名称	规格型号	单位	数量	单价	金额	税率	税额	
乙产品		件	100	125	12 500. 00	3%	375. 00	
合　计					¥12 500. 00		¥375. 00	
价税合计（大写）	⊗壹万贰仟捌佰柒拾伍元整				（小写）¥12 875. 00			
销售方	名　　称：广西天成商贸有限责任公司 纳税人识别号：450215210001289 地 址、电 话：滨州市康太路 125 号　7212976 开户行及账号：中国银行滨州市康太支行 683047000089201				备注	广西天成商贸有限责任公司 450215210001289 发票专用章		

收款人：　　复核：　　开票人：刘璐　　销货方：（章）

第二联：发票联　购买方记账凭证

图 4–9 增值税普通发票

（三）收料单的填制

收料单是企业外购的材料物资验收入库时填制的一次性原始凭证。企业外购材料，都应履行入库手续，由仓库保管员根据供应单位开具的发票账单，严格审核，对运达并验收入库的材料认真计量，并按实际数量填制“收料单”。

1. 使用要点

（1）适用范围：单位外购材料物资验收入库时使用。

（2）联次。

收料单通常是一料一单，一式三联，分别为业务联、会计联、仓库联。仓库联由仓库保管人员据以登记材料物资明细账和材料卡片，会计联随发票账单交会计部门办理有关结算手续，业务联交采购人员存查。

2. 收料单样式

收　料　单

年　月　日　　　　　　编号：

材料编号	材料名称	规格	单位	数量		单价	材料金额	运杂费	合计
				应收	实收				
供货单位			结算方式			合同号			
备注									

会记联

主管：　　会计：　　质量检验员：　　仓库验收：　　经办人：

图 4-10　收料单

3. 填制说明

(1)“材料编号”应根据企业材料目录中的编号填写。

(2)“供货单位”“名称”“单位”“规格”及“应收数量”应根据取得的发票填写并与合同核对相符。

(3)“实收数量”应根据验收合格入库数量填写，并由收料人及交料人双方签字认可。

(4) 仓库管理人员在填写收料单时可以不填写实际成本栏，由财务人员在进行账务处理时填写。

(5) 所有联次填写内容一致，用复写纸套写。

4. 填制实例

【例 4-3】大华塑料制品厂于 2017 年 3 月 20 日从苏州东方公司购入 A 材料一批，取得增值税专用发票上注明数量为 2 000 千克，金额 80 000 元，增值税为 13 600 元。仓库保管员钱立仁将交料人周海交来的 2 000 千克 A 材料验收入库。填制的收料单，如图 4-11 所示。

(四) 领料单的填制

领料单是车间或部门从仓库领取材料时，由领料经办人根据领料情况填写的，并经部门主管领导批准到仓库领用材料。仓库保管员根据领料单，审核用途后认真计量发放材料，并在领料单上签章。

收 料 单

2017 年 3 月 20 日　　　　编号：N10036

<table>
<tr><td rowspan="2">材料编号</td><td rowspan="2">材料名称</td><td rowspan="2">规格</td><td rowspan="2">单位</td><td colspan="2">数　量</td><td rowspan="2">单价</td><td rowspan="2">材料金额</td><td rowspan="2">运杂费</td><td rowspan="2">合计</td></tr>
<tr><td>应收</td><td>实收</td></tr>
<tr><td>310101</td><td>A 材料</td><td></td><td>千克</td><td>2 000</td><td>2 000</td><td>40. 00</td><td>80 000. 00</td><td></td><td>80 000. 00</td></tr>
<tr><td></td><td></td><td></td><td></td><td></td><td></td><td></td><td></td><td></td><td></td></tr>
<tr><td></td><td></td><td></td><td></td><td></td><td></td><td></td><td></td><td></td><td></td></tr>
<tr><td>供货单位</td><td colspan="2">苏 州 东 方 公司</td><td>结算方式</td><td colspan="2"></td><td>合同号</td><td></td><td></td><td></td></tr>
<tr><td>备注</td><td colspan="9"></td></tr>
</table>

会计联

主管：　　会计：　　质量检验员：　　仓库验收：钱立仁　　交料人：周海

图 4-11　收料单

1. 使用要点

（1）适用范围：车间或部门从仓库领取材料时，由领料经办人根据领料情况填写。

（2）联次。

领料单通常是一料一单，一式三联，分别为业务联、会计联、仓库联。业务联由用料部门带回备查；会计联转交会计部门或月末经汇总后转会计部门据以记账；仓库联由仓库留存，据以登记材料物资明细账和材料卡片。

2. 领料单样式

领 料 单

领料部门：

用　　途：　　　　年　月　日　　　　编号：

<table>
<tr><td colspan="4">材　　料</td><td colspan="2">数　　量</td><td colspan="10">成本</td></tr>
<tr><td rowspan="2">编号</td><td rowspan="2">名　称</td><td rowspan="2">规格</td><td rowspan="2">单位</td><td rowspan="2">请领</td><td rowspan="2">实发</td><td rowspan="2">单价</td><td colspan="9">总　　价</td></tr>
<tr><td>百</td><td>十</td><td>万</td><td>千</td><td>百</td><td>十</td><td>元</td><td>角</td><td>分</td></tr>
<tr><td></td><td></td><td></td><td></td><td></td><td></td><td></td><td></td><td></td><td></td><td></td><td></td><td></td><td></td><td></td><td></td></tr>
<tr><td></td><td></td><td></td><td></td><td></td><td></td><td></td><td></td><td></td><td></td><td></td><td></td><td></td><td></td><td></td><td></td></tr>
<tr><td></td><td></td><td></td><td></td><td></td><td></td><td></td><td></td><td></td><td></td><td></td><td></td><td></td><td></td><td></td><td></td></tr>
<tr><td></td><td></td><td></td><td></td><td></td><td></td><td></td><td></td><td></td><td></td><td></td><td></td><td></td><td></td><td></td><td></td></tr>
<tr><td>合计</td><td></td><td></td><td></td><td></td><td></td><td></td><td></td><td></td><td></td><td></td><td></td><td></td><td></td><td></td><td></td></tr>
</table>

会计联

部门经理：　　会计：　　仓库：　　经办人：

图 4-12　领料单

3. 填制说明

（1）领料单一般由领料人填写。

（2）“领料部门”应根据实际领料的部门填写。

（3）“用途”应根据实际用途填写。

（4）“实发数量”根据仓库实际发放的数量填写，并由领料人及发料人双方签字认可。

（5）领料人在填写领料单时不需要填写成本栏，由财务人员在进行账务处理时填写。

4. 填制实例

【例 4-4】天成公司一车间张毅于 2017 年 3 月 28 日从仓库领用 A 材料（材料编号 310101）200 千克用于生产甲产品，领料人张毅填制的领料单，如图 4-13 所示。

领　料　单

领料部门：一车间

用　　途：生产甲产品　　　2017 年 3 月 28 日　　　　　编号：102123

材　料				数　量		成　本									
编号	名　称	规格	单位	请领	实发	单价	总　价								
							百	十	万	千	百	十	元	角	分
310101	A 材料		千克	200	200										
合计															

会计联

部门经理：刘强东　　会计：　　　　仓库：王小蒙　　　经办人：张毅

图 4-13　领料单

（五）限额领料单的填制

“限额领料单”是多次使用的累计领发料凭证，在有效期间内（一般为 1 个月），只要领用数量不超过限额就可以连续使用。

1. 使用要点

（1）适用范围：实行材料消耗定额控制的单位，在生产、计划部门下达生产任务和材料消耗定额时，按每种材料用途分别开出，在有效期间内

（一般为 1 个月）使用填制。

（2）联次。限额领料单一般一式三联，经生产计划部门和供应部门负责人审核签章后，一联交仓库据以发料，登记材料明细账；一联交领料部门据以领料；一联交财务部门核算。

2. 限额领料单样式

限额领料单

领料单位： 编　号：

用　途： 年　月 发料仓库：

材料类别	材料编号	材料名称及规格	单位	单价	领用限额	实际领用	金额
供应部门负责人：（签章）			生产计划部门负责人：（签章）				
日期	请领数量	实发数量	发料人	领料人	限额结余	退料数量	退料经办人
合计							

图 4-14　限额领料单

3. 填制说明

（1）领料前应先填写限额领料单中的“领料单位”“用途”“日期”“材料类别”“材料编号”“材料名称”“领用限额”等信息，经供应部门负责人、生产计划部门负责人审核批准后，持“限额领料单”到仓库领用材料。

（2）每次领用时，领料人需填写“日期”“请领数量”；仓库发料时，根据品种、规格在限额内发料，由仓库保管员填写“实发数量”“限额结余”等信息，并经领料人、发料人共同签章确认。

（3）只要“限额结余”中有余额，在有效期内，都可以持“限额领料单”到仓库领料。

（4）期末，在“限额领料单”内结出“实发数量”和“金额”转交会计部门据以记账。

4. 填制实例

【例 4–5】海城机械厂二车间生产 B 产品，2017 年 3 月计划生产 5 000 件，每件 B 产品需要消耗 20mm 圆钢（材料类别：原材料，编号：10021）0.3 千克，根据生产任务全月的领用限额为 1 500 千克，每千克单价 5.6 元。发料仓库为 1 号仓库，发料人黄伟，供应部门负责人张乐天，生产计划部门负责人方大成。具体领料情况，如表 4–2 所示。

表 4–2　车间领料情况汇总表

领用日期	请领数量	实发数量	领料人
3.2	200	200	王　卫
3.9	500	500	刘伟森
3.15	350	350	王　卫
3.22	300	300	李英诚
3.28	150	150	刘伟森

根据上列业务资料，填制限额领料单，如图 4–15 所示。

限额领料单

领料单位：二车间　　　　　　　　　　　　　　　　编　　号：001

用　　途：生产 B 产品　　　　2017 年 3 月　　　　发料仓库：1 号仓库

<table>
<tr><td>材料类别</td><td>材料编号</td><td>材料名称及规格</td><td>单位</td><td>单价</td><td>领用限用</td><td>实际领用</td><td>金额</td></tr>
<tr><td>原材料</td><td>10021</td><td>圆钢 20mm</td><td>千克</td><td>5.6</td><td>1 500</td><td>1 500</td><td>8 400.00</td></tr>
<tr><td colspan="4">供应部门负责人：（签章）张乐天印</td><td colspan="4">生产计划部门负责人：（签章）方大成印</td></tr>
<tr><td>日期</td><td>请领数量</td><td>实发数量</td><td>发料人</td><td>领料人</td><td>限额结余</td><td>限料数量</td><td>退料经办人</td></tr>
<tr><td>3.2</td><td>200</td><td>200</td><td>黄伟</td><td>王卫</td><td>1 300</td><td></td><td></td></tr>
<tr><td>3.9</td><td>500</td><td>500</td><td>黄伟</td><td>刘伟森</td><td>800</td><td></td><td></td></tr>
<tr><td>3.15</td><td>350</td><td>350</td><td>黄伟</td><td>王卫</td><td>450</td><td></td><td></td></tr>
<tr><td>3.22</td><td>300</td><td>300</td><td>黄伟</td><td>李英诚</td><td>150</td><td></td><td></td></tr>
<tr><td>3.28</td><td>150</td><td>150</td><td>黄伟</td><td>刘伟森</td><td>0</td><td></td><td></td></tr>
<tr><td></td><td></td><td></td><td></td><td></td><td></td><td></td><td></td></tr>
<tr><td>合计</td><td>1 500</td><td>1 500</td><td></td><td></td><td></td><td></td><td></td></tr>
</table>

图 4–15　限额领料单

（六）入库单的填制

根据入库商品来源的不同，可以将入库单分为外购商品入库单和成品入库单。

1. 使用要点

（1）适用范围：外购商品入库时或自制产品完工入库时使用。

（2）联次。

外购商品入库单一般为一式三联，分别为业务联、会计联、仓库联。业务联给采购部门，作为采购员办理付款的依据；会计联交给财务记账；仓库联留仓库登记实物账。

成品入库单一般为一式三联，分别为业务联、会计联、仓库联。业务联交生产部门，会计联交财务部门核算，仓库联留仓库登记实物账。

2. 入库单样式

入　库　单

年　月　日　　　　　　　　　　编号：

<table>
<tr><td colspan="2">交来单位及部门</td><td></td><td colspan="2">发票号码或生产单号码</td><td></td><td>验收仓库</td><td></td><td>入库日期</td><td colspan="2"></td></tr>
<tr><td rowspan="2">编号</td><td rowspan="2">名称及规格</td><td rowspan="2">单位</td><td colspan="2">数量</td><td colspan="2">实际价格</td><td colspan="2">计划价格</td><td rowspan="2">价格差异</td></tr>
<tr><td>交库</td><td>实收</td><td>单价</td><td>金额</td><td>单价</td><td>金额</td></tr>
<tr><td></td><td></td><td></td><td></td><td></td><td></td><td></td><td></td><td></td><td></td></tr>
<tr><td></td><td></td><td></td><td></td><td></td><td></td><td></td><td></td><td></td><td></td></tr>
<tr><td></td><td></td><td></td><td></td><td></td><td></td><td></td><td></td><td></td><td></td></tr>
<tr><td></td><td></td><td></td><td></td><td></td><td></td><td></td><td></td><td></td><td></td></tr>
<tr><td colspan="2">合　计</td><td></td><td></td><td></td><td></td><td></td><td></td><td></td><td></td></tr>
</table>

业务联

部门经理：　　　　会计：　　　　仓库：　　　　经办人：

图 4–16　入库单

3. 填制说明

（1）入库单一般由仓库保管员填写。

（2）“年月日”处应按实际入库日期填写。

（3）“交来单位及部门”，如果是外购入库的商品填写供应单位名称，如果是自制产品入库，则填写相关生产部门。

（4）“发票号码或生产单号码”，外购商品填写发票号码，自制产品则填写生产单号码。

(5)“验收仓库”“入库日期”“编号”“名称及规格”“单位”等根据实际情况填写。

(6)“交库数量”填写交来仓库的商品数量,“实收数量”填写验收合格的商品数量。

(7)“实际价格”根据发票填写,如果是自制产品入库,仓库保管员不需填写,交由会计部门核算时填写。

(8)“计划价格”“价格差异”由采用计划成本核算存货成本的单位填写。

(9)由经办人、仓库保管员共同签字确认。

4. 填制实例

【例 4-6】2017 年 4 月 20 日华贸商场以每件 200 元的价格向广西晨星商贸公司购买甲商品 1 000 件(编号 20301),4 月 25 日商品已到,采购员王健持有关票据到仓库办理入库手续,仓库保管员赵小芳验收入库。填制的入库单,如图 4-17 所示。

入 库 单

2017 年 4 月 25 日　　　　编号:201211

<table>
<tr><td colspan="2">交来单位或部门</td><td>广西晨星商贸公司</td><td colspan="2">发票号码或生产单号码</td><td>23215896</td><td>验收仓库</td><td>2 号仓</td><td>入库日期</td><td>2017-4-25</td></tr>
<tr><td rowspan="2">编号</td><td rowspan="2">名称及规格</td><td rowspan="2">单位</td><td colspan="2">数量</td><td colspan="2">实际价格</td><td colspan="2">计划价格</td><td rowspan="2">价格差异</td></tr>
<tr><td>交库</td><td>实收</td><td>单价</td><td>金额</td><td>单价</td><td>金额</td></tr>
<tr><td>20301</td><td>甲商品</td><td>件</td><td>1 000</td><td>1 000</td><td>200</td><td>200 000. 00</td><td></td><td></td><td></td></tr>
<tr><td></td><td></td><td></td><td></td><td></td><td></td><td></td><td></td><td></td><td></td></tr>
<tr><td></td><td></td><td></td><td></td><td></td><td></td><td></td><td></td><td></td><td></td></tr>
<tr><td></td><td></td><td></td><td></td><td></td><td></td><td></td><td></td><td></td><td></td></tr>
<tr><td colspan="2">合　计</td><td></td><td></td><td></td><td></td><td>200 000. 00</td><td></td><td></td><td></td></tr>
</table>

仓库联

部门经理:　　会计:　　仓库:赵小芳　　经办人:王健

图 4-17　入库单

(七)出库单的填制

1. 使用要点

(1)适用范围:商品销售出库时使用。

（2）联次。

出库单一般为一式三联，分别为业务联、会计联、仓库联。仓库联留仓库登记实物账，会计联交财务记账，销售部门凭业务联领取货物。

2. 出库单样式

出 库 单

出货单位：　　　　　　　　年　月　日　　　　　　　编号：

提货单位或领货部门		销售单号		发货仓库		出库日期	

<table>
<tr><th rowspan="2">编号</th><th rowspan="2">名称及规格</th><th rowspan="2">单位</th><th colspan="2">数量</th><th rowspan="2">单价</th><th rowspan="2">金额</th></tr>
<tr><th>应发</th><th>实发</th></tr>
<tr><td></td><td></td><td></td><td></td><td></td><td></td><td></td></tr>
<tr><td></td><td></td><td></td><td></td><td></td><td></td><td></td></tr>
<tr><td></td><td></td><td></td><td></td><td></td><td></td><td></td></tr>
<tr><td colspan="2">合　计</td><td></td><td></td><td></td><td></td><td></td></tr>
</table>

会计联

部门经理：　　　　　　会计：　　　　　仓库：　　　　　　经办人：

图 4-18　出库单

3. 填制说明

（1）出库单应由领用（销售）货物的部门填写。

（2）“出货单位”填写发出商品的单位名称；“年月日”栏应按实际出库日期填写。

（3）“提货单位或领货部门”，按实际提货的单位或部门填写。

（4）“销售单号”，填写销售单号码。

（5）“发货仓库”“出库日期”“编号”“名称及规格”“单位”等根据实际情况填写。

（6）“应发数量”填写申请发出的数量，“实发数量”填写实际发出的商品数量。

（7）“单价”“金额”仓库保管员可以不填写，交由会计部门核算时填写。

（8）由经办人、仓库保管员共同签字确认。

4. 填制实例

【例 4-7】2017 年 4 月 20 日广西晨星商贸公司向华贸商场以每件 200

元的价格销售甲商品 1 000 件，该批商品的成本为每件 150 元。销售单号 20170420，甲商品编号 30501，发货仓库为成品仓，仓库保管员赵立平，经办人刘雨轩。填制的出库单，如图 4-19 所示。

出　库　单

出货单位：广西晨星商贸公司　　2017 年 04 月 20 日　　编号：

<table>
<tr><td colspan="2">提货单位或领货部门</td><td>华贸商场</td><td>销售单号</td><td>20170420</td><td>发货仓库</td><td>成品仓</td><td>出库日期</td><td>2017-04-20</td></tr>
<tr><td rowspan="2">编号</td><td rowspan="2" colspan="2">名称及规格</td><td rowspan="2">单位</td><td colspan="2">数量</td><td rowspan="2" colspan="2">单价</td><td rowspan="2">金额</td></tr>
<tr><td>应发</td><td>实发</td></tr>
<tr><td>30501</td><td colspan="2">甲商品</td><td>件</td><td>1 000</td><td>1 000</td><td colspan="2">150</td><td>150 000. 00</td></tr>
<tr><td></td><td colspan="2"></td><td></td><td></td><td></td><td colspan="2"></td><td></td></tr>
<tr><td></td><td colspan="2"></td><td></td><td></td><td></td><td colspan="2"></td><td></td></tr>
<tr><td colspan="3">合　计</td><td></td><td></td><td></td><td colspan="2"></td><td>¥150 000. 00</td></tr>
</table>

会计联

部门经理：李娜　　会计：　　仓库：赵立平　　经办人：刘雨轩

图 4-19　出库单

（八）采购费用分配表的填制

采购费用是指企业在采购物资过程中所支付的各项费用，包括物资的运输费、装卸费、保险费、包装费、仓储费、运输途中的合理损耗和入库前的挑选整理费等。

在实际业务发生时还有一些其他的费用，按道理也应该属于物资的采购费用，如采购人员的差旅费、市内采购的运杂费、专设采购机构的经费等。但是为了简化会计的核算，这些费用就不计入物资采购成本了，而是直接作费用列支。

1. 填制说明

(1)“年月日”按实际日期填写，“物资名称”填写待分配费用的物资名称。

(2)“分配标准”填写待分配物资的分配标准，如重量、体积、数量、买价等。

(3)“分配率”等于“待分配费用总额”除以“分配标准总额”。

(4)“分配金额”等于每种物资的“分配标准”乘以“分配率”。特别注意的是：如果分配率是除不尽的小数，要将分配的差额倒挤到某种物资的成本中，具体方法是：先计算其他物资应分配的费用，最后计算承担差额的物资应分配的费用，承担差额的物资应分配的费用=待分配费用总额-已分配费用的金额。

2. 填制实例

【例 4-8】 2017 年 4 月 2 日天成公司向宏华公司购入甲材料 1 000 千克，单价 20 元，乙材料 1 500 千克，单价 30 元，丙材料 3 500 千克，单价 10 元，增值税税率 17%，采购三种材料共发生采购费用 3 200 元，按材料重量分配采购费用，分配率保留 4 位小数，差额计入丙材料，分配金额保留整数。

具体计算过程如下：

分配率=3 200÷（1 000+1 500+3 500）=0. 5333

甲材料应分配采购费用=1 000×0. 5333=533（元）

乙材料应分配采购费用=1 500×0. 5333=800（元）

丙材料应分配采购费用=3 200-533-800=1 867（元）

表 4-3 采购费用分配表

2017 年 4 月 2 日

物资名称	分配标准	分配率	分配金额
甲材料	1 000	0. 533 3	533. 00
乙材料	1 500	0. 533 3	800. 00
丙材料	3 500	0. 533 3	1 867. 00
合　计	6 000		3 200. 00

（九）收据的填制

收据主要是指财政部门印制的盖有财政票据监制章的的收付款凭证。主要用于行政事业性收入，即非应税业务，是重要的原始凭证。收据与我们日常所说的“白条”不能划等号，收据也是一种收付款凭证，它有种类之分。至于能否入账，则要看收据的种类及使用范围。

下面我们以统一收款收据为例，讲解收据的填制技术。

1. 使用要点

（1）适用范围：一般没有使用发票的场合，都应该使用收据。

（2）联次。收款收据一般为三联，第一联为收据联，缴款人留存；第二联为记账联，开票方记账用；第三联为存根联，用于备查和存档。

2. 收款收据样式

广西壮族自治区统一收款收据

收据代码　2330015889

日　期：　　　　　　　　　　　　收据号码　001021556

缴款单位或个人					
款项内容			收款方式		
人民币大写	¥				
收款单位盖章		收款人盖章		备注	

第一联　收据联

图 4-20　收款收据

3. 填制说明

(1)“日期”应根据收款日期填写。

(2)“缴款单位或个人”应根据交来款项单位或个人的全称填写。

(3)“金额”应根据实际收到的金额填写。

(4)“款项内容”应根据实际收款事由填写。

(5)“收款单位”“收款人”签章。

(6) 在收据联上加盖本单位财务专用章。

4. 填制实例

【例 4-9】广西天成商贸有限责任公司财务部门于 2017 年 3 月 12 日收到欣鑫商场张琳交来包装箱押金 800 元，出纳李星丽填制收据，如图 4-21 所示。

(十) 现金解款单的填制

1. 使用要点

(1) 适用范围：现金解款单又称现金存款单，是支票存款户的存款人到银行送存现金所需填制的凭证。

(2) 联次。现金解款单一式两联，第一联为客户回单，由银行盖章给存款单位作为存款的入账通知；第二联为银行记账凭证。

广西壮族自治区统一收款收据

（全国统一发票监制章 广西 国家税务局监制）

收据代码　2330015889

日期：2017 年 3 月 12 日　　**收据联**　　收据号码　001021556

缴款单位或个人	欣鑫商场				
款项内容	包装箱押金		收款方式	现金	
人民币大写	捌佰元整	¥800.00			
收款单位盖章	（广西天成商贸有限责任公司 财务专用章）	收款人盖章	李星丽	备注	

第一联　收据联

图 4–21　收款收据

2. 现金解款单样式

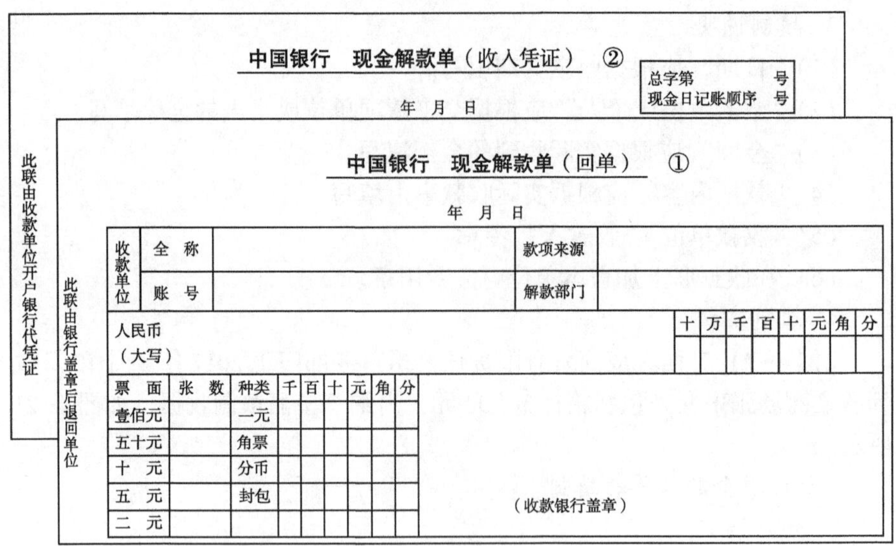

中国银行　现金解款单（收入凭证）②

总字第　　号
现金日记账顺序　号

年　月　日

此联由收款单位开户银行代凭证

中国银行　现金解款单（回单）①

年　月　日

此联由银行盖章后退回单位

收款单位	全　称		款项来源	
	账　号		解款部门	

人民币（大写）	十	万	千	百	十	元	角	分

票　面	张　数	种类	千	百	十	元	角	分
壹佰元		一元						
五十元		角票						
十　元		分币						
五　元		封包						
二　元								

（收款银行盖章）

图 4–22　现金解款单

3. 填制说明

(1)“日期”按现金交存银行当天日期填写。

(2)“收款单位”填写本单位的全称及账号。

(3)“款项来源”按取得现金的实际来源填写。

（4）“解款部门”填写本单位名称。

（5）“金额”分别填写大写、小写金额，且大小写金额必须一致。

（6）“张数”按实际解款的票面张数分别填写。

4. 填制实例

【例 4-10】 广西晨星商贸有限责任公司于 2017 年 4 月 10 日将商品销售给个人收到的现金人民币 3 000 元存入银行，其中 100 元票面共 25 张，50 元票面共 10 张。出纳王丽娜填制现金解款单，如图 4-23 所示。

中国银行　现金解款单（回单）①

2017 年 04 月 10 日

此联由银行盖章后退回单位

收款单位	全称	广西晨星商贸有限责任公司								款项来源	零星销售款							
	账号	683000000945721								解款部门	广西晨星商贸有限责任公司							
人民币（大写）叁仟元整											十	万	千	百	十	元	角	分
												¥	3	0	0	0	0	0
票面	张数	种类	千	百	十	元	角	分	中国银行南州市中山支行 2017.04.10 收讫（收款银行盖章）									
壹佰元	25	一元																
五十元	10	角票																
十　元		分币																
五　元		封包																
二　元																		

图 4-23　现金解款单

（十一）借款单的填制

1. 使用要点

（1）适用范围：单位职工向企业借款时使用。

（2）联次。

借款单的联次有几种：一式一联、一式三联等。一式三联的借款单第一联为付款联（付款人记账），第二联为结算联（结算后记账），第三联为回执联（结算后交借款人留存）。一式一联的借款单，在借款人还款时应另外开具收款收据。

2. 借款单样式

借　款　单　　NO. 2045899

年　月　日

借款人		部　门	
借款金额	人民币（大写）	¥	
借款事由			
单位领导批示：	部门领导意见：	财务负责人意见：	备注：

主管　　会计　　复核　　出纳

图 4-24　借款单

3. 填制说明

(1)“借款人”应填写实际借款人的姓名。

(2)“部门”应填写借款人所在的部门名称。

(3)“借款事由”应根据实际借款的用途填写。

(4)“借款金额”应根据实际借款金额分别填写大写金额和小写金额，大小写金额必须一致。

(5)“部门领导意见”应由借款人所在部门的负责人填写审批意见。

(6)“借款人（签章）”由借款人签字。

(7)“财务负责人意见”处应由财务部门负责人审核后签字。

(8)“单位领导批示”处应由单位负责人签署是否同意的意见后签字。

4. 填制实例

【例 4-11】广西晨星商贸公司销售部刘琳因参加订货会出差，于 2017 年 4 月 8 日向财务部门借款 2 000 元。销售部负责人为黄立华，单位负责人为赵一明，财务部负责人张国军。填制完成的借款单，如图 4-25 所示。

（十二）*差旅费报销单的填制*

差旅费报销单是出差人员回来后进行费用报销的一种单据。

1. 使用要点

适用范围：单位职工出差回来报销时使用。

借　款　单　　NO. 2045899

2017 年 4 月 8 日

借款人	刘琳	部　门	销售部
借款金额	人民币（大写）贰仟元整　　¥2 000. 00		
借款事由	参加订货会		
单位领导批示： 同意 赵一明 2017. 4. 8	部门领导意见： 同意 黄立货 2017. 4. 8	财务负责人意见： 同意 张国军 2017. 4. 8	备注：

主管　　　会计　　　复核　　　出纳

图 4–25　借款单

2. 差旅费报销单样式

差旅费报销单

报销日期：　　年　月　日

部门		出差人姓名						事由								
起止时间地址				交通费		未乘卧铺补贴		在途补贴		住宿费		住勤补贴		交通补贴	其他费用	
月/日	起程	月/日	到达	交通工具	金额	人/天	金额	人/天	金额	人/天	金额	人/天	金额		摘要	金额
小　计																
预支 ¥		核销 ¥			退回 ¥			共计金额（大写）					¥			

财会主管　　会计　　出纳　　部门主管　　审核　　出差人

图 4–26　差旅费报销单

3. 填制说明

(1)“出差人姓名”处应填列全部出差人员姓名。

(2)“部门”应根据出差人员所属部门填写。

(3)“事由”应根据实际事由填写。

(4)“日期”的起讫应填写出差之日和回到单位所在地之日。

(5)“交通费”应根据实际发生的数额（粘贴在背面的车船费发票合计金额）与单位规定的出差车船费标准孰低原则填写。

(6)“住宿费”应根据实际发生数与单位规定的出差住宿费标准孰低原则填写。

(7)“在途补贴”“交通补贴”“住勤补贴”等根据单位内部规章制度规定的标准填写。

(8)“共计金额”应根据各项报销金额的合计数填写。

(9) 只有在预借了差旅费的出差人员报销时才会出现需要补付现金或退回现金的情况，“补付”“退回”应按照实际补付或退回的金额填写。

(10) 差旅费报销单应由报销人签字后交其所在部门负责人签字，并经会计人员审核签字、会计主管签字后，由单位领导批准。

4. 填制实例

【例 4-12】承**【例题 4-11】**，广西晨星商贸公司销售部刘琳参加订货会于 2017 年 4 月 10 日从南州市启程，11 日到达滨海市，15 日返回，共发生火车往返费用 1 430 元，住宿费 945 元（住宿费发票显示住宿日期为 2017 年 4 月 11 日至 4 月 13 日共 3 天）。企业规定的有关差旅费报销标准为：交通补贴每人每天 80 元，伙食补贴为每人每天 100 元，住宿费每人每天 330 元以下实报实销。刘琳 4 月 8 日已预支 2 000 元。2017 年 4 月 20 日刘琳办理报销手续时，填制完成差旅费报销单，如图 4-27 所示。

差旅费报销单

报销日期：2017 年 4 月 20 日

部门	销售部			出差人姓名		刘琳				事由		参加订货会				
起止时间地址				交通费		未乘卧铺补贴		在途补贴		住宿费		住勤补贴		交通补贴	其他费用	
月/日	起程	月/日	到达	交通工具	金额	人/天	金额	人/天	金额	人/天	金额	人/天	金额		摘要	金额
4/10	南州	4/11	滨海	火车	715.00					1/3	945			480.00	伙食补贴	600
4/14	滨海	4/13	南州	火车	715.00											
小计					1 430.00						945.00			480.00		600
预支￥2 000.00 补付￥1 455.00 退回￥ 共计金额（大写）叁仟肆佰伍拾伍元整 ￥3 455.00																

财会主管　　会计　　出纳　　部门主管　　审核　　出差人 刘琳

图 4-27 差旅费报销单

（十三）费用报销单的填制

费用报销单，是用于现金费用报销的一种单据。报销时将其附在费用单据的上面，然后交付各级部门领导审批，由领导审核签字后，出纳给予报销。费用报销单的内容一般包括：报销部门名称、日期、摘要、附件张数、报销金额、备注及部门领导签字、单位领导签字、财务审核签字等内容。

1. 使用要点

适用范围：业务人员报销费用时使用。

2. 费用报销单样式（图 4-28）

费用报销单

部门＿＿＿＿＿　　报销日期：　年　月　日　　附件：　张

<table>
<tr><td>摘　要</td><td>费用项目</td><td>金　额</td><td colspan="2" rowspan="2">部门审核</td><td rowspan="2"></td></tr>
<tr><td></td><td></td><td></td></tr>
<tr><td></td><td></td><td></td><td colspan="2" rowspan="2">领导审批</td><td rowspan="2"></td></tr>
<tr><td></td><td></td><td></td></tr>
<tr><td></td><td></td><td></td><td colspan="2" rowspan="2">报销人（签章）</td><td rowspan="2"></td></tr>
<tr><td colspan="2">报销金额合计</td><td></td></tr>
<tr><td>核实金额合计（大写）</td><td colspan="5">拾　万　仟　佰　拾　元　角　分　　¥＿＿＿＿</td></tr>
<tr><td>借款金额</td><td></td><td>应退金额</td><td></td><td>应补金额</td><td></td></tr>
</table>

会计主管　　　　复核　　　　出纳

图 4-28　费用报销单

3. 填制说明

（1）“部门”填写报销的部门，“报销日期”根据实际报销的日期填写。

（2）“摘要”填写此次报销的业务内容，“费用项目”“金额”根据原始单据具体内容填写。

（3）“附件”为报销的原始发票，将这些发票附在“费用报销单”后面。报销的原始发票必须是税务部门统一印制的正式发票并盖有税务机关发票监制章或财政部门印制的收据，并加盖开票单位发票专用章或财务专用章；发票或收据记载的各项内容均不得涂改。

（4）分别由部门负责人、单位负责人及财务负责人审核签章。

(5)“核实金额合计”分别填写大写金额和小写金额。小写金额前应填写人民币“¥”符号，如果大写金额栏预印固定的仟、佰、拾、万、仟、佰、拾、元、角、分字样的，金额前应填写“零”。

(6) 只有在预借现金的人员报销时才会出现需要补付现金或退回现金的情况，“借款金额”“应补金额”“应退金额”应按照实际借款、补付或退回的金额填写。

4. 填制实例

【例 4-13】天成公司供应部业务员肖诚于 2017 年 3 月 5 日招待供应商欣鑫公司相关人员，发生业务招待费 1 250 元，肖诚填写费用报销单，如图 4-29 所示（附发票一张）。

费用报销单

部门 供应部　　报销日期： 2017 年 3 月 5 日　　附件：1 张

<table>
<tr><td>摘　要</td><td>费用项目</td><td>金　额</td><td rowspan="2">部门审核</td><td rowspan="2">情况属实
刘刚
2017. 3. 5</td></tr>
<tr><td>招待供应商欣鑫公司相关人员</td><td>招待费</td><td>1 250. 00</td></tr>
<tr><td></td><td></td><td></td><td rowspan="2">领导审批</td><td rowspan="2">同意
王珏琳
2017. 3. 5</td></tr>
<tr><td></td><td></td><td></td></tr>
<tr><td></td><td></td><td></td><td rowspan="2">报销人（签章）</td><td rowspan="2">肖诚</td></tr>
<tr><td colspan="2">报销金额合计</td><td>¥1 250. 00</td></tr>
<tr><td>核实金额合计
（大写）</td><td colspan="4">零拾零万壹仟贰佰伍拾零元零角零分　　¥1 250. 00</td></tr>
<tr><td>借款金额</td><td></td><td>应退金额</td><td></td><td>应补金额</td></tr>
</table>

会计主管　赵玉城　　复核　　出纳

图 4-29　费用报销单

（十四）支票的填制

支票是指出票人签发的，委托银行等金融机构于见票时支付一定金额给收款人或持票人的一种票据。

1. 使用要点

(1) 适用范围。

支票通常适用于单位和个人在同一票据交换区域的各种款项结算，转账支票在同一票据交换区域内可以背书转让。

(2) 付款期限。

支票的持票人自出票日起10日内提示付款，超过提示付款期限提示付款的，持票人开户银行不予受理，付款人不予付款。

(3) 支票的种类。

支票共有：现金支票、转账支票、普通支票和划线支票四种，常用的为现金支票和转账支票。

现金支票是开户单位用于向开户银行提取现金的凭证。实务工作中一般在提取备用金时使用。

转账支票是用于单位之间的商品交易、劳务供应或其他款项往来的结算凭证。它只能用于转账结算，不能用于提取现金。

普通支票既可以用来支付现金，也可以用来转账。

支票上未印有“现金”或“转账”字样的为普通支票，普通支票可以用于支取现金，也可以用于转账，在普通支票左上角划两条平行线的，为划线支票，划线支票只能用于转账，不得支取现金。

(4) 支票登记簿。

各种支票使用时均应设置支票登记簿，作废支票也要在登记簿中登记，并在签名栏内注明作废。

2. 现金支票票样

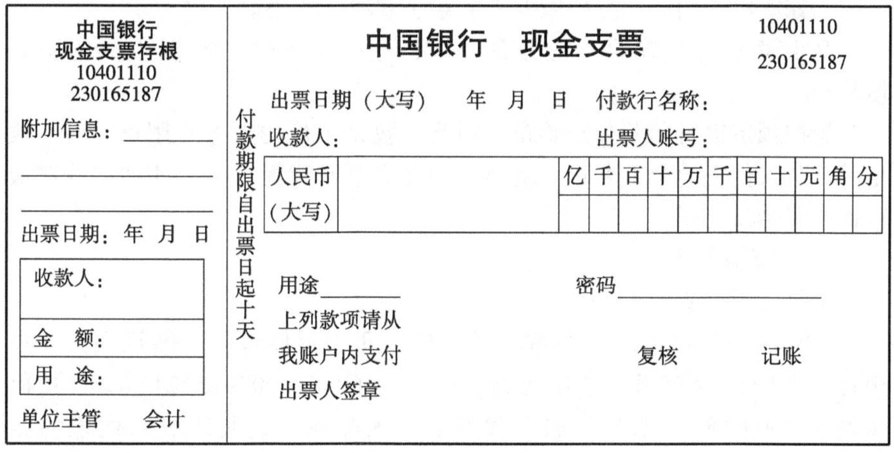
中国银行
现金支票存根
10401110
230165187
附加信息：
出票日期：年 月 日
收款人：
金 额：
用 途：
单位主管 会计

中国银行 现金支票
10401110
230165187
付款期限自出票日起十天
出票日期（大写） 年 月 日 付款行名称：
收款人： 出票人账号：

人民币（大写）		亿	千	百	十	万	千	百	十	元	角	分

用途
密码
上列款项请从
我账户内支付
出票人签章
复核 记账

图4-30 现金支票

3. 签发支票

(1) 签发要求。

①签发支票必须使用墨汁或碳素墨水填写，内容要齐全，数字要标

准，大小写金额要一致。

②签发日期是实际的出票日期，出票日期必须使用中文大写。为防止变造出票日期，在填写月、日时，月为1月、2月、10月的前面加“零”，分别写为零壹月、零贰月、零壹拾月；日为1—9日、10日、20日、30日的前面加“零”，如1日为零壹日，20日为零贰拾日，30日为零叁拾日；日为11—19日的前面加“壹”，如11日写成壹拾壹日，以此类推。存根部分的日期可以填写阿拉伯数字。

③中文大写数字到“元”或“角”为止的，在“元”或“角”后写“整”或“正”字，大写金额到“分”的，“分”后面不写“整”或“正”字。

④大写金额数字前应加“人民币”字样，“人民币”字样与大写金额之间不得留有空白。

⑤阿拉伯数字前要填写币种符号，如人民币为“￥”，币种符号与阿拉伯数字金额之间不得留有空白。

⑥“收款人”“出票日期”和“金额”不得更改，更改无效；发生错误时只能作废重开，作废支票的存根和正联应一并保存。

⑦“付款行名称”应填写本支票对应的开户银行名称，“出票人账号”应填写本支票对应的开户银行账号。

⑧如实填写用途，存根联要与支票正联填写的用途一致。

⑨小写金额下方的方框为密码区，应根据支付密码器生成的密码填写。

⑩按预留银行印鉴分别签章，通常一枚是单位的财务专用章，另一枚是单位法人代表的个人名章。支票必须在支票联背面背书后才能向开户银行提取现金或转账。

（2）填制实例。

①签发现金支票。

【例4-14】广西晨星商贸有限责任公司为增值税一般纳税人，开户银行为中国银行南州市中山支行，账号为683000000945721，银行预留印鉴为企业财务专用章及法人代表的个人名章，企业的法人代表为张金国。

假定企业于2017年1月5日开出现金支票，支付赵晓菊个人劳务报酬1 200元。企业签发现金支票，如图4-31所示。

中国银行
现金支票存根
10401110
230165187

附加信息：________

出票日期：2017 年 01 月 05 日

收款人：赵晓菊

金 额：￥1 200.00

用 途：劳务费

单位主管 会计

中国银行 现金支票

10401110
230165187

付款期限自出票之日起十天

出票日期（大写）贰零壹柒年零壹月零伍日 付款行名称：中国银行南州市中山支行

收款人：赵晓菊 出票人账号：683000000945721

人民币（大写）	壹仟贰佰元整	亿	千	百	十	万	千	百	十	元	角	分
						￥	1	2	0	0	0	0

用途 劳务费 密码 8089-7592-7758-6521

上列款项请从
我账户内支付
出票人签章

复核 记账

图 4-31 现金支票

②签发转账支票。

【例 4-15】假定广西晨星贸易有限责任公司于 2017 年 3 月 20 日向南州市大华塑料制品厂以每件 120 元的价格购进甲商品 1 000 件，取得增值专用发票，发票上注明货款 120 000 元，增值税 20 400 元 。晨星公司开出转账支票支付价税款，如图 4-32 所示。

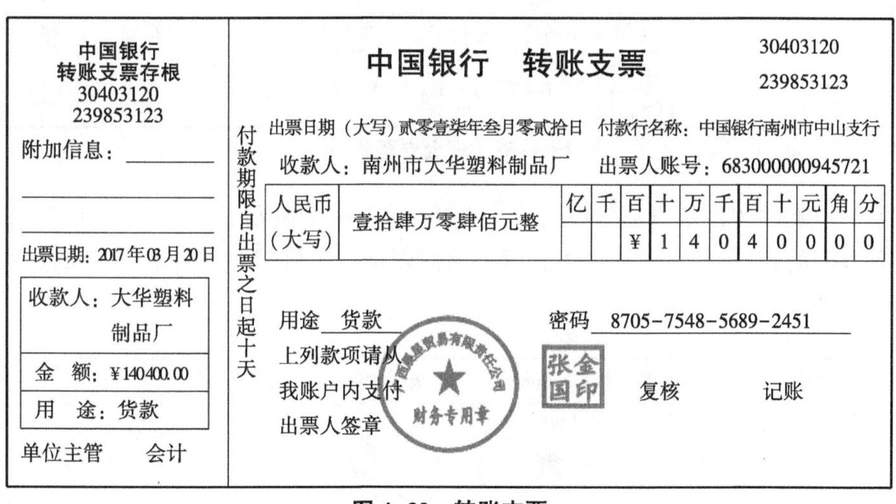

中国银行
转账支票存根
30403120
239853123

附加信息：________

出票日期：2017 年 03 月 20 日

收款人：大华塑料制品厂

金 额：￥140400.00

用 途：货款

单位主管 会计

中国银行 转账支票

30403120
239853123

付款期限自出票之日起十天

出票日期（大写）贰零壹柒年叁月零贰拾日 付款行名称：中国银行南州市中山支行

收款人：南州市大华塑料制品厂 出票人账号：683000000945721

人民币（大写）	壹拾肆万零肆佰元整	亿	千	百	十	万	千	百	十	元	角	分
				￥	1	4	0	4	0	0	0	0

用途 货款 密码 8705-7548-5689-2451

上列款项请从
我账户内支付
出票人签章

复核 记账

图 4-32 转账支票

4. 收到支票

（1）收到现金支票。个人收到现金支票后应直接在背面收款人签章处填写本人身份信息并签章，持有效身份证件、支票到出票人开户银行提取现金。

（2）收到转账支票。

①收到转账支票后，如由本单位进账，则需要填制进账单，具体流程见“（十五）进账单的填制”。

②收到转账支票后，如背书转让给其他单位，则应在转账支票背面背书人签章处加盖本单位预留银行印鉴，在被背书人处填写接受本转账支票的单位或个人名称，并提交给被背书人。

（3）填制实例。

【例 4-16】承**【例 4-14】**2017 年 1 月 6 日赵晓菊收到现金支票后，持有效身份证件（身份证号：450211197810221010，发证机关：南州市公安局西宁分局）以及背书后的支票到银行提取现金。背书后的支票，如图 4-33 所示。

<table>
<tr><td rowspan="3">附加信息</td><td colspan="19">赵晓菊
收款人签章
2017 年 01 月 06 日</td></tr>
<tr><td colspan="19">身份证件名称：身份证　　发证机关：南州市公安局西宁分局</td></tr>
<tr><td>号码</td><td>4</td><td>5</td><td>0</td><td>2</td><td>1</td><td>1</td><td>1</td><td>9</td><td>7</td><td>8</td><td>1</td><td>0</td><td>2</td><td>2</td><td>1</td><td>0</td><td>1</td><td>0</td></tr>
</table>

图 4-33　现金支票背面

【例 4-17】承**【例 4-15】**，南州市大华塑料制品厂将 2017 年 3 月 20 日收到的转账支票于 3 月 21 日背书给南州市江宁机械厂，用于偿还前欠货款，如图 4-34 所示。

<table>
<tr><td rowspan="2">附加信息</td><td>被背书人：南州市江宁机械厂</td><td>被背书人：</td></tr>
<tr><td>南州市大华塑料制品厂 财务专用章　刘立
背书人签章：
2017 年 3 月 21 日</td><td>背书人签章：
年　月　日</td></tr>
</table>

图 4-34　支票背面

（十五）进账单的填制

银行进账单是持票人或收款人将票据款项存入其开户银行账户的凭证，也是开户银行将票据款项记入持票人或收款人账户的凭证。

1. 使用要点

（1）适用范围：单位收到支票、银行本票、银行汇票等票据后，办理进账手续时使用。

（2）联次。

进账单一般一式三联，第一联为开户银行交给持（出）票人的回单，第二联为收款人开户行作贷方凭证，第三联为收款人开户银行交给收款人的收账通知。

2. 进账单通用样式

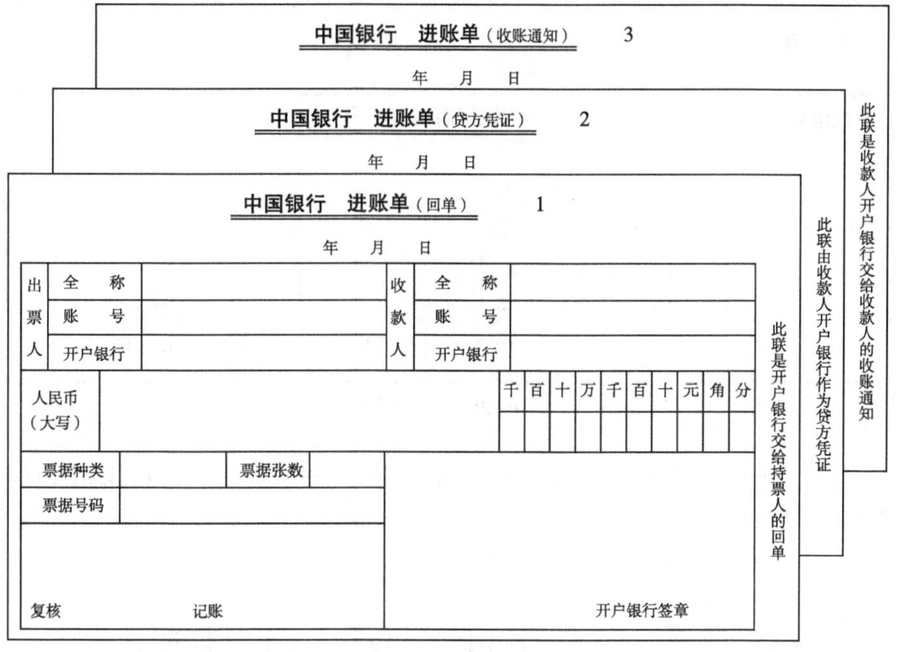

中国银行　进账单（收账通知）　3

年　月　日

此联是收款人开户银行交给收款人的收账通知

中国银行　进账单（贷方凭证）　2

年　月　日

此联由收款人开户银行作为贷方凭证

中国银行　进账单（回单）　1

年　月　日

出票人	全　称		收款人	全　称	
	账　号			账　号	
	开户银行			开户银行	

人民币（大写）		千	百	十	万	千	百	十	元	角	分

票据种类		票据张数		
票据号码				
复核　　记账				开户银行签章

此联是开户银行交给持票人的回单

图 4-35　进账单

3. 填制说明

（1）“年月日”按填制进账单当日的日期填写。

（2）“出票人”信息应根据收到的票据上注明的出票人或申请人信息填写。

（3）“收款人”信息应根据收到的票据或本单位实际情况填写。

（4）“金额”应根据收到的票据上注明的金额填写。

（5）“票据种类”应根据实际收到的票据类别（如支票、银行汇票、银行本票等）填写。

（6）“票据号码”和“票据张数”应根据收到的票据上注明的号码及实际张数填写。

4. 填制实例

【例 4–18】 承 **【例 4–15】**，如果南州市大华塑料制品厂收到转账支票后采用顺解程序在其开户银行办理进账手续，南州市大华塑料制品厂相关资料如下：开户行名称：中国银行南州市西宁支行，账号：683000000763439。

（1）收到转账支票后，应在其背面背书人签章处写明“委托收款”字样并加盖本单位预留银行印鉴，在被背书人处填写进账银行的名称，如图 4–36 所示。

附加信息	被背书人：中国银行南州市江宁支行	被背书人：
	委托收款 南州市大华塑料制品厂 财务专用章 刘立印 背书人签章： 2017 年 3 月 22 日	背书人签章： 年　月　日

图 4–36　支票背书

（2）上述转账支票在 3 月 22 日办理进账手续时，应填制进账单，如图 4–37 所示。

（十六）银行汇（本）票申请书的填制

1. 使用要点

（1）适用范围：企业向银行申请签发银行汇（本）票时使用。

（2）联次。

银行汇（本）票申请书一式三联，第一联为银行记账凭证，第二联为代理签发行记账凭证，第三联为客户回单。

（3）当收款人与申请人均为个人时，可以申请现金银行汇（本）票。

（4）银行汇（本）票申请书所填金额不得超过申请人所用账号的银行存款余额。

中国银行 进账单（回单） 1

2017 年 03 月 22 日

<table>
<tr><td rowspan="3">出票人</td><td>全 称</td><td>广西晨星商贸有限责任公司</td><td rowspan="3">收款人</td><td>全 称</td><td colspan="10">南州市大华塑料制品厂</td><td rowspan="6">此联是开户银行交给持票人的回单</td></tr>
<tr><td>账 号</td><td>683000000945721</td><td>账 号</td><td colspan="10">683000000763439</td></tr>
<tr><td>开户银行</td><td>中国银行南州市中山支行</td><td>开户银行</td><td colspan="10">中国银行南州市西宁支行</td></tr>
<tr><td rowspan="2">人民币（大写）</td><td colspan="4" rowspan="2">壹拾肆万零肆佰元整</td><td>千</td><td>百</td><td>十</td><td>万</td><td>千</td><td>百</td><td>十</td><td>元</td><td>角</td><td>分</td></tr>
<tr><td></td><td>¥</td><td>1</td><td>4</td><td>0</td><td>4</td><td>0</td><td>0</td><td>0</td><td>0</td></tr>
<tr><td>票据种类</td><td>转账支票</td><td>票据张数</td><td>1</td><td colspan="11" rowspan="3">开户银行签章</td></tr>
<tr><td>票据号码</td><td colspan="3">239853123</td></tr>
<tr><td colspan="4">复核　　　　记账</td></tr>
</table>

图 4-37 进账单第一联

注：所有联次填写内容一致，用复写纸套写；开户银行签章处由办理进账手续的银行加盖印章。

2. 银行汇（本）票申请书样式

银行汇（本）票申请书 006823578

币别：　　　　　　　　年　月　日　　　　　　流水号：

<table>
<tr><td>业务类型</td><td>□银行汇票　□银行本票</td><td>付款方式</td><td colspan="11">□转账　　□现金</td><td rowspan="7">第一联 银行记账凭证</td></tr>
<tr><td>申请人</td><td></td><td>收款人</td><td colspan="11"></td></tr>
<tr><td>账 号</td><td></td><td>账 号</td><td colspan="11"></td></tr>
<tr><td>用 途</td><td></td><td>代理付款行</td><td colspan="11"></td></tr>
<tr><td rowspan="2">金 额</td><td colspan="2" rowspan="2">（大写）</td><td>亿</td><td>千</td><td>百</td><td>十</td><td>万</td><td>千</td><td>百</td><td>十</td><td>元</td><td>角</td><td>分</td></tr>
<tr><td></td><td></td><td></td><td></td><td></td><td></td><td></td><td></td><td></td><td></td><td></td></tr>
<tr><td colspan="2">客户签章</td><td colspan="12"></td></tr>
</table>

图 4-38 银行汇（本）票申请书

3. 填制说明

(1)“币别”按申请结算币种填写。

(2)“年月日”按填制该申请书的日期填写。

(3)“业务类型”应根据申请的结算方式并在相应的方框内打“√”。

(4) 填写“付款方式”时，除申请人和收款人同为个人而在现金前的方框内打“√”外，其余均在转账前的方框内打“√”。

(5)“申请人”及“账号”应填写申请人名称及银行账号。

(6)“收款人”及“账号”应填写收款人名称及银行账号。

(7)“用途”应根据实际用途填写。

(8)“金额”应根据申请支付金额填写。

(9)“客户签章”处应加盖申请人预留银行的印鉴。

4. 填制实例

【例 4-19】广西晨星商贸有限责任公司为增值税一般纳税人，开户银行为中国银行南州市中山支行，账号为 683000000945721。该企业于 2017 年 3 月 22 日向华贸商场以每件 200 元的价格销售甲商品 1 000 件，购货方南州市华贸商场提供的有关资料如下：开户银行为中国银行南州市江宁支行，账号为 683000005098045，企业采用银行汇票结算方式支付货款。华贸商场已于 2017 年 3 月 20 日向开户银行申请金额为 240 000 元的银行汇票，填制银行汇（本）票申请书，如图 4-39 所示。

银行汇（本）票申请书 006823578

币别：人民币 2017 年 3 月 20 日 流水号：

业务类型	☑银行汇票 □银行本票	付款方式	☑转账 □现金
申请人	南州市华贸商场	收款人	广西晨星商贸有限责任公司
账　号	683000005098045	账　号	683000000945721
用　途	货款	代理付款行	
金　额	（大写）贰拾肆万元整		亿 千 百 十 万 千 百 十 元 角 分 ¥ 2 4 0 0 0 0 0 0
客户签章 （南州市华贸商场 财务专用章）（张青予印）		支付密码	

第一联 银行记账凭证

图 4-39 银行汇（本）票申请书

（十七）银行汇票的填制

银行汇票是指由出票银行签发的，由其在见票时按照实际结算金额无条件支付给收款人或者持票人的票据。银行汇票的出票银行为经中国人民银行批准办理银行汇票业务的银行。

1. 使用要点

（1）适用范围：同城异地的各种款项结算通常均可采用，非现金银行汇票可以背书转让。

（2）联次。

全国银行汇票共4联，第一联为出票行结清汇票时作汇出汇款借方凭证，第二联为代理付款行付款后做联行往来借方凭证附件，第三联为代理付款行兑付后随报单寄出票行，第四联为出票行作多余款贷方凭证，出票行结清多余款后交申请人。

（3）银行汇票在申请人向银行提交汇（本）票申请书后，由银行受理开具。

（4）银行汇票是一种见票即付的票据。

2. 银行汇票票样

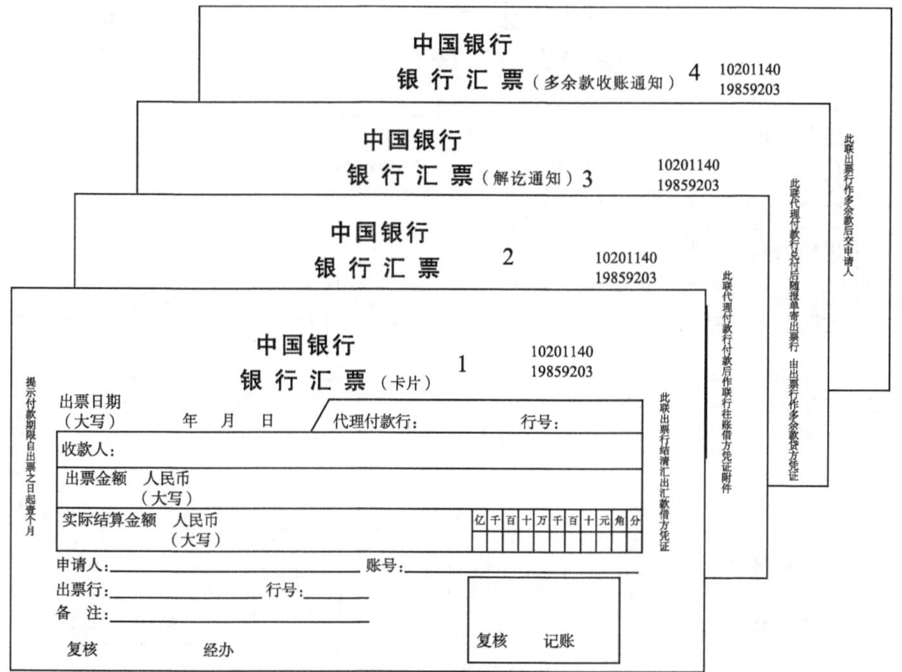
中国银行
银行汇票（多余款收账通知） 4 10201140 19859203
此联出票行作多余款后交申请人

中国银行
银行汇票（解讫通知） 3 10201140 19859203
此联代理付款行兑付后随报单寄出票行 由出票行作多余款贷方凭证

中国银行
银行汇票 2 10201140 19859203
此联代理付款行付款后作联行往账借方凭证附件

中国银行
银行汇票（卡片） 1 10201140 19859203

提示付款期限自出票之日起壹个月

出票日期（大写） 年 月 日 代理付款行： 行号：
收款人：
出票金额 人民币（大写）
实际结算金额 人民币（大写） 亿 千 百 十 万 千 百 十 元 角 分
申请人： 账号：
出票行： 行号：
备 注：
复核 经办 复核 记账

此联出票行结清汇出汇款借方凭证

图4-40 银行汇票

3. 取得银行汇票

（1）作为付款人向银行申请取得。取得银行汇票后，应将第二联和第三联交给收款人。

【例 4-20】承**【例 4-19】**南州市华贸商场 2017 年 3 月 20 日取得的银行汇票，如图 4-41、图 4-42 所示。

（2）作为收款人从他人处取得银行汇票。

①填制说明。

a. 对收到的银行汇票进行审查，审查的主要内容为收款人是否为本单位、银行汇票是否过期、背书是否连续等。

b. 将审核无误的银行汇票第二联及第三联上的实际结算金额与多余金额填写完整。“实际结算金额”的填写应遵循实际结算金额与出票金额孰低原则，如果实际结算金额小于出票金额，则按实际结算金额填写，“多余金额”按差额填写；如果实际结算金额大于出票金额，则按出票金额填写。

中国银行
银行汇票　　2　　10201140 19859203

提示付款期限自出票之日起壹个月

出票日期（大写）	贰零壹柒年叁月零贰拾日	代理付款行：	行号：
收款人：广西晨星商贸有限责任公司			
出票金额人民币（大写）贰拾肆万元整		¥240 000.00	
实际结算金额　人民币（大写）		亿 千 百 十 万 千 百 十 元 角 分	

申请人：南州市华贸商场　　账号：683000005098045

出票行：中国银行南州市江宁支行　　行号：4210234132

备　注：

密押：										复核　记账
多余金额										
千	百	十	万	千	百	十	元	角	分	

凭票付款

出票行签章　（印章：中国银行南州市江宁支行 汇票专用章 4210234132）（赵燕妮印）

此联代理付款行付款后作联行往账借方凭证附件

图 4-41　银行汇票第二联

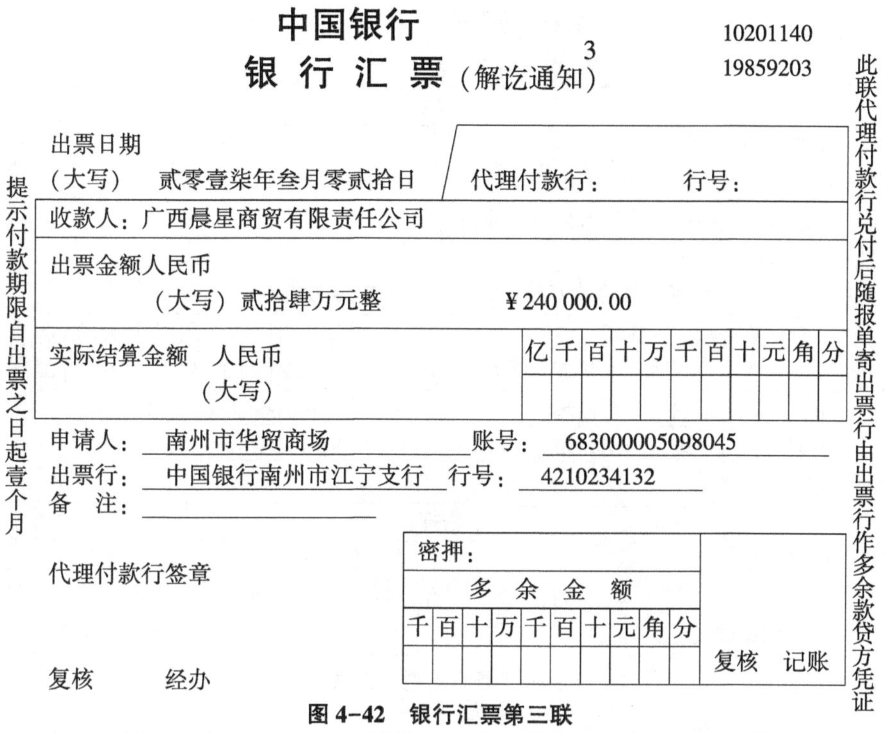

中国银行

银 行 汇 票（解讫通知） 3　　　　10201140 19859203

提示付款期限自出票之日起壹个月

出票日期（大写）　贰零壹柒年叁月零贰拾日　　代理付款行：　　行号：

收款人：广西晨星商贸有限责任公司

出票金额人民币（大写）贰拾肆万元整　　¥240 000.00

实际结算金额　人民币（大写）

亿	千	百	十	万	千	百	十	元	角	分

申请人：南州市华贸商场　　账号：683000005098045

出票行：中国银行南州市江宁支行　行号：4210234132

备　注：

代理付款行签章

密押：

多 余 金 额

千	百	十	万	千	百	十	元	角	分

复核　记账

复核　　经办

此联代理付款行兑付后随报单寄出票行由出票行作多余款贷方凭证

图 4-42　银行汇票第三联

c. 如果是本单位办理进账手续，则应在银行汇票背面的持票人向银行提示付款签章处加盖银行预留印鉴，同时填制进账单后到本单位开户银行办理进账手续；如果是背书转让给其他单位，则应在银行汇票背面的背书人签章处加盖银行预留印鉴，在被背书人处填写接受该银行汇票人的名称，并将银行汇票第二联及第三联交给被背书人。

②填制实例。

【例 4-21】 以广西晨星商贸有限责任公司为例，企业于 2017 年 3 月 22 日收到南州市华贸商场 2017 年 3 月 20 日申请的用于归还前欠货款的银行汇票，实际结算金额 234 000 元，出纳员办理进账手续。填写完整的银行汇票及进账单，如图 4-43、图 4-44、图 4-45、图 4-46 所示。

中国银行
银 行 汇 票　　2　　10201140
19859203

提示付款期限自出票之日起壹个月

出票日期
（大写）　贰零壹柒年叁月零贰拾日　　代理付款行：　　行号：

收款人：广西晨星商贸有限责任公司

出票金额人民币
（大写）贰拾肆万元整　　¥240 000. 00

实际结算金额 人民币	亿	千	百	十	万	千	百	十	元	角	分
（大写）贰拾叁万肆仟元整			¥	2	3	4	0	0	0	0	0

申请人：南州市华贸商场　　账号：683000005098045

出票行：中国银行南州市江宁支行　　行号：4210234132

备　注：

凭票付款

出票行签章

密押：										
多 余 金 额										
千	百	十	万	千	百	十	元	角	分	复核　记账
			¥	6	0	0	0	0	0	

此联代理付款行付款后作联行往账借方凭证附件

（印章：中国银行南州市江宁支行 汇票专用章 4210234132；赵燕妮印）

图 4-43　银行汇票第二联正面

被背书人	被背书人
背书人签章 年　月　日	背书人签章 年　月　日
持票人向银行 提示付款签章	身份证件名称：　　发证机关： 号码

（印章：……商贸有限责任公司 财务专用章；张金国印）

图 4-44　银行汇票第二联背面

中国银行
银 行 汇 票

（解讫通知）3　　10201140
19859203

提示付款期限自出票之日起壹个月

出票日期（大写）　贰零壹柒年叁月零贰拾日	代理付款行：　　行号：
收款人：广西晨星商贸有限责任公司	
出票金额人民币（大写）贰拾肆万元整　　¥240 000.00	

实际结算金额　人民币（大写）贰拾叁万肆仟元整	亿	千	百	十	万	千	百	十	元	角	分
			¥	2	3	4	0	0	0	0	0

申请人：南州市华贸商场　　账号：683000005098045

出票行：中国银行南州市江宁支行　行号：4210234132

备　注：

代理付款行签章

密押：										
多余金额										
千	百	十	万	千	百	十	元	角	分	复核　记账
			¥	6	0	0	0	0	0	

复核　　经办

此联代理付款行兑付后随报单寄出票行由出票行作多余款贷方凭证

图 4-45　银行汇票第三联正面

中国银行　进账单（回单）　1

2017 年 03 月 22 日

出票人	全　称	南州市华贸商场	收款人	全　称	广西晨星商贸有限责任公司
	账　号	683000005098045		账　号	683000000945721
	开户银行	中国银行南州市中山支行		开户银行	中国银行南州市中山支行

人民币（大写）	贰拾叁万肆仟元整	千	百	十	万	千	百	十	元	角	分
			¥	2	3	4	0	0	0	0	0

票据种类	转账支票	票据张数	1
票据号码	19859203		
复核　　记账			开户银行签章

此联是开户银行交给持票人的回单

图 4-46　进账单

（十八）银行本票的填制

银行本票是申请人将款项交存银行，由银行签发的承诺自己在见票时无条件支付确定的金额给收款人或者持票人的票据。

1. 使用要点

（1）适用范围：银行本票只用于同一票据交换地区，非现金本票可以背书转让。

（2）联次。

银行本票一式两联，第一联为卡片联，此联由出票银行留存，结清本票时作借方凭证附件；第二联为正联，供出票行结清本票时作付出传票。正联的背面内容为被背书人及背书人签章、身份证件名称及号码、持票人向银行提示付款及签章等内容。

银行本票包括定额银行本票和不定额银行本票两种。定额银行本票包括 1 000 元、5 000 元、10 000 元和 50 000 元四种面额。不定额银行本票是指凭证上金额栏是空白的，签发时根据实际需要填写金额，并用压数机压印金额的银行本票。

（3）提示付款期限。

银行本票的提示付款期自出票日起最长不得超过 2 个月。

（4）银行本票的出票人。

银行本票的出票人为经中国人民银行当地分支行批准办理银行本票业务的银行机构。

2. 银行本票申请书及银行本票票样（图 4-47、图 4-48）

银行汇（本）票申请书 006823578

币别： 年 月 日 流水号：

<table>
<tr><td>业务类型</td><td>□银行汇票 □银行本票</td><td>付款方式</td><td colspan="11">□转账 □现金</td><td rowspan="7">第一联 银行记账凭证</td></tr>
<tr><td>申请人</td><td></td><td>收款人</td><td colspan="11"></td></tr>
<tr><td>账 号</td><td></td><td>账 号</td><td colspan="11"></td></tr>
<tr><td>用 途</td><td></td><td>代理付款行</td><td colspan="11"></td></tr>
<tr><td rowspan="2">金 额</td><td colspan="2" rowspan="2">（大写）</td><td>亿</td><td>千</td><td>百</td><td>十</td><td>万</td><td>千</td><td>百</td><td>十</td><td>元</td><td>角</td><td>分</td></tr>
<tr><td></td><td></td><td></td><td></td><td></td><td></td><td></td><td></td><td></td><td></td><td></td></tr>
<tr><td colspan="2">客户签章</td><td colspan="12"></td></tr>
</table>

图 4-47 银行本（汇）票申请书第一联

中国银行　本　票　2　10401180 04562112

提示付款期限自出票之日起贰个月

中国银行　本　票　1　10401180 04562112

出票日期（大写）　年　月　日

收款人：　申请人：

凭票即付　人民币（大写）	亿	千	百	十	万	千	百	十	元	角	分

□转账　□现金

密押________

行号________

出纳　复核　经办

备注

图 4-48　银行本票

3. 填制实例

（1）申请银行本票。

【例 4-23】华贸商场 2017 年 4 月 10 日从广西晨星商贸有限责任公司购进商品一批，取得增值税专用发票上注明金额为 50 000 元，增值税额 8 500 元。华贸商场向开户行申请签发金额为 58 500 元的银行本票支付货款。

①填写银行本票申请书，如图 4-49 所示。

银行汇（本）票申请书　006823687

币别：人民币　2017 年 4 月 10 日　流水号：

业务类型	□银行汇票　☑银行本票	付款方式	☑转账　□现金
申请人	南州市华贸商场	收款人	广西晨星商贸有限责任公司
账　号	683000005098045	账　号	683000000945721
用　途	货款	代理付款行	
金　额	（大写）伍万捌仟伍佰元整	亿千百十万千百十元角分	¥ 5 8 5 0 0 0 0
客户签章（南州市华贸商场 财务专用章）（张青予印）		支付密码	

第一联　银行记账凭证

图 4-49　银行本票申请书

②出票人签发银行本票，如图 4-50、图 4-51 所示。

中国银行　本　票　1　　10401180 04562112

提示付款期限自出票之日起贰个月

出票日期（大写）　贰零壹柒年肆月零壹拾日

收款人：广西晨星商贸有限责任公司　　申请人：南州市华贸商场

凭票即付　人民币（大写）伍万捌仟伍佰元整	亿	千	百	十	万	千	百	十	元	角	分
				¥	5	8	5	0	0	0	0

☑转账　□现金　　密押______

行号______

备注　　出纳　复核　经办

图 4-50　银行本票第一联

中国银行　本　票　2　　10401180 04562112

提示付款期限自出票之日起贰个月

出票日期（大写）　贰零壹柒年肆月零壹拾日

收款人：广西晨星商贸有限责任公司　　申请人：南州市华贸商场

凭票即付　人民币（大写）伍万捌仟伍佰元整	亿	千	百	十	万	千	百	十	元	角	分
				¥	5	8	5	0	0	0	0

☑转账　□现金　　密押______

行号______

备注　　出票行签章　　出纳　复核　经办

（印章：中国银行南州市江宁支行 汇票专用章 4210234132；赵燕妮印）

图 4-51　银行本票第二联

（2）收到银行本票。

【例 4-23】2017 年 4 月 10 日广西晨星商贸有限责任公司向南州市华贸商场销售商品一批，华贸商场以银行本票支付货款。出纳员办理进账手续，填制的银行本票第二联背面及进账单，如图 4-52、图 4-53 所示。

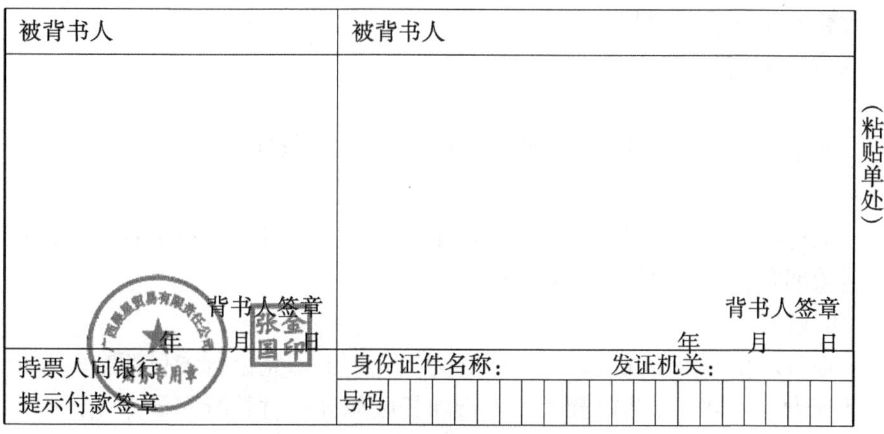

被背书人	被背书人
背书人签章 年　月　日	背书人签章 年　月　日
持票人向银行 提示付款签章	身份证件名称：　　发证机关： 号码

（粘贴单处）

图 4-52　银行本票第二联背面

中国银行　进账单（回单）　1

2017 年 04 月 10 日

出票人	全　称	南州市华贸商场	收款人	全　称	广西晨星商贸有限责任公司
	账　号	683000005098045		账　号	683000000945721
	开户银行	中国银行南州市中山支行		开户银行	中国银行南州市中山支行

人民币（大写）	伍万捌仟伍佰元整	千	百	十	万	千	百	十	元	角	分
				¥	5	8	5	0	0	0	0

票据种类	银行本票	票据张数	1	
票据号码	04562112			
复核	记账			开户银行签章

此联是开户银行交给持票人的回单

图 4-53　进账单

（十九）商业汇票的填制

商业汇票是出票人签发的，委托付款人在指定日期无条件支付确定的金额给收款人或者持票人的票据。商业汇票分为商业承兑汇票和银行承兑汇票。商业承兑汇票由银行以外的付款人承兑（付款人为承兑人），银行承兑汇票由银行承兑。

1. 银行承兑汇票

银行承兑汇票是由在承兑银行开立存款账户的存款人出票，向开户银行申请并经银行审查同意承兑的，保证在指定日期无条件支付确定的金额给收款人或持票人的票据。

（1）使用要点。

①适用范围。

在银行开户具有真实的交易关系或债权债务关系的单位均可使用。

②期限规定。

银行承兑汇票的付款期限，最长不得超过6个月，银行承兑汇票的提示付款期限，自汇票到期日起10日内。

③联次。

银行承兑汇票一式三联，第一联为卡片，由承兑银行支付票款时作借方凭证附件；第二联为收款人开户行随托收凭证寄付款行作借方凭证附件第三联为存根联，由签发单位编制有关凭证。

④手续费。

按照“银行承兑协议”的规定，付款单位办理承兑手续应向承兑银行支付手续费，由开户银行从付款单位存款户中扣收。按照现行规定，银行承兑手续费按银行承兑汇票的票面金额的万分之五计收。

（2）银行承兑汇票票样（图4-54）。

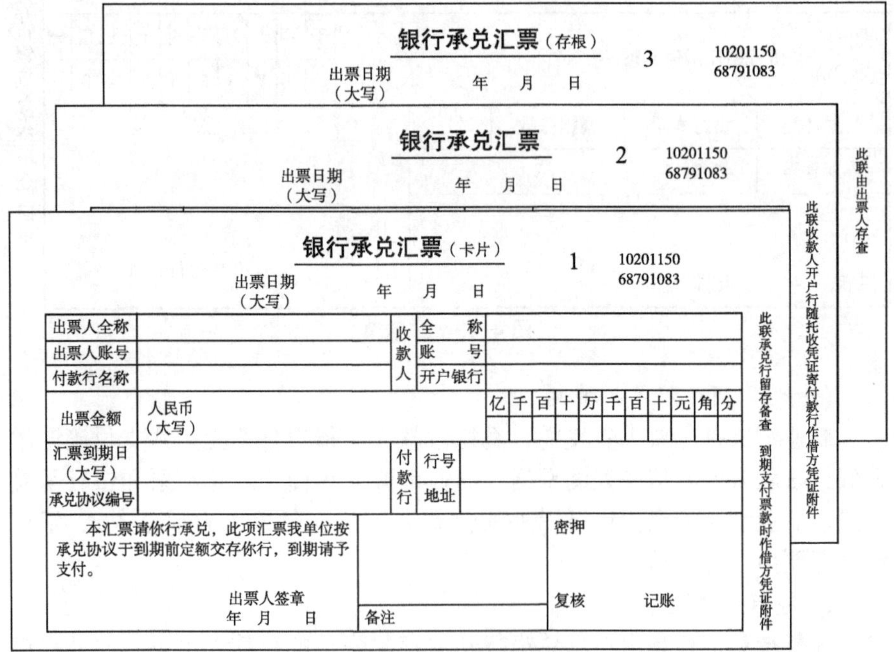

银行承兑汇票（存根） 3 10201150 68791083

出票日期（大写） 年 月 日

此联由出票人存查

银行承兑汇票 2 10201150 68791083

出票日期（大写） 年 月 日

此联收款人开户行随托收凭证寄付款行作借方凭证附件

银行承兑汇票（卡片） 1 10201150 68791083

出票日期（大写） 年 月 日

出票人全称		收款人	全　称	
出票人账号			账　号	
付款行名称			开户银行	
出票金额	人民币（大写）			亿 千 百 十 万 千 百 十 元 角 分
汇票到期日（大写）		付款行	行号	
承兑协议编号			地址	

本汇票请你行承兑，此项汇票我单位按承兑协议于到期前定额交存你行，到期请予支付。

出票人签章

年 月 日

备注

密押

复核　　记账

此联承兑行留存备查　到期支付票款时作借方凭证附件

图4-54　银行承兑汇票

（3）签发银行承兑汇票。

①签发流程。

a. 出票人与承兑银行签订承兑协议。

b. 出票人支付保证金（全额保证金或差额保证金）。

c. 出票人填制银行承兑汇票并提交承兑银行。

d. 承兑银行承兑并将银行承兑汇票返还给出票人。

②签发要求。

a. 银行承兑汇票到期日为企业约定的付款期满的当日。

b. 其他要求同支票的签发要求。

③填制实例。

【例 4-24】广西晨星商贸有限责任公司于 2017 年 3 月 12 日从南州市大华塑料制品厂购进商品一批，取得的增值税专用发票上注明的金额为 80 000 元，增值税额为 13 600 元。企业签发 3 个月到期的银行承兑汇票支付货款。南州市大华塑料制品厂相关资料如下：开户行名称：中国银行南州市西宁支行，账号：683000000763439。

（1）广西晨星商贸有限责任公司按照双方签订的合同规定，签发银行承兑汇票，如图 4-55、图 4-56、图 4-57 所示。

银行承兑汇票（卡片）　1　　10201150 68791083

出票日期（大写）　贰零壹柒年叁月壹拾贰日

<table>
<tr><td>出票人全称</td><td colspan="3">广西晨星商贸有限责任公司</td><td rowspan="3">收款人</td><td>全　称</td><td colspan="11">南州市大华塑料制品厂</td></tr>
<tr><td>出票人账号</td><td colspan="3">683000000945721</td><td>账　号</td><td colspan="11">683000000763439</td></tr>
<tr><td>付款行名称</td><td colspan="3">中国银行南州市中山支行</td><td>开户银行</td><td colspan="11">中国银行南州市西宁支行</td></tr>
<tr><td rowspan="2">出票金额</td><td colspan="5" rowspan="2">人民币（大写）　玖万叁仟陆佰元整</td><td>亿</td><td>千</td><td>百</td><td>十</td><td>万</td><td>千</td><td>百</td><td>十</td><td>元</td><td>角</td><td>分</td></tr>
<tr><td></td><td></td><td></td><td>¥</td><td>9</td><td>3</td><td>6</td><td>0</td><td>0</td><td>0</td><td>0</td></tr>
<tr><td>汇票到期日（大写）</td><td colspan="3">贰零壹柒年陆月壹拾贰日</td><td rowspan="2">付款行</td><td>行号</td><td colspan="11">4210234</td></tr>
<tr><td>承兑协议编号</td><td colspan="3">NJ00912</td><td>地址</td><td colspan="11">南州市中山路 419 号</td></tr>
<tr><td colspan="2">本汇票请你行承兑，此项汇票我单位按承兑协议未到期前定额交存你行，到期请予支付。
财务专用章　张金国印
出票人签章
2017 年 3 月 12 日</td><td colspan="4">
备注</td><td colspan="11">密押

复核　　记账</td></tr>
</table>

此联承兑行留存备查　到期支付票款时作借方凭证附件

图 4-55　银行承兑汇票第一联

银行承兑汇票 2　　10201150 68791083

出票日期（大写）　贰零壹柒年叁月壹拾贰日

出票人全称	广西晨星商贸有限责任公司	收款人	全　称	南州市大华塑料制品厂
出票人账号	683000000945721		账　号	683000000763439
付款行名称	中国银行南州市中山支行		开户银行	中国银行南州市西宁支行

出票金额	人民币（大写）　玖万叁仟陆佰元整	亿	千	百	十	万	千	百	十	元	角	分
					¥	9	3	6	0	0	0	0

汇票到期日（大写）	贰零壹柒年陆月壹拾贰日	付款行	行号	4210234
承兑协议编号	NJ00912		地址	南州市中山路 419 号

本汇票请你行承兑，到期无条件付款。 财务专用章　张金 出票人签章 2017 年 3 月 12 日	本汇票已经承兑，到期日由本行付款。 承兑银行签章 承兑日期　年　月　日 备注	密押 复核　　记账

此联收款人开户行随托收凭证寄付款行作借方凭证附件

图 4-56　银行承兑汇票第二联

银行承兑汇票（存根） 3　　10201150 68791083

出票日期（大写）　贰零壹柒年叁月壹拾贰日

出票人全称	广西晨星商贸有限责任公司	收款人	全　称	南州市大华塑料制品厂
出票人账号	683000000945721		账　号	683000000763439
付款行名称	中国银行南州市中山支行		开户银行	中国银行南州市西宁支行

出票金额	人民币（大写）　玖万叁仟陆佰元整	亿	千	百	十	万	千	百	十	元	角	分
					¥	9	3	6	0	0	0	0

汇票到期日（大写）	贰零壹柒年陆月壹拾贰日	付款行	行号	4210234
承兑协议编号	NJ00912		地址	南州市中山路 419 号

	备注	密押 复核　　记账

此联由出票人存查

图 4-57　银行承兑汇票第三联

（2）承兑汇票。

付款方出纳员在填制完银行承兑汇票后，应将汇票的有关内容与交易合同进行核对，核对无误后填制“银行承兑协议”及银行承兑汇票清单，并在“承兑申请人”处盖单位公章。银行审核完毕之后，在银行承兑协议上加盖银行公章或合同章，在银行承兑汇票上加盖汇票专用章，并至少加盖一个经办人私章，如图 4-58、图 4-59 所示。

银行承兑协议　1

协议编号：NJ00912

银行承兑汇票的内容：

收款人全称：南州市大华塑料制品厂　　付款人全称：广西晨星商贸有限责任公司
开户银行：中国银行南州市西宁支行　　开户银行：中国银行南州市中山支行
账号：683000000763439　　账号：683000000945721
汇票号码：68791083　　汇票金额（大写）：玖万叁仟陆佰元整
签发日期：贰零壹柒年叁月壹拾贰　　到期日期：贰零壹柒年陆月壹拾贰日

以上汇票经承总银行承兑，承兑申请人（以下称申请人）自愿遵守《银行结算办法》的规定及下列条款：

第一条　申请人于汇票到期日前将应付票款足额交存承兑银行。

第二条　承兑手续费按票面 0.05%计算，在银行承兑时一次付清。

第三条　承兑票据如发生任何交易纠纷，均由收付双方自行处理，票款于到期日前仍按第一条办理不误。

第四条　承兑汇票到期日，承兑银行凭票无条件支付票款，如到期日之前申请人不能足额交付票款时，承兑银行对不足支付部分的票款转作承兑申请人逾期贷款，并按照有关规定计算罚息。

第五条　承兑汇票款付清后，本协议自动失效。

本协议第一、二联分别由承兑银行信贷部门和承兑申请人存执，协议副本由银行会计部门存查。

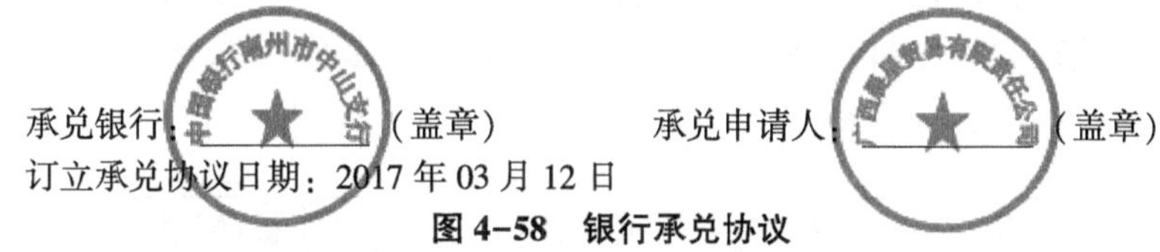

承兑银行：（盖章）　　承兑申请人：（盖章）

订立承兑协议日期：2017 年 03 月 12 日

图 4-58　银行承兑协议

（3）收到银行承兑汇票。

①收到银行承兑汇票后，其第二联的原件应单独存放，并以其复印件作为借记应收票据的记账依据。

②如持有至到期，则在银行承兑汇票到期之日起 10 日内，收款人应在银行承兑汇票第二联背面的背书人签章处写明“委托收款”字样并加盖银

行预留印鉴，在被背书人处写明收款人开户银行名称后，填制托收凭证，办理进账手续。

银行承兑汇票 2

10201150
68791083

出票日期（大写） 贰零壹柒年叁月壹拾贰日

出票人全称	广西晨星商贸有限责任公司	收款人	全 称	南州市大华塑料制品厂
出票人账号	683000000945721		账 号	683000000763439
付款行名称	中国银行南州市中山支行		开户银行	中国银行南州市西宁支行

出票金额	人民币（大写） 玖万叁仟陆佰元整	亿	千	百	十	万	千	百	十	元	角	分
					¥	9	3	6	0	0	0	0

汇票到期日（大写）	贰零壹柒年陆月壹拾贰日	付款行	行号	4210234
承兑协议编号	NJ00912		地址	南州市中山路419号

本汇票请你行承兑，到期无条件付款。 出票人签章 2017年3月12日	本汇票已经承兑，到期日由本行付款。 承兑银行签章 承兑日期 2017年3月12日 备注	密押 复核 记账

此联收款人开户行随托收凭证寄付款行作借方凭证附件

图 4-59 银行承兑汇票第二联

③如银行承兑汇票中途背书转让，则背书转让时，收款人应在银行承兑汇票背面的背书人签章处加盖本单位银行预留印鉴，同时在被背书人处填写接受该票据的单位名称。

④填制实例。

【例 4-25】以南州市大华塑料制品厂为例，2017年6月13日汇票到期后，南州市大华塑料制品厂出纳员在银行承兑汇票第二联背面背书签章并办理委托收款，如图4-60所示。

被背书人：中国银行南州市西宁支行	被背书人：	被背书人：
委托收款 背书人签章： 2017年6月13日	背书人签章： 年 月 日	背书人签章： 年 月 日

图 4-60 银行承兑汇票第二联背面

2. 商业承兑汇票

商业承兑汇票是由出票人签发的，由银行以外的付款人承兑，委托付款人在指定日期无条件支付确定的金额给收款人或者持票人的票据。

(1) 使用要点。

①适用范围。

在银行开户具有真实的交易关系或债权债务关系的单位均可使用。

②期限规定。

商业承兑汇票的付款期限，最长不得超过6个月，商业承兑汇票的提示付款期限，自汇票到期日起10日内。

③联次。

商业承兑汇票一式三联，第一联为卡片联，由承兑人留存，第二联为汇票联，由收款人开户银行随结算凭证寄付款人开户银行作付出传票附件，第三联为存根联，由出票人留存。

(2) 商业承兑汇票票样（图4-61）。

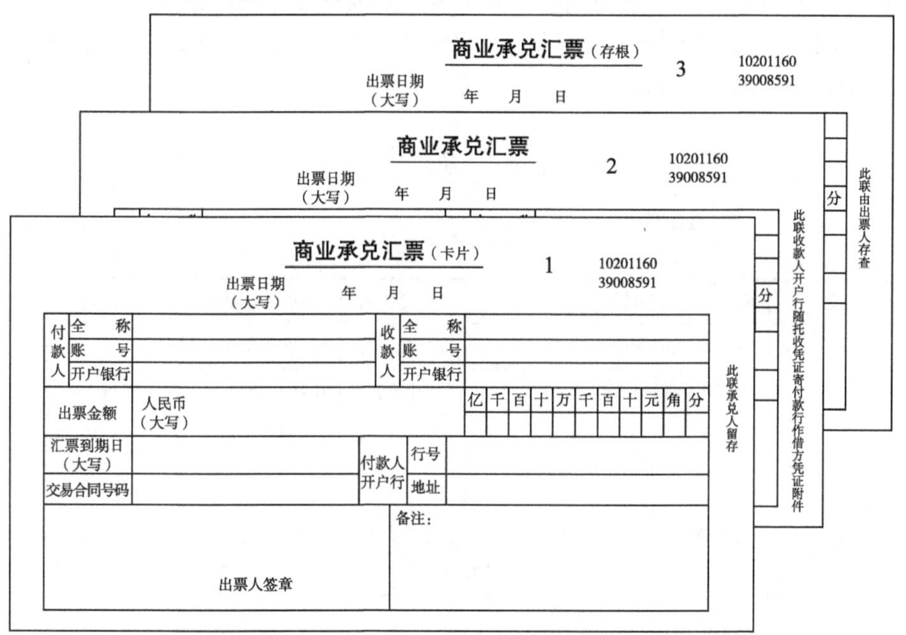

商业承兑汇票（存根） 3 10201160 39008591

出票日期（大写） 年 月 日

此联由出票人存查

商业承兑汇票 2 10201160 39008591

出票日期（大写） 年 月 日

此联收款人开户行随托收凭证寄付款行作借方凭证附件

商业承兑汇票（卡片） 1 10201160 39008591

出票日期（大写） 年 月 日

付款人	全称		收款人	全称	
	账号			账号	
	开户银行			开户银行	
出票金额	人民币（大写）				亿 千 百 十 万 千 百 十 元 角 分
汇票到期日（大写）			付款人开户行	行号	
交易合同号码				地址	
出票人签章			备注：		

此联承兑人留存

图4-61 商业承兑汇票

(3) 签发商业承兑汇票。

①签发要求。

a. 填写出票日期，出票日期必须使用中文大写，不得更改，填写要求与支票相同。

b. 填写人民币大写金额，不得更改，大写金额数字应紧接“人民币”字样填写，不得留有空白。

c. 填写小写金额，不得更改，大小写金额必须一致，小写金额前加人民币符号“￥”。

d. 填写汇票的到期日，必须使用中文大写，与出票日期要求相同，付款期限最长不得超过 6 个月。

e. 承兑人签章，为其预留银行的签章。

f. 出票人签章，为该单位的财务专用章或者公章，加其法定代表人或者其授权的代理人的签名或者盖章。

②填制实例。

【例 4-26】 华贸商场于 2017 年 3 月 18 日从广西晨星商贸有限责任公司购进商品一批，取得的增值税专用发票上注明的金额为 90 000 元，增值税额为 15 300 元。华贸商场签发 6 个月到期的商业承兑汇票支付货款。

（1）华贸商场按照双方签订的合同规定，签发商业承兑汇票，如图 4-62、图 4-63 所示。

商业承兑汇票（卡片） 1　　10201160 39008591

出票日期（大写）　贰零壹柒年叁月壹拾贰日

<table>
<tr><td rowspan="3">付款人</td><td>全　称</td><td colspan="2">南州市华贸商场</td><td rowspan="3">收款人</td><td>全　称</td><td colspan="11">广西晨星商贸有限责任公司</td></tr>
<tr><td>账　号</td><td colspan="2">683000005098045</td><td>账　号</td><td colspan="11">683000000945721</td></tr>
<tr><td>开户银行</td><td colspan="2">中国银行南州市江宁支行</td><td>开户银行</td><td colspan="11">中国银行南州市中山支行</td></tr>
<tr><td colspan="2" rowspan="2">出票金额</td><td colspan="4" rowspan="2">人民币（大写）　壹拾万零伍仟叁佰元整</td><td>亿</td><td>千</td><td>百</td><td>十</td><td>万</td><td>千</td><td>百</td><td>十</td><td>元</td><td>角</td><td>分</td></tr>
<tr><td></td><td></td><td>￥</td><td>1</td><td>0</td><td>5</td><td>3</td><td>0</td><td>0</td><td>0</td><td>0</td></tr>
<tr><td colspan="2">汇票到期日（大写）</td><td>贰零壹柒年陆月壹拾捌日</td><td colspan="2" rowspan="2">付款人开户行</td><td>行号</td><td colspan="11">4210234132</td></tr>
<tr><td colspan="2">交易合同号码</td><td>251558</td><td>地址</td><td colspan="11">南州市江宁路 156 号</td></tr>
<tr><td colspan="5">南州市华贸商场 财务专用章　张青 印　出票人签章</td><td colspan="12">备注</td></tr>
</table>

此联承兑人留存

图 4-62　商业承兑汇票第一联

商业承兑汇票　2

10201160
39008591

出票日期（大写）　贰零壹柒年叁月壹拾贰日

付款人	全　称	南州市华贸商场	收款人	全　称	广西晨星商贸有限责任公司
	账　号	683000005098045		账　号	683000000945721
	开户银行	中国银行南州市江宁支行		开户银行	中国银行南州市中山支行

出票金额	人民币（大写）壹拾万零伍仟叁佰元整	亿	千	百	十	万	千	百	十	元	角	分
				¥	1	0	5	3	0	0	0	0

汇票到期日（大写）	贰零壹柒年玖月壹拾捌日	付款人开户行	行号	4210234132
交易合同号码	251558		地址	南州市江宁路156号
本汇票已承兑，到期无条件付款。 承兑人签章 承兑日期　年　月　日		本汇票请予以承兑，于到期日付款。 （印章：南州市华贸商场 财务专用章）（印章：张青） 出票人签章		

此联收款人开户行随托收凭证寄付款行作借方凭证附件

图 4-63　商业承兑汇票第二联

（2）承兑汇票。

商业承兑汇票由收款人签发后交付款人承兑或由付款人签发并承兑。付款人在商业承兑汇票第二联正面签署“承兑”字样，填写承兑日期并加盖银行预留印鉴后，将汇票交收款人收执，如图 4-64 所示。

（3）收到商业承兑汇票。

①如持有至到期，则在商业承兑汇票到期之日起 10 日内，收款人应在商业承兑汇票第二联背面的背书人签章处写明“委托收款”字样并加盖银行预留印鉴，在被背书人处写明收款人开户银行名称后，填制托收凭证，办理进账手续。

②如商业承兑汇票中途背书转让，则背书转让时，收款人应在商业承兑汇票背面的背书人签章处加盖本单位银行预留印鉴，同时在被背书人处填写接受该票据的单位名称。

③填以制实例。

【例 4-27】广西晨星商贸有限责任公司于 2017 年 4 月 10 日将南州市华贸商场签发的金额 105 300 元的商业承兑汇票背书转让给南州市大华塑料制品厂，如图 4-65 所示。

商业承兑汇票 2

10201160
39008591

出票日期（大写） 贰零壹柒年叁月壹拾贰日

<table>
<tr><td rowspan="3">付款人</td><td>全　称</td><td>南州市华贸商场</td><td rowspan="3">收款人</td><td>全　称</td><td colspan="11">广西晨星商贸有限责任公司</td></tr>
<tr><td>账　号</td><td>683000005098045</td><td>账　号</td><td colspan="11">683000000945721</td></tr>
<tr><td>开户银行</td><td>中国银行南州市江宁支行</td><td>开户银行</td><td colspan="11">中国银行南州市中山支行</td></tr>
<tr><td colspan="2" rowspan="2">出票金额</td><td colspan="3" rowspan="2">人民币（大写） 壹拾万零伍仟叁佰元整</td><td>亿</td><td>千</td><td>百</td><td>十</td><td>万</td><td>千</td><td>百</td><td>十</td><td>元</td><td>角</td><td>分</td></tr>
<tr><td></td><td></td><td>¥</td><td>1</td><td>0</td><td>5</td><td>3</td><td>0</td><td>0</td><td>0</td><td>0</td></tr>
<tr><td colspan="2">汇票到期日（大写）</td><td>贰零壹柒年玖月壹拾捌日</td><td rowspan="2">付款人开户行</td><td>行号</td><td colspan="11">4210234132</td></tr>
<tr><td colspan="2">交易合同号码</td><td>251558</td><td>地址</td><td colspan="11">南州市江宁路156号</td></tr>
<tr><td colspan="4">本汇票已承兑，到期无条件付款。
承兑人签章
承兑日期 2017年03月18日</td><td colspan="12">本汇票请予以承兑，于到期日付款。
出票人签章</td></tr>
</table>

此联收款人开户行随托收凭证寄付款行作借方凭证附件

图 4-64　商业承兑汇票第二联

被背书人：南州市大华塑料制品厂	被背书人：	被背书人：
背书人签章： 2017年4月10日	背书人签章： 年　月　日	背书人签章： 年　月　日

图 4-65　商业承兑汇票背面

（二十）托收凭证的填制

托收凭证是企业日常交易中收到的商业汇票，如果没有背书或者贴现，在到期日需要委托银行收款（一般应提前10天）时填写的凭证。

1. 使用要点

（1）适用范围：采用委托收款或托收承付结算方式时使用。

（2）联次。

托收凭证一式五联，第一联是受理回单，是收款单位开户银行给收款单位的回单联；第二联贷方凭证，是收款单位委托开户银行办理托收款项后的贷方凭证；第三联借方凭证，是付款单位开户银行支付货款的借方凭证联；第四联收账通知，是付款人开户行凭以汇款或收款人开户银行作收账通知；第五联是付款单位开户银行通知付款单位按期支付货款的付款通知。

2. 托收凭证样式（图 4-66）

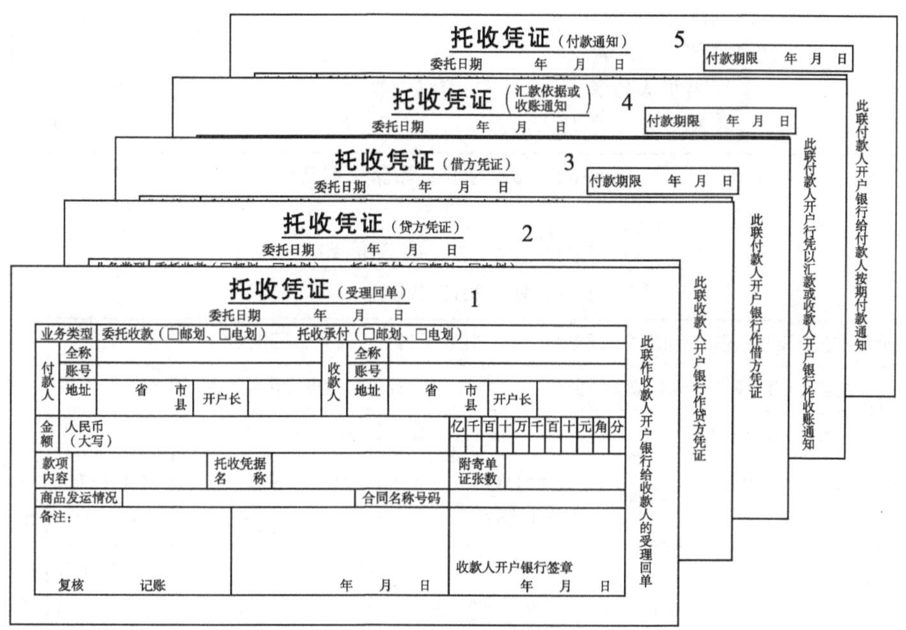

托收凭证（付款通知）　5
委托日期　　年　月　日
付款期限　　年　月　日
此联付款人开户银行给付款人按期付款通知

托收凭证（汇款依据或收账通知）　4
委托日期　　年　月　日
付款期限　　年　月　日
此联付款人开户行凭以汇款或收款人开户银行作收账通知

托收凭证（借方凭证）　3
委托日期　　年　月　日
付款期限　　年　月　日
此联付款人开户银行作借方凭证

托收凭证（贷方凭证）　2
委托日期　　年　月　日
此联收款人开户银行作贷方凭证

托收凭证（受理回单）　1
委托日期　　年　月　日

业务类型	委托收款（□邮划、□电划）　托收承付（□邮划、□电划）					
付款人	全称		收款人	全称		
	账号			账号		
	地址	省　市县　开户长		地址	省　市县　开户长	
金额	人民币（大写）				亿千百十万千百十元角分	
款项内容		托收凭据名称		附寄单证张数		
商品发运情况			合同名称号码			
备注： 复核　记账		年　月　日		收款人开户银行签章 年　月　日		

此联作收款人开户银行给收款人的受理回单

图 4-66　托收凭证

3. 填制说明

(1)“业务类型”应根据申请的收款方式并在相应的方框内打“√”。

(2)“委托日期”按填制本单据的日期填写。

(3)“付款人”信息、“收款人”信息及“金额”部分根据商业汇票等原始凭证的信息填写。

(4)“托收凭据名称”为“银行承兑汇票”或托收款项所用的发票等。

(5) 第二联“收款人签章”处应加盖收款人银行预留印鉴。

4. 填制实例

【例 4-28】 承 **【例 4-25】** 以南州市大华塑料制品厂为例，2017 年 6 月 13 日银行承兑汇票到期后，南州市大华塑料制品厂出纳员在银行承兑汇票第二联背面背书签章并办理委托收款，如图 4-67～图 4-72 所示。

被背书人：中国银行南州市西宁支行	被背书人：	被背书人：
委托收款 南州市大华塑料制品厂 财务专用章 刘立山印 背书人签章： 2017年6月13日	背书人签章： 年 月 日	背书人签章： 年 月 日

图 4-67 银行承兑汇票第二联背面

托收凭证（受理回单） 1

委托日期 2017年6月13日

<table>
<tr><td>业务类型</td><td colspan="6">委托收款（□邮划、☑电划）</td><td colspan="6">托收承付（□邮划、□电划）</td></tr>
<tr><td rowspan="3">付款人</td><td>全称</td><td colspan="4">广西晨星商贸有限责任公司</td><td rowspan="3">收款人</td><td>全称</td><td colspan="5">南州市大华塑料制品厂</td></tr>
<tr><td>账号</td><td colspan="4">683000000945721</td><td>账号</td><td colspan="5">683000000763439</td></tr>
<tr><td>地址</td><td>广西省南州市县</td><td>开户行</td><td colspan="2">中国银行南州市中山支行</td><td>地址</td><td>广西省南州市县</td><td>开户行</td><td colspan="3">中国银行南州市西宁支行</td></tr>
<tr><td>金额</td><td colspan="6">人民币
（大写）玖万叁仟陆佰元整</td><td colspan="6">亿 千 百 十 万 千 百 十 元 角 分
¥ 9 3 6 0 0 0 0</td></tr>
<tr><td>款项内容</td><td colspan="2">银行承兑汇票到期</td><td>托收凭据名称</td><td colspan="3">银行承兑汇票</td><td colspan="2">附寄单证张数</td><td colspan="4">1</td></tr>
<tr><td colspan="2">商品发运情况</td><td colspan="5">已发</td><td colspan="2">合同名称号码</td><td colspan="4">96458</td></tr>
<tr><td colspan="4">备注：
复核 记账</td><td colspan="4">年 月 日</td><td colspan="5">收款人开户银行签章
年 月 日</td></tr>
</table>

此联作收款人开户银行给收款人的受理回单

图 4-68 托收凭证第一联

托收凭证（贷方凭证） 2

委托日期 2017年6月13日

<table>
<tr><td>业务类型</td><td colspan="7">委托收款（□邮划、☑电划） 托收承付（□邮划、□电划）</td></tr>
<tr><td rowspan="3">付款人</td><td>全称</td><td colspan="3">广西晨星商贸有限责任公司</td><td rowspan="3">收款人</td><td>全称</td><td>南州市大华塑料制品厂</td></tr>
<tr><td>账号</td><td colspan="3">683000000945721</td><td>账号</td><td>683000000763439</td></tr>
<tr><td>地址</td><td>广西省南州市县</td><td>开户行</td><td>中国银行南州市中山支行</td><td>地址</td><td>广西省南州市县 开户行 中国银行南州市西宁支行</td></tr>
<tr><td>金额</td><td colspan="5">人民币
（大写）玖万叁仟陆佰元整</td><td colspan="2">亿 千 百 十 万 千 百 十 元 角 分
¥ 9 3 6 0 0 0 0</td></tr>
<tr><td>款项内容</td><td>银行承兑汇票到期</td><td>托收凭据名称</td><td>银行承兑汇票</td><td colspan="2">附寄单证张数</td><td colspan="2">1</td></tr>
<tr><td colspan="3">商品发运情况</td><td colspan="2">合同名称号码</td><td colspan="3">96458</td></tr>
<tr><td colspan="3">备注：
收款人开户银行收到日期
年 月 日</td><td colspan="3">上列款项随附有关债务证明，请予办理。
（印章：南州市大华塑料制品厂 财务专用章）（印章：刘立）
收款人签章</td><td colspan="2">复核： 记账：</td></tr>
</table>

此联收款人开户银行作贷方凭证

图 4-69 托收凭证第二联

托收凭证（借方凭证） 3

委托日期 2017年6月13日 付款期限 2017年6月22日

<table>
<tr><td>业务类型</td><td colspan="7">委托收款（□邮划、☑电划） 托收承付（□邮划、□电划）</td></tr>
<tr><td rowspan="3">付款人</td><td>全称</td><td colspan="3">广西晨星商贸有限责任公司</td><td rowspan="3">收款人</td><td>全称</td><td>南州市大华塑料制品厂</td></tr>
<tr><td>账号</td><td colspan="3">683000000945721</td><td>账号</td><td>683000000763439</td></tr>
<tr><td>地址</td><td>广西省南州市县</td><td>开户行</td><td>中国银行南州市中山支行</td><td>地址</td><td>广西省南州市县 开户行 中国银行南州市西宁支行</td></tr>
<tr><td>金额</td><td colspan="5">人民币
（大写）玖万叁仟陆佰元整</td><td colspan="2">亿 千 百 十 万 千 百 十 元 角 分
¥ 9 3 6 0 0 0 0</td></tr>
<tr><td>款项内容</td><td>银行承兑汇票到期</td><td>托收凭据名称</td><td>银行承兑汇票</td><td colspan="2">附寄单证张数</td><td colspan="2">1</td></tr>
<tr><td colspan="2">商品发运情况</td><td colspan="2">已发</td><td colspan="2">合同名称号码</td><td colspan="2">96458</td></tr>
<tr><td colspan="3">备注：
收款人开户银行收到日期
年 月 日</td><td colspan="3">收款人开户银行签章
年 月 日</td><td colspan="2">复核： 记账：</td></tr>
</table>

此联付款人开户银行作借方凭证

图 4-70 托收凭证第三联

托收凭证（汇款依据或收账通知） 4

委托日期 2017 年 6 月 13 日 付款期限 2017 年 6 月 22 日

<table>
<tr><td>业务类型</td><td colspan="6">委托收款（☐邮划、☑电划）</td><td colspan="6">托收承付（☐邮划、☐电划）</td></tr>
<tr><td rowspan="3">付款人</td><td>全称</td><td colspan="4">广西晨星商贸有限责任公司</td><td rowspan="3">收款人</td><td>全称</td><td colspan="5">南州市大华塑料制品厂</td></tr>
<tr><td>账号</td><td colspan="4">683000000945721</td><td>账号</td><td colspan="5">683000000763439</td></tr>
<tr><td>地址</td><td>广西省南州市县</td><td>开户行</td><td colspan="2">中国银行南州市中山支行</td><td>地址</td><td>广西省南州市县</td><td>开户行</td><td colspan="3">中国银行南州市西宁支行</td></tr>
<tr><td>金额</td><td colspan="6">人民币
（大写）玖万叁仟陆佰元整</td><td colspan="6">亿 千 百 十 万 千 百 十 元 角 分
¥ 9 3 6 0 0 0 0</td></tr>
<tr><td>款项内容</td><td colspan="2">银行承兑汇票到期</td><td>托收凭据名称</td><td colspan="3">银行承兑汇票</td><td colspan="2">附寄单证张数</td><td colspan="4">1</td></tr>
<tr><td colspan="2">商品发运情况</td><td colspan="4">已发</td><td colspan="2">合同名称号码</td><td colspan="5">96458</td></tr>
<tr><td colspan="4">备注：
复核 记账</td><td colspan="5">上列款项已划回收入你方账户内。
收款人开户银行签章
年 月 日</td><td colspan="4"></td></tr>
</table>

此联付款人开户行凭以汇款或收款人开户银行作收账通知

图 4-71 托收凭证第四联

托收凭证（付款通知） 5

委托日期 2017 年 6 月 13 日 付款期限 2017 年 6 月 22 日

<table>
<tr><td>业务类型</td><td colspan="6">委托收款（☐邮划、☑电划）</td><td colspan="6">托收承付（☐邮划、☐电划）</td></tr>
<tr><td rowspan="3">付款人</td><td>全称</td><td colspan="4">广西晨星商贸有限责任公司</td><td rowspan="3">收款人</td><td>全称</td><td colspan="5">南州市大华塑料制品厂</td></tr>
<tr><td>账号</td><td colspan="4">683000000945721</td><td>账号</td><td colspan="5">683000000763439</td></tr>
<tr><td>地址</td><td>广西省南州市县</td><td>开户行</td><td colspan="2">中国银行南州市中山支行</td><td>地址</td><td>广西省南州市县</td><td>开户行</td><td colspan="3">中国银行南州市西宁支行</td></tr>
<tr><td>金额</td><td colspan="6">人民币
（大写）玖万叁仟陆佰元整</td><td colspan="6">亿 千 百 十 万 千 百 十 元 角 分
¥ 9 3 6 0 0 0 0</td></tr>
<tr><td>款项内容</td><td colspan="2">银行承兑汇票到期</td><td>托收凭据名称</td><td colspan="3">银行承兑汇票</td><td colspan="2">附寄单证张数</td><td colspan="4">1</td></tr>
<tr><td colspan="2">商品发运情况</td><td colspan="4">已发</td><td colspan="2">合同名称号码</td><td colspan="5">96458</td></tr>
<tr><td colspan="4">备注：
付款人开户银行收到日期
年 月 日
复核 记账</td><td colspan="5">付款人开户银行签章
年 月 日</td><td colspan="4">付款人注意：
1. 根据支付结算方法，上列委托收款（托收承付）款项在付款期限内未提出拒付，即视为同意付款，以此代付款通知。
2. 如需提出全部或部分拒付，应在规定期限内将拒付理由书并附债务证明提交开户银行。</td></tr>
</table>

此联付款人开户银行给付款人按期付款通知

图 4-72 托收凭证第五联

（二十一）汇兑凭证的填制

汇兑又称“汇兑结算”，是指企业（汇款人）委托银行将其款项支付给收款人的结算方式。单位和个人的各种款项的结算，均可使用汇兑结算方式。这种方式便于汇款人向异地的收款人主动付款，适用范围十分广泛。

1. 使用要点

（1）适用范围：异地各种款项的结算均可使用。

（2）联次。

“电汇凭证”一式三联，第一联回单，是汇出行给汇款人的回单；第二联汇出行作借方凭证；第三联贷方凭证，汇出行凭以汇出汇款。

“信汇凭证”一式四联，第一联回单，是汇出行受理信汇凭证后给汇款人的回单；第二联借方凭证，是汇出行作借方凭证；第三联贷方凭证，是汇入行将款项收入收款人账户后的收款凭证；第四联收账通知，是收到款项后通知收款人的收账通知。

2. 汇兑凭证格式（图 4-73，图 4-74）

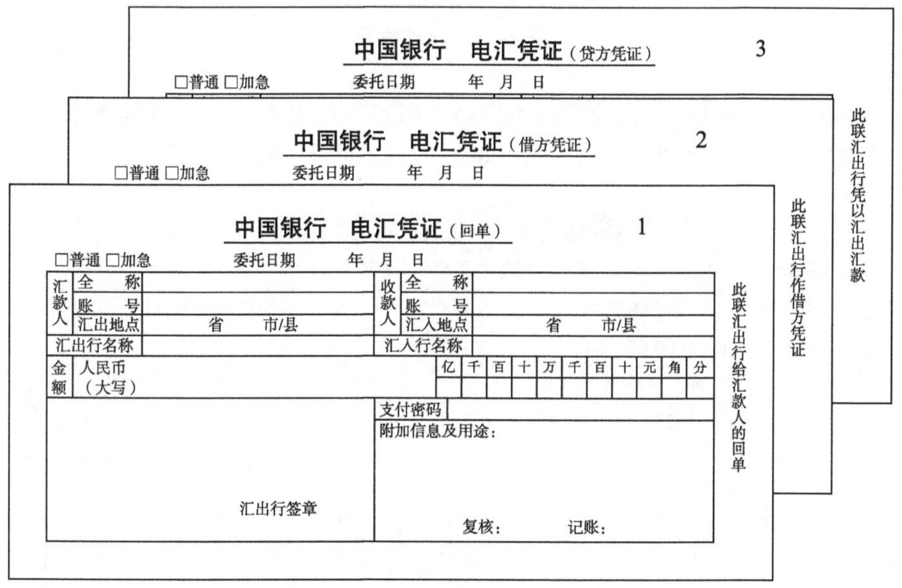

中国银行　电汇凭证（贷方凭证）　3

□普通 □加急　委托日期　年　月　日

此联汇出行凭以汇出汇款

中国银行　电汇凭证（借方凭证）　2

□普通 □加急　委托日期　年　月　日

此联汇出行作借方凭证

中国银行　电汇凭证（回单）　1

□普通 □加急　委托日期　年　月　日

汇款人	全　称		收款人	全　称	
	账　号			账　号	
	汇出地点	省　市/县		汇入地点	省　市/县
汇出行名称			汇入行名称		
金额	人民币（大写）		亿 千 百 十 万 千 百 十 元 角 分		
			支付密码		
汇出行签章			附加信息及用途： 复核：　记账：		

此联汇出行给汇款人的回单

图 4-73　电汇凭证

3. 填制实例

【例 4-29】南州市华贸商场于 2017 年 3 月 2 日采用电汇方式预付货款 50 000 元给滨海江城有限责任公司，滨海江城有限责任公司开户银行为中国

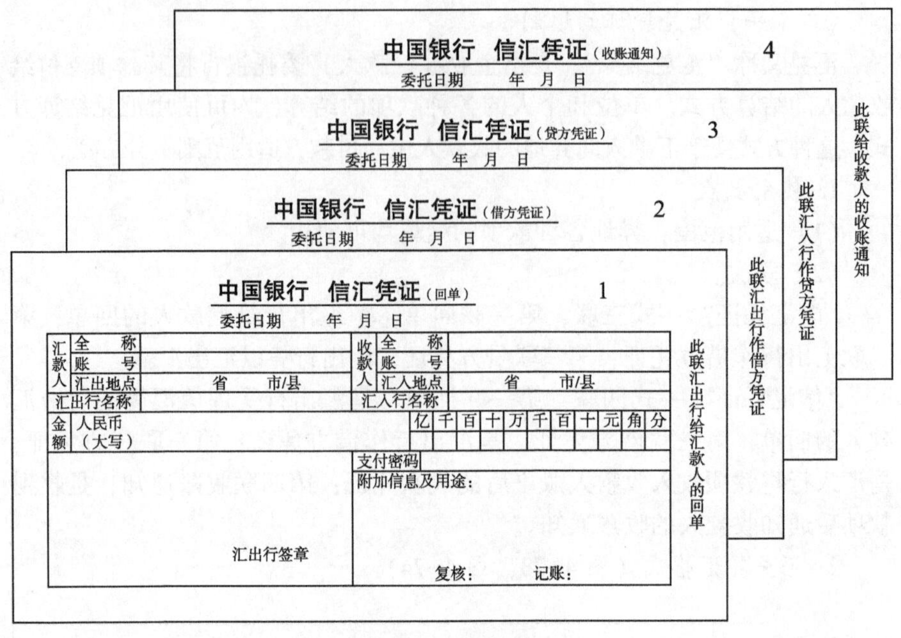

中国银行　信汇凭证（收账通知）　4
委托日期　年　月　日
此联给收款人的收账通知

中国银行　信汇凭证（贷方凭证）　3
委托日期　年　月　日
此联汇入行作贷方凭证

中国银行　信汇凭证（借方凭证）　2
委托日期　年　月　日
此联汇出行作借方凭证

中国银行　信汇凭证（回单）　1
委托日期　年　月　日

汇款人	全　称		收款人	全　称	
	账　号			账　号	
	汇出地点	省　市/县		汇入地点	省　市/县
汇出行名称			汇入行名称		
金额	人民币（大写）		亿千百十万千百十元角分		
			支付密码		
汇出行签章			附加信息及用途： 复核：　记账：		

此联汇出行给汇款人的回单

图 4-74　信汇凭证

银行滨海市南京路支行，账号：683000010212569，地址：江苏省滨海市南京路457号，企业填制的电汇凭证，如图4-75、图4-76、图4-77所示。

中国银行　电汇凭证（回单）　1

☑普通　☐加急　　委托日期　2017年3月2日

汇款人	全　称	南州市华贸商场	收款人	全　称	滨海江城有限责任公司
	账　号	683000005098045		账　号	683000010212569
	汇出地点	广西　省南州　市/县		汇入地点	江苏　省滨海　市/县
汇出行名称		中国银行南州市江宁支行	汇入行名称		中国银行滨海市南京路支行
金额	人民币（大写）伍万元整			亿千百十万千百十元角分	¥5000000
			支付密码		
汇出行签章			附加信息及用途： 预付款 复核：　记账：		

此联汇出行给汇款人的回单

图 4-75　电汇凭证第一联

中国银行 电汇凭证（借方凭证） 2

☑普通 □加急 委托日期 2017 年 3 月 2 日

<table>
<tr><td rowspan="3">汇款人</td><td>全 称</td><td>南州市华贸商场</td><td rowspan="3">收款人</td><td>全 称</td><td colspan="11">滨海江城有限责任公司</td></tr>
<tr><td>账 号</td><td>683000005098045</td><td>账 号</td><td colspan="11">683000010212569</td></tr>
<tr><td>汇出地点</td><td>广西省南州市/县</td><td>汇入地点</td><td colspan="11">江苏省滨海市/县</td></tr>
<tr><td colspan="2">汇出行名称</td><td>中国银行南州市江宁支行</td><td colspan="2">汇入行名称</td><td colspan="11">中国银行滨海市南京路支行</td></tr>
<tr><td rowspan="2">金额</td><td colspan="4" rowspan="2">人民币
（大写）伍万元整</td><td>亿</td><td>千</td><td>百</td><td>十</td><td>万</td><td>千</td><td>百</td><td>十</td><td>元</td><td>角</td><td>分</td></tr>
<tr><td></td><td></td><td></td><td>¥</td><td>5</td><td>0</td><td>0</td><td>0</td><td>0</td><td>0</td><td>0</td></tr>
<tr><td colspan="3" rowspan="2">南州市华贸商场 财务专用章　张青予印
此汇款支付给收款人
汇款人签章</td><td colspan="2">支付密码</td><td colspan="11"></td></tr>
<tr><td colspan="13">附加信息及用途：
预付款
复核： 记账：</td></tr>
</table>

此联汇出行作借方凭证

图 4-76 电汇凭证第二联

中国银行 电汇凭证（贷方凭证） 3

☑普通 □加急 委托日期 2017 年 3 月 2 日

<table>
<tr><td rowspan="3">汇款人</td><td>全 称</td><td>南州市华贸商场</td><td rowspan="3">收款人</td><td>全 称</td><td colspan="11">滨海江城有限责任公司</td></tr>
<tr><td>账 号</td><td>683000005098045</td><td>账 号</td><td colspan="11">683000010212569</td></tr>
<tr><td>汇出地点</td><td>广西省南州市/县</td><td>汇入地点</td><td colspan="11">江苏省滨海市/县</td></tr>
<tr><td colspan="2">汇出行名称</td><td>中国银行南州市江宁支行</td><td colspan="2">汇入行名称</td><td colspan="11">中国银行滨海市南京路支行</td></tr>
<tr><td rowspan="2">金额</td><td colspan="4" rowspan="2">人民币
（大写）伍万元整</td><td>亿</td><td>千</td><td>百</td><td>十</td><td>万</td><td>千</td><td>百</td><td>十</td><td>元</td><td>角</td><td>分</td></tr>
<tr><td></td><td></td><td></td><td>¥</td><td>5</td><td>0</td><td>0</td><td>0</td><td>0</td><td>0</td><td>0</td></tr>
<tr><td colspan="3" rowspan="2"></td><td colspan="2">支付密码</td><td colspan="11"></td></tr>
<tr><td colspan="13">附加信息及用途：
预付款
复核： 记账：</td></tr>
</table>

此联汇出行凭以汇出汇款

图 4-77 电汇凭证第三联

五、原始凭证的审核

为了正确反映和监督各项经济业务，会计部门对取得的原始凭证，必须进行严格审核和核对，保证核算资料的真实、合法、完整，只有经过审核无误的原始凭证，才能作为编制记账凭证和登记账簿的依据。

（一）原始凭证审核的主要内容

1. 审核原始凭证的真实性

原始凭证真实性的审核，包括审核原始凭证本身是否真实以及审核原始凭证所反映的经济业务是否真实两个方面，即确定原始凭证是否弄虚作假，是否存在伪造、变造等情况；核实原始凭证所反映的经济业务是否发生和完成，是否真实反映了经济业务的本来面貌等。

2. 审核原始凭证的合法性

原始凭证合法性的审核，主要审核原始凭证所记录的经济业务是否符合国家有关政策、法规、制度的规定，是否履行了规定的凭证传递和审核程序，有无贪污腐化等行为。

3. 审核原始凭证的合理性

原始凭证合理性的审核，主要审核原始凭证所记录经济业务是否符合企业生产经营活动的需要，是否符合有关的计划和预算，有无不讲经济效益、违反计划和标准要求等。

4. 审核原始凭证完整性

原始凭证完整性的审核，主要审核原始凭证的手续是否完备，各个项目内容是否填写齐全，有关经办人员是否已签名或盖章，有关主管人员是否审核批准等。

5. 审核原始凭证的正确性

原始凭证正确性的审核，主要审核原始凭证的摘要说明和数字是否填写清楚、正确，数量、单价、金额及其合计数等数据是否正确无误，大写和小写金额是否相等，凭证联次是否正确，有无刮擦、涂改和挖补等。

6. 审核原始凭证的及时性

原始凭证的及时性是保证会计信息及时性的基础。为此，要求在经济业务发生或完成时及时填制有关原始凭证，及时进行凭证的传递。审核时应注意审核凭证的填制日期，尤其是支票、银行汇票、银行本票等时效性较强的原始凭证，更应仔细验证其签发日期。

（二）原始凭证审核结果的处理

原始凭证的审核是一项十分重要、严肃的工作，审核后的原始凭证应根据不同情况处理：

（1）对于完全符合要求的原始凭证，应及时据以编制记账凭证入账。

（2）对于真实、合法、合理但内容不够完整、填写有错误的原始凭证，应退回给有关经办人员，由其负责将有关凭证补充完整、更正错误或重开后，再办理正式会计手续。

（3）对于不真实、不合法的原始凭证，会计机构和会计人员有权不予接受，并向单位负责人报告。

任务三 记账凭证的填制与审核

一、记账凭证的概念

记账凭证又称记账凭单，或分录凭单，是会计人员根据审核无误的原始凭证或汇总原始凭证编制的、载有会计分录并作为记账依据的书面文件，它是登记账簿的直接依据。

在实际工作中，原始凭证种类繁多、数量庞大、格式不一，为了便于记录，需要加以归类、整理，填制具有统一格式的记账凭证，确定会计分录，并将相关的原始凭证附在记账凭证后面。

二、记账凭证的分类

记账凭证按其反映的经济业务不同分类，分为专用记账凭证和通用记账凭证。

（一）专用记账凭证

专用记账凭证是用来专门记录某一类经济业务的记账凭证。专用记账凭证又分为收款凭证、付款凭证和转账凭证三种。

1. 收款凭证

收款凭证是专门用来记录、反映现金和银行存款收款业务的记账凭证。它是根据有关库存现金和银行存款收款业务的原始凭证填制的专用凭证，是登记库存现金日记账、银行存款日记账及有关明细账和总账等账簿的依据，也是出纳人员收讫款项的依据。收款凭证的格式，如图 4-78 所示。

2. 付款凭证

付款凭证是专门用来记录、反映库存现金和银行存款付款业务的凭证。它是根据有关库存现金和银行存款付款业务的原始凭证填制的专用凭证，是登记库存现金日记账、银行存款日记账及有关明细账和总账等账簿的依据，也是出纳人员支付款项的依据。付款凭证的格式，如图 4-79 所示。

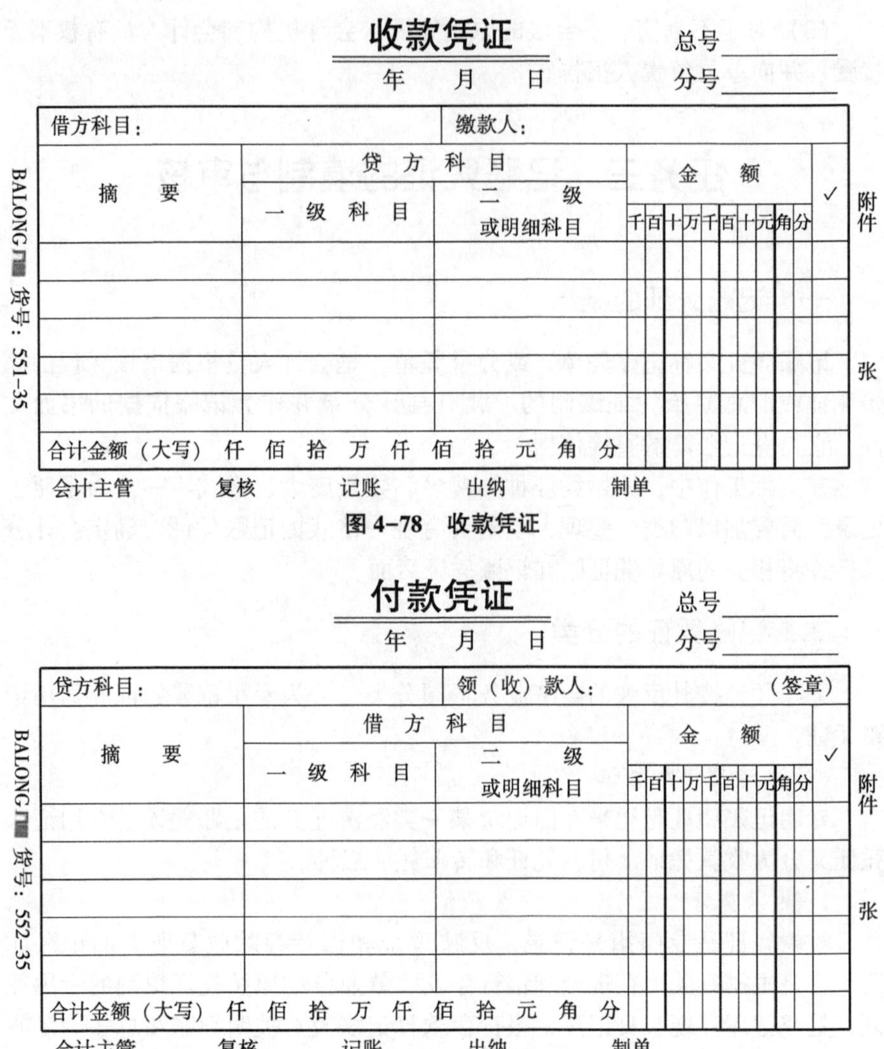

收款凭证

年　月　日　　总号______　分号______

借方科目：			缴款人：											
摘　要	贷方科目		金　额										✓	附件
	一级科目	二级或明细科目	千	百	十	万	千	百	十	元	角	分		
														张
合计金额（大写）仟 佰 拾 万 仟 佰 拾 元 角 分														

会计主管　　复核　　记账　　出纳　　制单

BALONG 货号：551-35

图 4-78　收款凭证

付款凭证

年　月　日　　总号______　分号______

贷方科目：			领（收）款人：　　（签章）											
摘　要	借方科目		金　额										✓	附件
	一级科目	二级或明细科目	千	百	十	万	千	百	十	元	角	分		
														张
合计金额（大写）仟 佰 拾 万 仟 佰 拾 元 角 分														

会计主管　　复核　　记账　　出纳　　制单

BALONG 货号：552-35

图 4-79　付款凭证

3. 转账凭证

转账凭证是专门用来记录、反映不涉及现金、银行存款业务的记账凭证。在经济业务中，凡是不涉及库存现金和银行存款收付的业务，称之为转账业务，如计提固定资产折旧、车间领用原材料、期末结转成本等。一般根据有关转账业务的原始凭证填制，其格式，如图 4-80 所示。

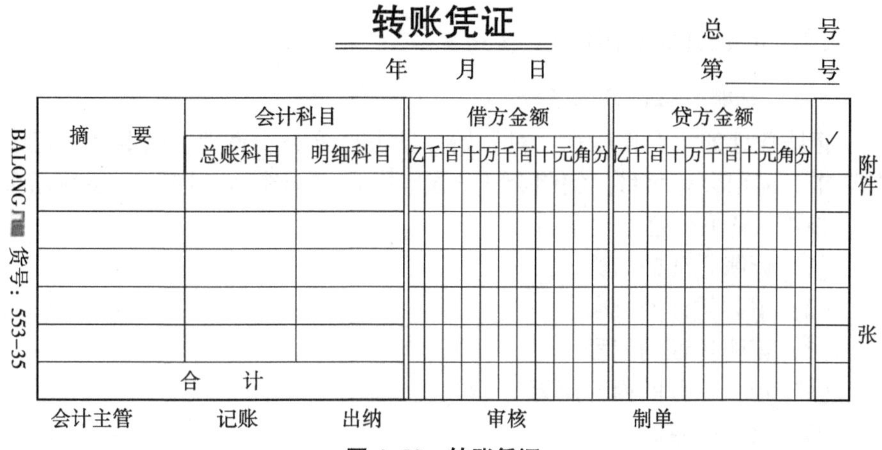

转账凭证　　　　总＿＿＿＿号

年　月　日　　　　第＿＿＿＿号

摘　要	会计科目		借方金额											贷方金额											✓
	总账科目	明细科目	亿	千	百	十	万	千	百	十	元	角	分	亿	千	百	十	万	千	百	十	元	角	分	
合　计																									

BALONG 货号：553-35　　附件　张

会计主管　记账　出纳　审核　制单

图 4-80　转账凭证

（二）通用记账凭证

通用记账是指对全部业务不再区分收款、付款及转账业务，而将所有经济业务统一编号，在同一格式的凭证中进行记录。通用记账凭证的格式与转账凭证基本相同，如图 4-81 所示。

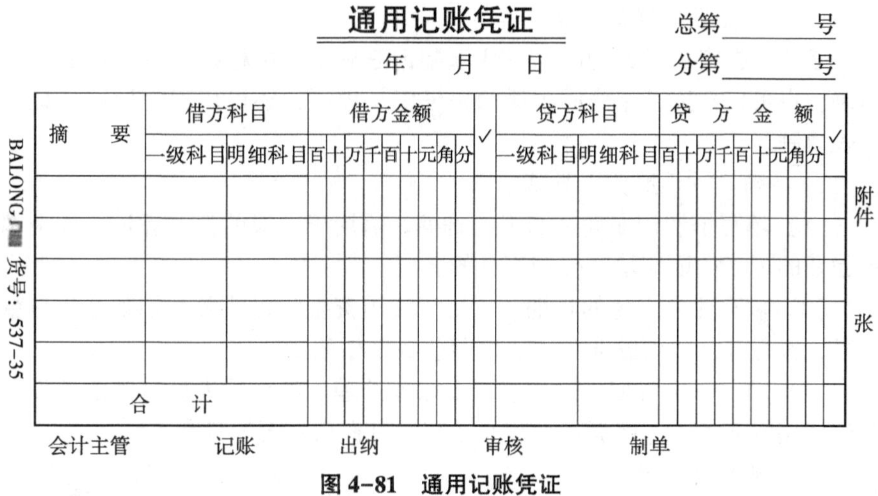

通用记账凭证　　　　总第＿＿＿＿号

年　月　日　　　　分第＿＿＿＿号

摘　要	借方科目		借方金额									✓	贷方科目		贷方金额									✓
	一级科目	明细科目	百	十	万	千	百	十	元	角	分		一级科目	明细科目	百	十	万	千	百	十	元	角	分	
合　计																								

BALONG 货号：537-35　　附件　张

会计主管　记账　出纳　审核　制单

图 4-81　通用记账凭证

将记账凭证分为收款凭证、付款凭证和转账凭证三种，便于按经济业务对会计人员进行分工，也便于提供分类核算数据，为记账工作带来方便，但工作量较大。此种方法适用于规模较大、收付款业务较多的单位。对于那些经济业务较简单、规模较小、收付款业务较少的单位，为了简化核算，常常采用通用记账凭证来记录所有的经济业务。

三、记账凭证的填制

（一）记账凭证的基本要素

记账凭证的主要作用在于对原始凭证进行分类、整理，按照复式记账的要求，运用会计科目，编制会计分录，据以登记账簿。因此，各种记账凭证必须具备下列基本要素：

（1）记账凭证的名称。

（2）填制凭证的日期。

（3）记账凭证的编号。

（4）经济业务的内容摘要。

（5）会计科目。

（6）记账金额和方向。

（7）所附原始凭证的张数。

（8）有关人员的签名或盖章。收、付款记账凭证还应由出纳人员签名或盖章。

（二）记账凭证的填制要求

1. 记账凭证的填制依据

必须根据审核无误的原始凭证填制记账凭证。可根据每一张原始凭证填制，也可以根据若干张同类原始凭证汇总填制，还可以根据原始凭证汇总表填制。

2. 准确填写记账凭证日期

（1）填写填制记账凭证当天的日期。适用于一般的记账凭证，如报销差旅费的记账凭证应填写报销当日的日期。

（2）填写业务发生的日期。适用于货币资金收付业务，如现金收付款业务、银行存款收付款业务，应填写业务发生的日期。

（3）填写月末日期。适用于月末账务处理。如会计人员自制的计提和分配费用等业务的记账凭证，应当填写当月最后一天的日期。

3. 正确填写编号

为了分清记账凭证的先后顺序，便于登记账簿，便于日后对账和查账，防止散失，记账凭证在 1 个月内应当连续编号，一张凭证编一个号，不得跳号、重号。记账凭证编号要根据不同情况采用不同的编号方法。

（1）通用凭证顺序编号。

通用凭证完全按照填制凭证顺序，每月从 1 开始按顺序编号。具体编为“记字第×号”。

（2）专用凭证分类编号。

如果企业采用专用记账凭证，可采用三种字号编号法或五种字号编号法。即把不同类型的记账凭证用字加以区别，再把同类记账凭证顺序号加以连续。三种字号编号法具体编为“收字第×号”“付字第×号”“转字第×号”。五种字号编号法具体编为“现收字第×号”“现付字第×号”“银收字第×号”“银付字第×号”“转字第×号”。

（3）一笔会计事项使用两张或两张以上凭证的编号。

如果一笔经济业务需要填制两张或两张以上的记账凭证时，可采用分数编号法。如某项经济业务需要两张转账凭证才能将会计科目写完，凭证的顺序号为9，则这两张记账凭证的编号应分别是“转字第$9\frac{1}{2}$号”“转字第$9\frac{2}{2}$号”。其中，分数前的整数表示该笔转账业务的编号为9号，分母表示该笔业务填制的记账凭证的总张数，分子表示第几张凭证。

4. 摘要简明扼要

在填写“摘要”时，一要真实准确；二要简明扼要；三要详略得当。摘要的填写没有统一格式，但对于同一类经济业务，摘要表述的基本内容是有一定规律的。

5. 会计分录的编制

在记账凭证中，编制的会计分录必须正确。会计科目、子目、细目必须按照会计制度统一规定的会计科目全称填写，不得简化或只写科目的编号，不写科目的名称。账户对应关系要清晰，应先写借方科目，后写贷方科目。金额栏数字的填写必须规范、准确，与所附原始凭证的金额相等。合计金额的第一位数字前要填写币种符号，如人民币符号“￥”。

记账凭证应按行次逐项填写，不能跳行。如果在合计数与最后一笔数字之间有空行时，应在金额栏画斜线或“S”形线注销。

6. 附件张数的计算和填写

除结账和更正错误的记账凭证可以不附原始凭证外，记账凭证必须附有原始凭证并注明所附原始凭证的张数。附件张数的计算，一般以所附原始凭证自然张数为准。具体情况有两种：一种是按所附原始凭证的实际张数计算；另一种是如果记账凭证中附有原始凭证汇总表，则应该把所附的原始凭证和原始凭证汇总表的张数一起计入附件的张数之内。

7. 记账凭证的签章

在记账凭证上，必须有填制人员、审核人员、记账人员和会计主管签名或盖章。对于发生的收款和付款业务必须坚持先审核后办理的原则，出纳员要在有关收款凭证和付款凭证上签章，以明确经济责任。对已办妥的收款凭证或付款凭证及所附的原始凭证，出纳员要当即加盖“收讫”或“付讫”戳记，以避免重收重付或漏收漏付发生。

8. 机制凭证的要求

实行会计电算化的单位，其机制记账凭证应当符合记账凭证的一般要求，并应认真审核，做到会计科目使用正确，数字准确无误。打印出来的机制记账凭证上，要加盖制单人员、审核人员、记账人员和会计主管人员印章或者签字，以明确责任。

9. 填制错误的更正

填制记账凭证时若发生差错，应重新填制。已登记入账的记账凭证发现错误，应按正确的方法进行更正。

四、记账凭证的审核

记账凭证是登记会计账簿的依据，为了能够真实、准确地反映经济业务状况，保证账簿记录的正确性，在依据记账凭证登记会计账簿之前，必须由有关人员对已填制的记账凭证进行认真、严格的审核。

根据内部控制规范制度的规定，编制记账凭证与审核记账凭证的工作不能由同一人完成，应指定由专人负责审核。记账凭证审核的内容主要有以下几方面：

1. 内容是否真实

审核记账凭证是否附有原始凭证，所附原始凭证的内容是否与记账凭证的内容一致，记账凭证汇总表的内容与其所依据的记账凭证的内容是否一致等。

2. 项目是否齐全

审核记账凭证各项目的填写是否齐全，内容是否相符，金额是否相等，摘要是否明确。

3. 科目是否正确

审核记账凭证借贷的会计科目是否正确，是否有明确的账户对应关系，所使用的会计科目是否符合国家统一的会计制度的规定等。

4. 金额是否正确

审核记账凭证所记录的金额与原始凭证的有关金额是否一致。记账凭证汇总表的金额与记账凭证的金额合计是否相符等。

5. 书写是否正确

审核记账凭证中的记录是否文字工整、数字清晰，是否按规定进行更正等。

6. 是否有签章

审核有关人员是否在记账凭证上签章，出纳人员在办理收款或付款业务后，是否在凭证上加盖“收讫”或“付讫”的戳记，以避免重收或重付。

在审核过程中如发现差错或遗漏，应及时查明原因，按有关规定进行更正、补充或重制。只有审核无误的记账凭证，才能据以登记会计账簿。

项目五　登记会计账簿

通过本项目的学习，了解会计账簿的种类和作用，掌握各种账簿的设置、启用和登记方法；熟练掌握对账、结账及错账更正的方法。

任务一　认识会计账簿

一、会计账簿及其作用

会计账簿是以会计凭证为登记依据，用于连续、系统、全面地记录各种经济业务，由具有专门格式和相互联系的账页组成的簿籍。各单位应当按照国家统一的会计制度的规定和会计业务的需要设置会计账簿。会计账簿的作用主要表现在以下四个方面：

（一）会计账簿可以全面、系统、连续地反映一个单位的经济活动全貌

会计凭证也可以提供会计信息，但会计凭证只能零散地记录和反映个别经济业务，不能全面、系统地反映经济业务的完成情况。

（二）会计账簿为定期编制会计报表提供数据资料

会计凭证所反映的经济业务通过账簿进行归类整理以后，就能提供一个单位在一定时期内的资产、负债、所有者权益的增减变化和结存情况，以及收入、费用、利润及其分配等的经营情况。而将这些日常的账簿核算资料再加以进一步地汇总、整理，就可以编制出会计报表。因此，及时、完整、正确的账簿记录成为定期编制会计报表必不可少的依据。

（三）会计账簿为会计分析提供参考资料，为会计检查提供依据

会计账簿提供的核算资料比会计凭证提供的资料全面、系统，又比会计报表提供的信息更具体、更丰富。因此，利用会计账簿资料能全面了解企业的财务状况和经营情况。

(四) 会计账簿为会计资料的归档起到了重要作用

会计账簿是重要的经济档案，它全面、系统地记录了一个单位的经济活动情况。与会计凭证相比，会计账簿更有利于保存，便于查阅使用。因此，一般需长期保存，以备查考。

二、会计账簿的种类

会计账簿的种类很多，不同类别的会计账簿可以提供不同的信息，满足不同的需要，账簿可以按其用途、账页格式和外形特征等不同标准进行分类。

(一) 按用途分类

会计账簿按其用途不同，可分为序时账簿、分类账簿和备查账簿三种。

1. 序时账簿

序时账簿也称为日记账簿，是按各项经济业务发生时间的先后顺序，逐日逐笔登记经济业务的账簿。按其登记的内容不同，又可以分为普通日记账和特种日记账。

(1) 普通日记账又称分录簿，是按照时间顺序将所有交易、事项记录在账簿中。由于普通日记账不利于记账分工，也不利于登账，工作量较大，难以清晰地反映各类经济业务的情况，故我国各单位一般都不设置普通日记账。

(2) 特种日记账，是用来专门序时登记某一类经济业务的账簿。利用这种日记账，可以较清晰、完整地反映、监督某一类经济业务的完成情况。目前，我国大多数单位一般只设现金日记账和银行存款日记账。

2. 分类账簿

分类账簿是对全部经济业务事项按照会计要素的具体类别而设置的分类账户进行登记的账簿。

在会计核算中，分类账簿是必须设置的主要账簿，它所提供的核算资料是编制会计报表的主要依据和直接依据。它反映了资产、负债、所有者权益、收入、费用和利润等会计要素的增减变化情况，是企业经营管理的重要资料来源。

分类账簿按其提供核算指标的详细程度不同，又分为总分类账和明细分类账。

(1) 总分类账，简称总账，是根据总分类科目开设账户，用来登记全部经济业务，进行总分类核算，提供总括核算资料的分类账簿。

（2）明细分类账，简称明细账，是根据明细分类科目开设账户，用来登记某一类经济业务，进行明细分类核算，提供明细核算资料的分类账簿。

总分类账提供总括的会计信息，明细分类账提供详细的会计信息，两者相辅相成，互为补充。

3. 备查账簿

备查账簿，又称辅助登记簿或补充登记簿，是指对某些不能在序时账簿和分类账簿等主要账簿中进行登记或者登记不够详细的经济业务事项进行补充登记时使用的账簿。备查账簿没有固定格式，可由各单位根据管理的需要自行设置与设计。如租入固定资产登记簿、应收票据备查簿、代销商品登记簿和受托加工来料登记簿等。

国家统一会计制度对备查账簿的设置有明确要求，所有企业都必须按要求依法设置会计账簿体系，包括总分类账簿、明细分类账簿、日记账簿和备查账簿。

（二）按外形特征分类

会计账簿按其外形特征不同，可分为订本式账簿、活页式账簿和卡片式账簿三种。

1. 订本式账簿

也称订本账，是指在账簿启用前就把具有账户基本结构并连续编号的若干张账页固定地装订成册的账簿，如图 5-1 所示。这种账簿的优点是：可以避免账页散失，防止账页被随意抽换，比较安全。其缺点是：由于账页固定，不能根据需要增加或减少账页，不便于按需要调整各账户的账页；同一账簿在同一时间只能由一人登记，不便于记账人员分工记账。这种账簿一般适用于总分类账、库存现金日记账和银行存款日记账。

图 5-1　订本式账簿

明细分类账

年		凭证		摘要	合计																																							
月	日	字	号		千	百	十	万	千	百	十	元	角	分	千	百	十	万	千	百	十	元	角	分	千	百	十	万	千	百	十	元	角	分	千	百	十	万	千	百	十	元	角	分

图 5－2　活页式账簿

2. 活页式账簿

也称活页账，是指年度内账页不固定装订成册，而是将其放置在活页账夹中的账簿，如图 5-2 所示。当账簿登记完毕之后（通常是一个会计年度结束之后），才能将账页予以装订，加具封面，并给各账页连续编号。这种账簿的优点是：随时取放，便于账页的增减或重新排列，使用灵活，便于分工记账。其缺点是：账页容易散失和被抽换。在使用活页账时，在年度终了时，应及时装订成册，并由有关人员盖章，妥善保管。各种明细分类账一般采用活页式账簿。

3. 卡片式账簿

又称卡片账，是指由许多具有一定格式的卡片组成，存放在卡片箱内的账簿。卡片账的卡片一般装在卡片箱内，不用装订成册，随时可存放，也可跨年度长期使用。这种账簿的优点是：便于随时查阅，也便于按不同要求归类整理，不易损坏。其缺点是：账页容易散失和随意抽换。因此，在使用时应对账页连续编号，并加盖有关人员图章，卡片箱应由专人保管，更换新账后也应封扎保管，以保证其安全。在我国，单位一般只对固定资产和低值易耗品等资产的明细账采用卡片账形式，如图 5-3 所示。

固定资产卡片（设备）　归口部门：________

固定资产名称：________

固定资产类别：________

<table>
<tr><td colspan="2">固定资产来源</td><td colspan="2"></td><td colspan="3">固定资产编号</td><td colspan="2"></td></tr>
<tr><td colspan="2">制造商</td><td colspan="2"></td><td colspan="3">固定资产名称</td><td colspan="2"></td></tr>
<tr><td colspan="2">出厂日期</td><td colspan="2"></td><td colspan="3">型号规格特征</td><td colspan="2"></td></tr>
<tr><td colspan="2">购建缴交日期</td><td colspan="2"></td><td colspan="3">计量单位</td><td colspan="2"></td></tr>
<tr><td colspan="2">安装地点</td><td colspan="2"></td><td colspan="3">原值（或公允价值）</td><td colspan="2"></td></tr>
<tr><td colspan="4">附 属 设 备</td><td colspan="5">其中：安装费</td></tr>
<tr><td rowspan="2">名称规格</td><td rowspan="2">数量</td><td rowspan="2">单位</td><td rowspan="2">金额</td><td colspan="5">原值变动记录</td></tr>
<tr><td>日期</td><td>凭证</td><td>摘要</td><td>增或减金额</td><td>变动后金额</td></tr>
<tr><td></td><td></td><td></td><td></td><td></td><td></td><td></td><td></td><td></td></tr>
<tr><td></td><td></td><td></td><td></td><td></td><td></td><td></td><td></td><td></td></tr>
<tr><td></td><td></td><td></td><td></td><td></td><td></td><td></td><td></td><td></td></tr>
<tr><td></td><td></td><td></td><td></td><td></td><td></td><td></td><td></td><td></td></tr>
<tr><td></td><td></td><td></td><td></td><td></td><td></td><td></td><td></td><td></td></tr>
<tr><td></td><td></td><td></td><td></td><td></td><td></td><td></td><td></td><td></td></tr>
</table>

图 5-3　固定资产卡片

（三）按账页的格式分类

会计账簿按其账页的格式不同，可以分为两栏式账簿、三栏式账簿、多栏式账簿、数量金额式账簿和横线登记式账簿。

1. 两栏式账簿

两栏式账簿是指只有借方和贷方两个基本金额栏目的账簿，如图 5-4 所示。普通日记账和转账日记账一般采用两栏式。

普通日记账

第　　页

年		会计科目	摘　　要	借　　方										借　　方										✓
月	日			千	百	十	万	千	百	十	元	角	分	千	百	十	万	千	百	十	元	角	分	

图 5-4　两栏式账簿

2. 三栏式账簿

三栏式账簿是指其账页的格式主要部分为借方、贷方和余额三栏或者收入、支出和余额三栏的账簿，如图 5-5 所示。三栏式账簿又可分为设对方科目和不设对方科目两种。区别是在摘要栏和借方科目栏之间是否有一栏“对方科目”栏。有“对方科目栏”的，称为设对方科目的三栏式账簿；不设“对方科目”栏的，称为不设对方科目的三栏式账簿。它主要适用于各种日记账、总分类账以及资本、债权债务明细账等。

3. 多栏式账簿

多栏式账簿是指根据经济业务的内容和管理的需要，在账页的“借方”和“贷方”栏内再分别按照明细科目或某明细科目的各明细项目设置若干专栏的账簿，如图 5-6 所示。这种账簿可以按“借方”和“贷方”分别设专栏，也可以只设“借方”专栏，“贷方”的内容在相应的借方专栏内用红字登记，表示冲减。收入、费用明细账一般均采用这种格式的账簿。

应收账款　明细账

分页________总页______

子目、户名编号__________________

年		凭证		摘　　要	借　　方										借　　方										借或贷	余　额										✓
月	日	字	号		千	百	十	万	千	百	十	元	角	分	千	百	十	万	千	百	十	元	角	分		千	百	十	万	千	百	十	元	角	分	

图 5－5　三栏式账簿

生产成本　明细账

产品名称：　　　　　　　　产量：

年		凭证		摘　　要	合　　计										直接材料							直接人工							制造费用							
月	日	字	号		千	百	十	万	千	百	十	元	角	分	万	千	百	十	元	角	分	万	千	百	十	元	角	分	万	千	百	十	元	角	分	

图 5－6　多栏式账簿

原材料　明细分类账

分页_____总页_____

产地________单位________规格________编号________品名________存放地点：________

年		凭证		摘要	增（借方）加										减（贷方）少										余额										✓
					数量	单价	金额								数量	单价	金额								数量	单价	金额								
月	日	字	号				十	万	千	百	十	元	角	分			十	万	千	百	十	元	角	分			十	万	千	百	十	元	角	分	

图 5－7　数量金额式账簿簿

材料采购　明细账

供应单位名称	借方												贷方												转销
	2017 年		凭证号数	摘要	金额								2017 年		凭证号数	摘要	金额								
	月	日			十	万	千	百	十	元	角	分	月	日			十	万	千	百	十	元	角	分	

图 5－8　横线登记式账簿

4. 数量金额式账簿

数量金额式账簿是指在账页中分设“借方”“贷方”和“余额”或者“收入”“发出”和“结存”三大栏，并在每一大栏内分设数量、单价和金额等三小栏的账簿，如图 5-7 所示。数量金额式账簿能够反映出财产物资的实物数量和价值量。原材料、库存商品、产成品等明细账一般采用数量金额式账簿。

5. 横线登记式账簿

横线登记式账簿又称平行登记式账簿，是指将前后密切相关的经济业务登记在同一行上，以便检查每笔业务的发生和完成情况的账簿，如图 5-8 所示。它主要适用于需要逐笔结算的经济业务的明细账，如材料采购、应收账款、应收票据等明细账。

三、会计账簿的内容

在实际工作中，由于各种会计账簿所记录的经济业务不同，账簿的格式也多种多样，但各种账簿都应具备以下基本内容：

1. 封面

封面主要用来载明账簿的名称，如总分类账、库存现金日记账、银行存款日记账等。

2. 扉页

扉页主要用来列明账户目录、账簿启用和经管人员一览表，其主要内容包括：

（1）单位名称。

（2）账簿名称。

（3）起止页数。

（4）启用日期。

（5）经管账簿单位会计机构负责人（会计主管人员）。

（6）经管人员。

（7）移交人和移交日期。

（8）接管人和接管日期。

3. 账页

账页是账簿的主体，具有专门的格式，是用来具体记录经济业务内容的部分。在每张账页上，应载明：

（1）账户名称，亦即会计科目或明细科目。

（2）记账日期栏。

（3）记账凭证的种类和号数。

（4）摘要栏。

（5）金额栏。

（6）总页次和分页次。

任务二　会计账簿的格式与登记方法★

一、记账规则

（一）会计账簿的启用规则

为了保证会计账簿记录的合法性和会计资料的真实性、完整性，明确经济业务，会计账簿应由专人负责登记。启用会计账簿应遵守以下规则：

1. 认真填写封面及账簿启用及交接表（图 5-9）

账簿启用及交接表

<table>
<tr><td>机构名称</td><td colspan="6">广西兴弘有限责任公司</td><td colspan="4" rowspan="5">广西兴弘有限责任公司 ★</td></tr>
<tr><td>账簿名称</td><td colspan="6">总分类账　　（第一册）</td></tr>
<tr><td>账簿编号</td><td colspan="6">01</td></tr>
<tr><td>账簿页数</td><td colspan="6">本账簿共计 100 页（本账簿页数
检点人签章　　）</td></tr>
<tr><td>启用日期</td><td colspan="6">公元　2017 年 01 月 01 日</td></tr>
<tr><td rowspan="3">经管人员</td><td colspan="2">负责人</td><td colspan="2">主办会计</td><td colspan="3">复　核</td><td colspan="3">记　账</td></tr>
<tr><td>姓名</td><td>盖章</td><td>姓名</td><td>盖章</td><td colspan="2">姓名</td><td>盖章</td><td colspan="2">姓名</td><td>盖章</td></tr>
<tr><td>刘丽芸</td><td>刘丽芸</td><td>赵文君</td><td>赵文君</td><td colspan="2">赵文君</td><td>赵文君</td><td colspan="2">韦璐</td><td>韦璐</td></tr>
<tr><td rowspan="6">接交记录</td><td colspan="2">经　管　人　员</td><td colspan="4">接　管</td><td colspan="4">交　出</td></tr>
<tr><td>职别</td><td>姓名</td><td>年</td><td>月</td><td>日</td><td>盖章</td><td>年</td><td>月</td><td>日</td><td>盖章</td></tr>
<tr><td></td><td></td><td></td><td></td><td></td><td></td><td></td><td></td><td></td><td></td></tr>
<tr><td></td><td></td><td></td><td></td><td></td><td></td><td></td><td></td><td></td><td></td></tr>
<tr><td></td><td></td><td></td><td></td><td></td><td></td><td></td><td></td><td></td><td></td></tr>
<tr><td></td><td></td><td></td><td></td><td></td><td></td><td></td><td></td><td></td><td></td></tr>
<tr><td>备注</td><td colspan="10"></td></tr>
</table>

图 5-9　账簿启用及交接表

启用会计账簿时应在账簿封面上写明单位名称和账簿名称，并在账簿扉页附账簿启用及交接表（简称启用表）。启用表内容主要包括：账簿名称、启用日期、账簿页数、记账人员和会计机构负责人、会计主管人员姓名，并加盖名章和单位公章。

启用订本式账簿，应当从第一页到最后一页顺序编定页码，不得跳页、缺页。使用活页式账簿，应当按账户顺序编号，并要定期装订成册；装订后再按实际使用的账页顺序编定页码，另加目录，记录每个账户的名称和页次。

2. 严格交接手续

记账人员或者会计机构负责人、会计主管人员调动工作时，必须办理账簿交接手续，在账簿启用及交接表中注明交接日期、交接人员和监交人员姓名，并由交接双方签名或者盖章，以明确有关人员的责任，增强有关人员的责任感，维护会计记录的严肃性。

3. 及时结转旧账

每年年初启用新账时，应将旧账的各账户余额过入新账的余额栏，并在摘要栏中注明“上年结转”字样。

（二）会计账簿的登记规则

《会计基础工作规范》第60条对在登记会计账簿时所应遵循的基本要求做了具体的规定。

1. 记录准确、完整、及时

“登记会计账簿时，应当将会计凭证日期、编号、业务内容摘要、金额和其他有关资料逐项记入账内，做到数字准确、摘要清楚、登记及时、字迹工整。”每一项会计事项，一方面要记入有关的总账；另一方面要记入该总账所属的明细账。账簿记录中的日期，应该填写记账凭证上的日期；以自制的原始凭证，如收料单、领料单等，作为记账依据的，账簿记录中的日期应按有关自制凭证上的日期填列。

登记账簿要及时，但对各种账簿的登记间隔应该多长，《会计基础工作规范》未做统一规定。一般说来，这要看本单位所采用的具体会计核算形式而定。

2. 注明记账符号

“登记完毕后，要在记账凭证上签名或者盖章，并注明已经登账的符号，表示已经记账。”在记账凭证上设有专门的栏目供注明记账的符号，以免发生重记或漏记。

3. 书写留空

“账簿中书写的文字和数字上面要留有适当空格，不要写满格，一般应占格距的二分之一。”这样，在一旦发生登记错误时，能比较容易地进行更正，同时也方便查账工作。

4. 正常记账使用蓝黑墨水

“登记账簿要用蓝黑墨水或者碳素墨水书写，不得使用圆珠笔（银行的复写账簿除外）或者铅笔书写。”在会计上，数字的颜色是重要的要素之一，它同数字和文字一起传达出会计信息。如同数字和文字错误会表达错误的信息，书写墨水的颜色用错了，其导致的概念混乱也不亚于数字和文字错误。

5. 顺序连续登记

“各种账簿按页次顺序连续登记，不得跳行、隔页。如果发生跳行、隔页，应当将空行、空页划线注销，或者注明‘此行空白’‘此页空白’字样，并由记账人员签名或者盖章。”这对堵塞在账簿登记中可能出现的漏洞，是十分必要的防范措施。

6. 结出余额

“凡需要结出余额的账户，结出余额后，应当在‘借或贷’等栏内写明‘借’或者‘贷’等字样。没有余额的账户，应当在‘借或贷’等栏内写‘平’字，并在余额栏内用‘Q’表示。现金日记账和银行存款日记账必须逐日结出余额。”一般说来，对于没有余额的账户，在余额栏内标注的‘Q’应当放在“元”位。

7. 过次承前

“每一账页登记完毕结转下页时，应当结出本页合计数及余额，写在本页最后一行和下页第一行有关栏内，并在摘要栏内注明‘过次页’和‘承前页’字样；也可以将本页合计数及金额只写在下页第一行有关栏内，并在摘要栏内注明‘承前页’字样。”也就是说，“过次页”和“承前页”的方法有两种：一是在本页最后一行内结出发生额合计数及余额，然后过次页并在次页第一行承前页；二是只在次页第一行承前页写出发生额合计数及余额，不在上页最后一行结出发生额合计数及余额后过次页。

二、日记账的设置与登记

（一）普通日记账

普通日记账是逐日登记一般经济业务的序时账簿。在不设特种日记账的企业，则要序时地逐笔登记企业的全部经济业务。因其主要内容是会计分录，因此普通日记账也称分录簿。

经济业务发生时，应按先后顺序将会计处理结果逐日记入普通日记账，再根据日记账过入分类账，并在“过账”栏内注明“√”符号，表示已经过账（这样就可使记账的错误和遗漏减到最少限度，并便于事后根据业务发生的时间次序进行查账）。

普通日记账设有借方和贷方两个金额栏，所以又称为两栏式日记账。这种日记账的优点是可以将每天发生的经济业务逐笔加以反映，但不结出余额。由于不便于分工记账，而且又不能将经济业务加以分类归集，所以过账的工作量会比较大。其格式，如图 5-10 所示。

普通日记账

第　页

2017年		会计科目	摘　要	借　方										借　方										✓
月	日			千	百	十	万	千	百	十	元	角	分	千	百	十	万	千	百	十	元	角	分	
4	1	库存现金	提现备用					5	0	0	0	0	0											
4	1	银行存款	提现备用															5	0	0	0	0	0	
4	1	管理费用	支付招待费						8	9	5	0	0											
4	1	库存现金	支付招待费																8	9	5	0	0	
4	2	银行存款	收到货款				1	1	7	0	0	0	0											
4	2	应收账款	收到货款														1	1	7	0	0	0	0	

图 5-10　普通日记账

（二）特种日记账

特种日记账是用来专门记录某一类经济业务的日记账。企业最常见的特种日记账有库存现金日记账和银行存款日记账，根据格式的不同又可以分为三栏式和多栏式两种形式。

1. 库存现金日记账

（1）库存现金日记账的格式。

库存现金日记账是用来核算和监督库存现金每日的收入、支出和结存情况的账簿。现金日记账的结构一般采用“收入（借方）”“支出（贷方）”“结余”三栏式，它由出纳人员根据现金收款凭证、现金付款凭证和银行存款付款凭证，按经济业务发生时间的先后顺序，逐日逐笔进行登记，并根据“本日余额=上日余额+本日收入-本日支出”的公式，逐日结出库存现金余额，与库存现金实存数核对，以检查每日库存现金收付是否有误。库存现金日记账的格式，如图 5-11 所示。

（2）库存现金日记账的登记方法。

①日期栏：指记账凭证的日期，应与库存现金实际收付日期一致。

②凭证栏：指登记入账的收付款凭证的种类和编号，如“库存现金收（付）款凭证”，简写为“现收（付）”，“银行存款（收）付款凭证”，简写为“银收（付）”。凭证栏还应登记凭证的编号数，以便于查账和核对。

③摘要栏：摘要说明登记入账的经济业务的内容。文字要简练，且能准确反映经济业务的内容。

④借方、贷方、余额栏：指库存现金实际收付的金额及余额，“借方”栏根据现金收款凭证和引起现金增加的银行存款付款凭证登记（从银行提取现金，只编制银行存款付款凭证）；“贷方”栏根据现金付款凭证登记。每日终了，应分别计算库存现金收入和付出的合计数，结出余额，同时将余额与出纳员的库存现金核对，即通常说的“日清”。如账款不符，应查明原因，并记录备案。月终要结出库存现金本月发生额和余额，并与“库存现金”总分类账户核对一致，做到日清月结，账实相符。如账实不符，应查明原因。

2. 银行存款日记账

银行存款日记账用来核算和监督银行存款每日的收入、支出和结存情况的账簿。它是由出纳人员根据银行存款收款凭证、银行存款付款凭证和现金付款凭证按经济业务发生时间的先后顺序，逐日逐笔进行登记的序时账簿。银行存款日记账应按企业在银行开立的账户和币种分别设置，每个银行存款账户设置一本银行存款日记账。

（1）银行存款日记账的格式。

银行存款日记账的结构一般也采用“收入（借方）”“支出（贷方）”和“余额”三栏式，由出纳人员根据银行存款的收、付款凭证，逐日逐笔按顺序登记。另外，因在办理银行存款收付业务时，均根据银行结算凭证办理，为便于和银行对账，银行存款日记账还设有“结算凭证”栏，单独列出每项存款收付所依据的结算凭证种类和号数。银行存款日记账的格式同现金日记账的格式相似，如图 5-12 所示。

（2）银行存款日记账的登记方法。

①日期栏：指记账凭证的日期。

②凭证栏：指登记入账的银行存款收付款凭证的种类和编号（与库存现金日记账的登记方法一致）。

③摘要栏：说明登记入账的经济业务的内容，文字要简练，且能准确反映经济业务的内容。

库存现金　日记账

分页______　总页______

2017年		凭证		摘要	借方										✓	贷方										✓	余额									
月	日	字	号		千	百	十	万	千	百	十	元	角	分		千	百	十	万	千	百	十	元	角	分		千	百	十	万	千	百	十	元	角	分
4	1			承前页				2	5	2	3	0	0	0				3	1	0	4	0	0	0						5	0	0	0	0	0	
4	1	付	1	支付办公费																2	2	0	0	0						4	7	8	0	0	0	
4	2	付	3	预借差旅费															2	0	0	0	0	0						2	7	8	0	0	0	
4	2	付	5	支付电话费															1	6	5	0	0	0						1	1	3	0	0	0	
4	3	收	3	提现					4	0	0	0	0	0																5	1	3	0	0	0	

图 5－11　库存现金日记账

银行存款　日记账

分页______　总页______

子目、户名编号工行 10245512542

2017年		凭证		摘要	结算凭证		借方										借方										借或贷	余额										✓
月	日	字	号		种类	号码	千	百	十	万	千	百	十	元	角	分	千	百	十	万	千	百	十	元	角	分		千	百	十	万	千	百	十	元	角	分	
12	18			承前页				3	9	8	5	6	0	0	0	0		2	5	6	8	2	0	0	0	0	借		6	1	5	6	2	5	0	0	0	
12	20	收	1	收到货款	支票	6037			2	0	0	0	0	0	0	0											借		6	3	5	6	2	5	0	0	0	
12	25	付	4	支付广告费	支票	8095													1	5	0	0	0	0	0	0	借		6	2	0	6	2	5	0	0	0	
12	30	付	5	支付货款	支票	8096														8	0	0	0	0	0	0	借		6	1	2	6	2	5	0	0	0	

图 5－12　银行存款日记账

④结算凭证栏：如果所记录的经济业务事项是以支票或其他银行结算凭证结算的，应在这两栏内填写相应的票据种类和号码，以便与开户银行对账。

⑤借方、贷方和余额栏：指银行存款实际收付的金额及余额。“借方”栏根据银行存款收款凭证登记；对于将现金存入银行的业务，因习惯上只填制现金付款凭证，不填制银行存款收款凭证，所以此时的银行存款收入数，应根据相关的现金付款凭证登记。“贷方”栏根据银行存款付款凭证登记。

银行存款日记账和现金日记账一样，每日终了时要结出余额，做到日清，以便检查监督各项收支款项，避免出现透支现象；月末要结出银行存款全月的收入、支出合计数，并与银行对账单进行核对，做到日清月结，账实相符。

现金日记账和银行存款日记账的外表形式都必须使用订本式账簿。

三、分类账的设置与登记

分类账有总分类账和明细分类账两类。

（一）总分类账

总分类账也称总账，是按总分类科目开设账页、进行分类登记，总括地反映和记录具体经济业务内容的增减变动情况的账簿。总分类账簿是编制财务报表的重要依据，一般采用三栏式账页格式。由于总分类账能全面地、总括地反映和记录经济业务引起的资金运动和财务收支情况，并为编制财务报表提供数据。因此，任何单位都必须设置总分类账。

1. 总分类账的格式

总分类账一般采用订本式账簿形式，按照会计科目的编码顺序分别开设账户，并为每个账户预留若干账页。由于总分类账只进行货币度量的核算，因此最常用的格式是三栏式，在账页中设置借方、贷方和余额三个基本金额栏。总分类账的格式，如图 5-13 所示。

2. 总分类账的登记方法

总分类账的登记，可以根据记账凭证逐笔登记，也可以通过一定的方式分次或按月一次汇总成汇总记账凭证或科目汇总表，然后据以登记，还可以根据多栏式现金、银行存款日记账在月末时汇总登记。总分类账登记的依据和方法，取决于企业采用的账务处理程序。

（二）明细分类账

明细分类账是根据明细科目开设账页，分类地登记经济业务具体内容，

总分类账

页码______

会计科目及编号 应收账款

2017年		凭证		摘要	借方										贷方										借或贷	余额										✓
月	日	字	号		千	百	十	万	千	百	十	元	角	分	千	百	十	万	千	百	十	元	角	分		千	百	十	万	千	百	十	元	角	分	
4	1			期初余额																					借			6	5	0	0	0	0	0	0	
4	10	科汇	1	1～10日汇总				4	5	8	0	0	0	0			1	2	5	0	0	0	0	0	借			5	7	0	8	0	0	0	0	
4	20	科汇	2	11～20日汇总			2	4	0	0	0	0	0	0			1	8	6	0	0	0	0	0	借			6	2	4	8	0	0	0	0	
4	30	科汇	3	21～20日汇总				5	8	0	0	0	0	0				9	5	2	0	0	0	0	借			5	8	7	6	0	0	0	0	

图5－13　总分类账

应收账款　明细账

分页______总页______

子目、户名编号 甲公司

2017年		凭证		摘要	借方										贷方										借或贷	余额										✓
月	日	字	号		千	百	十	万	千	百	十	元	角	分	千	百	十	万	千	百	十	元	角	分		千	百	十	万	千	百	十	元	角	分	
6	1			期初余额																					借			1	2	0	0	0	0	0	0	
6	2	转	1	销售产品，贷款未收				5	8	5	0	0	0	0											借			1	7	8	5	0	0	0	0	
6	25	收	8	收到前欠货款													1	2	0	0	0	0	0	0	借				5	8	5	0	0	0	0	
6	30	转	25	销售产品，贷款未收				1	0	0	0	0	0	0											借			1	5	8	5	0	0	0	0	

图5－14　三栏式明细分类账

以提供明细资料的账簿。各单位在设置总分类账的基础上，还要根据经营管理的需要，对部分总账科目设置相应的明细账，以形成既能提供经济活动总括情况，又能提供详细数据的账簿体系。

1. 明细分类账的格式

明细账的格式，应根据它所反映经济业务的特点，以及财产物资管理的不同要求来设计，一般有三栏式明细账、数量金额式明细账、多栏式明细账和横线登记式明细分类账四种。

（1）三栏式明细分类账。

三栏式明细分类账账页的格式同总分类账的格式基本相同，它只设借方、贷方和余额三个金额栏，不设数量栏。所不同的是，总分类账簿为订本账，而三栏式明细分类账簿多为活页账。这种账页适用于采用金额核算的应收账款、应付款款等账户的明细核算，如图 5-14 所示。

（2）数量金额式明细账。

数量金额式明细账账页格式在收入、发出、结存三栏内，再分别设置"数量""单价"和"金额"等栏目，以分别登记实物的数量和金额。其格式，如图 5-15 所示。

数量金额式明细账适用于既要进行金额明细核算，又要进行实物数量核算的财产物资项目。如"原材料""库存商品"等账户的明细核算。它能提供各种财产物资收入、发出、结存等的数量和金额资料，便于开展业务和加强管理。

（3）多栏式明细分类账。

多栏式明细分类账是根据经济业务的特点和经营管理的需要，在一张账页的借方栏或贷方栏设置若干专栏，集中反映有关明细项目的核算资料。它主要适用于只记金额、不记数量，而且在管理上需要了解其构成内容的费用、成本、收入、利润账户，如"生产成本""制造费用""管理费用""主营业务收入"等账户的明细分类账。"本年利润""利润分配"和"应交税费——应交增值税"等科目所属明细科目则需采用借、贷方均为多栏式的明细账。多栏式明细分类账格式，如图 5-16 所示。

（4）横线登记式明细分类账。

横线登记式明细分类账也称平行式明细分类账，它的账页结构特点是，将前后密切相关的经济业务在同一横行内进行详细登记，以检查每笔经济业务完成及变动情况，其格式，如图 5-17 所示。该种账页一般用于"材料采购""一次性备用金业务"等明细分类账。

原材料　明细分类账

分页______总页______

产地　柳州　单位　千克　规格______　编号　11010　品名　甲材料　存放地点：原料仓

2017年		凭证		摘要	增（借方）加										减（贷方）少										余额										✓
月	日	字	号		数量	单价	金额								数量	单价	金额								数量	单价	金额								
							十	万	千	百	十	元	角	分			十	万	千	百	十	元	角	分			十	万	千	百	十	元	角	分	
3	1			期初余额																					2 000	5.00		1	0	0	0	0	0	0	
3	2	转	1	购入材料	500	5			2	5	0	0	0	0											2 500	5.00		1	2	5	0	0	0	0	
3	5	转	9	购入材料	1 200	5			6	0	0	0	0	0											3700	5.00		1	8	5	0	0	0	0	

图 5－15　数量金额式明细账

管理费用　明细账

年		凭证		摘要	合计																																	
月	日	字	号												职工薪酬								折旧费								办公费							
					千	百	十	万	千	百	十	元	角	分	十	万	千	百	十	元	角	分	十	万	千	百	十	元	角	分	十	万	千	百	十	元	角	分

图 5－16　多栏式明细账

材料采购　明细账

<table>
<tr><td rowspan="3">供应单位名称</td><td colspan="12">借　方</td><td colspan="12">贷　方</td><td rowspan="3">转销</td></tr>
<tr><td colspan="2">年</td><td rowspan="2">凭证号数</td><td rowspan="2">摘　要</td><td colspan="8">金　额</td><td colspan="2">年</td><td rowspan="2">凭证号数</td><td rowspan="2">摘　要</td><td colspan="8">金　额</td></tr>
<tr><td>月</td><td>日</td><td>十</td><td>万</td><td>千</td><td>百</td><td>十</td><td>元</td><td>角</td><td>分</td><td>月</td><td>日</td><td>十</td><td>万</td><td>千</td><td>百</td><td>十</td><td>元</td><td>角</td><td>分</td></tr>
<tr><td></td><td></td><td></td><td></td><td></td><td></td><td></td><td></td><td></td><td></td><td></td><td></td><td></td><td></td><td></td><td></td><td></td><td></td><td></td><td></td><td></td><td></td><td></td><td></td><td></td><td></td></tr>
<tr><td></td><td></td><td></td><td></td><td></td><td></td><td></td><td></td><td></td><td></td><td></td><td></td><td></td><td></td><td></td><td></td><td></td><td></td><td></td><td></td><td></td><td></td><td></td><td></td><td></td><td></td></tr>
<tr><td></td><td></td><td></td><td></td><td></td><td></td><td></td><td></td><td></td><td></td><td></td><td></td><td></td><td></td><td></td><td></td><td></td><td></td><td></td><td></td><td></td><td></td><td></td><td></td><td></td><td></td></tr>
<tr><td></td><td></td><td></td><td></td><td></td><td></td><td></td><td></td><td></td><td></td><td></td><td></td><td></td><td></td><td></td><td></td><td></td><td></td><td></td><td></td><td></td><td></td><td></td><td></td><td></td><td></td></tr>
</table>

图 5-17　横线登记式明细分类账

2. 明细分类账的登记方法

各种明细账的登记方法，应根据本单位业务量的大小和经营管理上的需要，以及所记录的经济业务内容而定，可以根据原始凭证、汇总原始凭证或记账凭证逐笔登记，也可以根据这些凭证逐日登记或定期汇总登记。固定资产、债权、债务等明细账应逐日逐笔登记；库存商品、原材料、产成品收发明细账以及收入、费用明细账可以逐笔登记，也可以定期汇总登记。

明细分类账的登记通常有三种方法：一是根据原始凭证直接登记明细分类账；二是根据汇总原始凭证登记明细分类账；三是根据记账凭证登记明细分类账。

多栏式明细分类账是由会计人员根据审核无误的记账凭证或原始凭证，按照经济业务发生的时间先后顺序逐日逐笔进行登记的，对于成本费用类账户，只在借方设专栏，平时在借方登记费用和成本的发生额，贷方登记月末分配转出的数额。但对于贷方发生额，在登记明细账时，由于明细账簿未设置贷方栏，所以要用“红字”金额在借方有关栏内登记，表示应从借方发生额中冲减。同样，对于收入、成果类账户，其明细账只在贷方设专栏，平时在贷方登记收入和成果的发生额。对于借方发生额或转出额，则要用“红字”金额在贷方有关栏内登记，如图 5-18 所示。

横线登记式明细分类账的借方一般在购料付款或借出备用金时按会计凭证的编号顺序逐日逐笔登记，其贷方则不要求按会计凭证编号逐日逐笔登记，而是在材料验收入库或者备用金使用后报销和收回时，在与借方记录的同一行内进行登记。同一行内借方、贷方均有记录时，表示该项经济业务已处理完毕，若一行内只有借方记录而无贷方记录的，表示该项经济业务尚未结束，如图 5-19 所示。

生产成本　明细账

产品名称：男西服　　　　　　产量：2 000 套

2017 年		凭证		摘　要	合　计										直接材料							直接人工							制造费用						
月	日	字	号		千	百	十	万	千	百	十	元	角	分	万	千	百	十	元	角	分	万	千	百	十	元	角	分	万	千	百	十	元	角	分
7	1			期初余额					4	5	3	0	0	0		3	7	0	0	0	0			5	1	0	0	0			3	2	0	0	0
7	2		4	生产领料					6	0	0	0	0	0		6	0	0	0	0	0														
7	6		12	生产领料					1	0	0	0	0	0		1	0	0	0	0	0														
7	8		20	生产领料						1	0	0	0	0			1	0	0	0	0														
7	11		33	生产领料					1	0	0	0	0	0		1	0	0	0	0	0														
7	13		36	生产领料				1	0	6	0	0	0	0	1	0	6	0	0	0	0														
7	20		50	生产领料					6	0	0	0	0	0		6	0	0	0	0	0														
7	24		56	生产领料				1	1	0	0	0	0	0	1	1	0	0	0	0	0														
7	31		67	分配工资					5	1	3	0	0	0									5	1	3	0	0	0							
7	31		72	分配制造费用					3	6	0	0	0	0																3	6	0	0	0	0
7	31			本月合计				4	4	4	3	0	0	0	3	5	7	0	0	0	0		5	1	3	0	0	0		3	6	0	0	0	0
7	31		73	完工产品入库				4	4	4	2	4	0	0	3	5	6	8	7	0	0		5	1	0	0	0	0		3	6	3	7	0	0
7	31			月末在产品成本					4	5	3	6	0	0		3	7	1	3	0	0			5	4	0	0	0			2	8	3	0	0

红字登记贷方转出

图 5－18　生产成本明细账

材料采购　　明细账

供应单位名称	借方												贷方												转销
	2017 年		凭证号数	摘要	金额								2017 年		凭证号数	摘要	金额								
	月	日			十	万	千	百	十	元	角	分	月	日			十	万	千	百	十	元	角	分	
大华塑料制品厂	6	12	记 20	采购包装箱			5	0	0	0	0	0	6	18	记 35	包装箱入库			5	0	0	0	0	0	
大华塑料制品厂	6	20	记 41	采购包装袋			1	2	0	0	0	0													

图 5－19　横线登记式明细分类账

四、总分类账与明细分类账的平行登记

所谓平行登记，是指经济业务发生后，应根据有关会计凭证（包括原始凭证和记账凭证），一方面要登记有关的总分类账户，另一方面要登记该总分类账户所属的各有关明细分类账户。平行登记法的要点可概括如下：

（一）依据相同

凡是在总分类账户下设有明细分类账户的，对于发生的经济业务事项，要依据相同的会计凭证，一方面要在有关的总分类账户中登记，另一方面又要在该总分类账户所属明细分类账户中登记。

（二）会计期间相同

对于发生的每一项经济业务，都应根据审核无误的记账凭证，既登记某一总分类账户，又登记其所属明细账户。在记入总分类账户和明细分类账户过程中，可以有先有后，但必须在同一会计期间全部登记入账。

（三）借贷方向相同

对于发生的每一项经济业务，记入某一总分类账户和其所属明细分类账户的方向必须相同。如果总分类账户登记在借方，那么其所属的明细分类账户也应该登记在借方；相反，如果总分类账户登记在贷方，那么其所属明细分类账户也应该登记在贷方。

（四）金额相等

总分类账户提供总括信息，明细分类账户提供总分类账户所记录内容的具体指标，所以，对于发生的每一项经济业务，记入总分类账户的金额必须等于其所属明细分类账户的金额之和。因而，总分类账户本期发生额与其所属明细分类账户本期发生额合计数相等；总分类账户期初余额与其所属明细分类账户期初余额合计数相等；总分类账户期末余额与其所属明细分类账户期末余额合计数相等。

总分类账与明细分类账平行登记后，会出现以下结果：

1. 总分类账户本期发生额＝其所属明细分类账户本期发生额合计

（1）总分类账户本期借方发生额＝其所属明细分类账户本期借方发生额合计

（2）总分类账户本期贷方发生额＝其所属明细分类账户本期贷方发生额合计

2. 总分类账户期初余额＝其所属明细分类账户期初余额合计

3. 总分类账户期末余额＝其所属明细分类账户期末余额合计

【例 5–1】兴弘公司 2017 年 2 月份“应收账款”总分类账借方期初余额

为250 000元，该总分类账下有“应收甲公司账款”和“应收乙公司账款”两个明细分类账户。其中“应收甲公司账款”明细账借方余额为100 000元，“应收乙公司账款”明细账借方余额为150 000元。本月发生下列有关应收账款的经济业务：

（1）2月10日，接银行通知，收到乙公司前欠货款50 000元。

借：银行存款　　50 000

　　贷：应收账款——乙公司　　50 000

（2）2月12日，销售给甲公司100 000元产品，增值税17 000元，价税款尚未收到。

借：应收账款——甲公司　　117 000

　　贷：主营业务收入　　100 000

　　　　应交税费——应交增值税（销项税额）　　17 000

根据上述资料及会计分录对“应收账款”总分类账及其所属的“应收甲公司账款”和“应收乙公司账款”两个明细分类账进行平行登记，如图5-20、图5-21、图5-22所示。

从以上图表中可以看出，“应收账款”总分类账户及其所属明细分类账户实现了“依据相同”“会计期间相同”“借贷方向相同”“金额相等”的平行登记要求。

任务三　对账、结账及错账更正★

一、对账

所谓对账，简单地说就是核对账目，是把账簿上记载的资料进行核对，以保证账证相符、账账相符、账实相符。会计对账工作主要内容包括：

（一）账证核对

账证核对是指核对会计账簿记录与原始凭证、记账凭证的时间、凭证字号、内容、金额是否一致，记账方向是否相符。

（二）账账核对

各个会计账簿是一个有机的整体，既有分工，又有衔接，总的目的就是为了全面、系统、综合地反映企业及各单位的经济活动与财务收支情况。

总分类账

页码__________

会计科目及编号____应收账款______

2017年		凭证		摘要	借方										贷方										借或贷	余额										✓
月	日	字	号		千	百	十	万	千	百	十	元	角	分	千	百	十	万	千	百	十	元	角	分		千	百	十	万	千	百	十	元	角	分	
2	01			承前页																					借			2	5	0	0	0	0	0	0	
2	10	收	12	收到前欠货款														5	0	0	0	0	0	0	借			2	0	0	0	0	0	0	0	
2	12	转	16	销售产品货款未收			1	1	7	0	0	0	0	0											借			3	1	7	0	0	0	0	0	

图 5－20　总分类账

应收账款　明细账

分页________总页______

子目、户名编号__甲公司________

2017年		凭证		摘要	借方										贷方										借或贷	余额										✓
月	日	字	号		千	百	十	万	千	百	十	元	角	分	千	百	十	万	千	百	十	元	角	分		千	百	十	万	千	百	十	元	角	分	
2	01			承前页																					借			1	0	0	0	0	0	0	0	
2	12	转	16	销售产品，货款未收			1	1	7	0	0	0	0	0											借			2	1	7	0	0	0	0	0	

图 5－21　应收账款明细分类账

应收账款　明细账

分页______总页______

子目、户名编号 乙公司

2017年		凭证		摘要	借方										借方										借或贷	余额										✓
月	日	字	号		千	百	十	万	千	百	十	元	角	分	千	百	十	万	千	百	十	元	角	分		千	百	十	万	千	百	十	元	角	分	
2	01			承前页																					借			1	5	0	0	0	0	0	0	
2	10	收	12	收回前欠货款														5	0	0	0	0	0	0	借			1	0	0	0	0	0	0	0	

图 5－22　应收账款明细分类账

各种账簿之间的这种衔接依存关系就是常说的勾稽关系，利用这种关系进行账簿的相互核对。账账核对是指各种账簿之间有关数字的核对，以保证账账相符，具体核对内容主要包括：

（1）核对总分类账簿的记录。

（2）核对总分类账簿与所属明细分类账簿。

（3）核对总分类账簿与序时账簿。

（4）明细分类账簿之间的核对。

（三）账实核对

账实核对是指各种财产物资的账面余额与实存数进行核对，以保证账实相符，具体核对内容包括：

（1）现金日记账的账面余额与现金实际库存数逐日核对相符。由出纳人员将库存现金日记账账面余额与库存现金实际库存金额进行逐日核对，检查是否相符，单位会计主管每月也要进行抽查。

（2）银行存款日记账的余额应定期与开户银行对账单核对相符。由出纳人员将银行存款日记账的账面余额与开户银行送来的对账单余额进行定期核对，通过逐笔核对双方记录，将未达账项编制银行存款余额调节表，以便检查银行存款日记账记录是否有误。

（3）各种财产物资明细分类账的账面余额定期与实存数量核对相符。

（4）各种债权债务明细分类账的余额应经常或定期与有关的债务人和债权人核对相符。

账实核对一般是通过实地盘点的方法来进行的。

二、结账

（一）结账的概念与要求

1. 结账的概念

结账是一项将账簿记录定期结算清楚的账务工作。企业把一定时期（月份、季度、年度）发生的经济业务全部登记入账以后，定期计算和登记本期发生额和期末余额，这就是结账。为了解某一会计期间（月份、季度、年度）的经济活动情况，考核经营成果，必须在每一会计期间终结时进行结账，结账工作也是编制会计报表的先决条件。每个单位都必须按照有关规定定期做好结账工作。

结账的内容通常包括两个方面：一是结清各种损益类账户，并据以计算确定本期利润；二是结清各项资产、负债和所有者权益账户，分别结出本期发生额合计和余额。

2. 结账的要求

各单位结账前要做好以下工作：

（1）明确结算期内发生的各项经济业务要全部入账，不能提前也不得延时结账。

（2）对企业已实现而尚未获得的利润、应计提的折旧、应摊销和预提费用、应交税金等，应按权责发生制原则进行计算，编制记账凭证，记入有关账簿。

（3）对于各种费用、收益账户的余额要在有关账户间进行结转。

（4）对账。在本期全部经济业务登记入账的基础上，应该进行相关对账工作，确保账证相符、账账相符和账实相符。

（二）结账的方法

1. 日结账

每日业务终了，出纳员逐笔、序时地登记库存现金日记账和银行存款日记账后，应结出本日结余额，现金日记账应与当日库存现金核对。

2. 月结账

月结账是以 1 个月为结账周期，每个月末对本月内的经济业务情况进行结算。

（1）不需要结计本月发生额和本年累计发生额的账户，直接结出账户的期末余额，填写在账户的最后一笔经济业务记录同一行的余额栏内，并在最后一笔经济业务记录下面划一条通栏单红线，表示本月业务结束。

（2）需要结计本月发生额和本年累计发生额的账户，分别计算借、贷方本月发生额合计，填写在本月最后一笔经济业务记录的下行相应的借、贷方栏内，在摘要栏内注明“本月合计”字样，然后在“本月合计”下面划一条通栏单红线。

3. 年结账

年结账是以 1 年为周期，对本年度内各经济业务情况及结果进行结算。

三、错账更正方法

对于账簿记录中所发生的错误，如重记、漏记、数字颠倒、数字错位、数字记错、科目记错、借贷方向记反等，不能涂改、挖补、刮擦，或者用涂改液、退色药水等消除字迹，必须采用正确的方法予以更正。由于记账差错的具体情况不同，更正错误的方法也不同，一般常用的更正错误的方法有划线更正法、红字更正法和补充登记法三种。

（一）划线更正法

1. 适用范围

（1）登账时，因笔误或计算错误而造成记账方向、金额以及账户登记等发生差错。

（2）在结账时，发现记账凭证正确而账簿记录中文字、数字有错误。

2. 更正方法

（1）先在错误的文字或数字（整个数字）上划一条红线注销，并使原来的字迹仍可辨认，以备查考。

（2）然后将正确的文字或数字用蓝字写在划线上方，并由记账人员在更正处签章，以明确责任。

（3）对于文字的错误，可以只划去错误的部分，并更正错误的部分，对于错误的数字，应当全部划红线更正，不能只更正其中的个别错误数字。

【例 5-2】会计人员在登记账簿时将 6 月 2 日转字第 1 号凭证的金额“85 500”错写成“58 500”，正确的更正方法，如图 5-23 所示。

应收账款　明细账

2017年		凭证		摘　要	借　方										贷　方									
月	日	字	号		千	百	十	万	千	百	十	元	角	分	千	百	十	万	千	百	十	元	角	分
6	1			期初余额																				
	2	转	1	销售产品，货款未收				8 ~~5~~	5 ~~8~~	5 ~~5~~	0 ~~0~~	0 ~~0~~	0 ~~0~~	0 ~~0~~	赵晓琳									

图 5-23　应收账款明细账

（二）红字更正法

1. 适用范围

（1）登账后，发现记账凭证借贷方会计科目错误，导致登账错误。

（2）登账后，发现记账凭证借贷方会计科目无误，但金额大于正确金额，导致登账错误。

2. 更正方法

第一种情况，红字更正法分二步：

（1）用红字填制一张与错误凭证完全相同的凭证，在摘要栏内注明“冲销某月某日第×号凭证错误”并据以红字登记入账，以注销原错误。

（2）用蓝字填制一张正确凭证，在摘要栏内注明“补记某月某日第×号凭证的账”并据以登账。

【例5-3】】2017年6月10日，华贸商场销售员李莉出差预借差旅费3 000元，出纳员王盈盈开出现金支票支付。填制记账凭证时，贷方科目误写为“库存现金”，并已登记入账，如图5-24所示。

付款凭证

贷方科目：库存现金　　　　2017年6月10日　　　　编号：付字第20号

摘　要	借方科目		金　额											记账✓
	总账科目	明细科目	亿	千	百	十	万	千	百	十	元	角	分	
预借差旅费	其他应收款	李莉						3	0	0	0	0	0	✓
合　计							¥	3	0	0	0	0	0	

附件1张

会计主管：　　记账：赵晓露　出纳：王盈盈　　审核：李强　　制单：赵晓露

图5-24　错误的记账凭证

更正方法：

第一步：用红字填制一张与错误凭证完全相同的凭证，冲销原来错误的记录，如图5-25所示。

付款凭证

贷方科目：库存现金　　　　2017年6月16日　　　　编号：付字第28号

摘　要	借方科目		金　额											记账✓
	总账科目	明细科目	亿	千	百	十	万	千	百	十	元	角	分	
冲销6月10日付字第	其他应收款	李莉						3	0	0	0	0	0	✓
20号凭证错误														
合　计							¥	3	0	0	0	0	0	

附件1张

会计主管：　　记账：赵晓露　出纳：王盈盈　　审核：李强　　制单：赵晓露

图5-25　冲销错误的记账凭证

第二步：用蓝字填制一张正确凭证并据以登账，如图5-26所示。

付款凭证

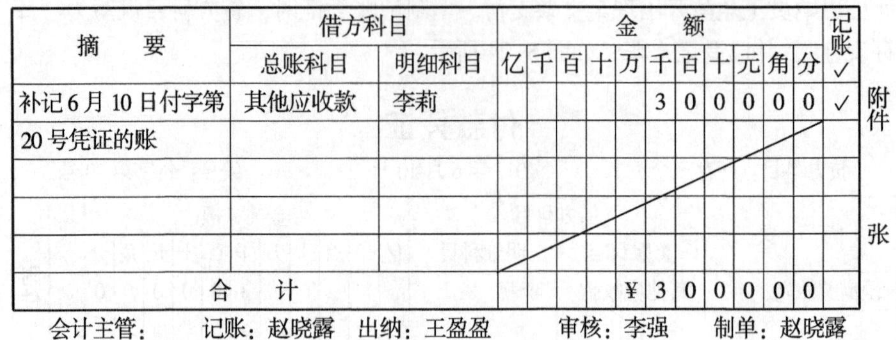

贷方科目：银行存款　　　　2017 年 6 月 16 日　　　　编号：付字第 29 号

摘　　要	借方科目		金　额											记账✓
	总账科目	明细科目	亿	千	百	十	万	千	百	十	元	角	分	
补记 6 月 10 日付字第	其他应收款	李莉						3	0	0	0	0	0	✓
20 号凭证的账														
合　　计							¥	3	0	0	0	0	0	

附件　　张

会计主管：　　记账：赵晓露　出纳：王盈盈　　审核：李强　　制单：赵晓露

图 5-26　正确的记账凭证

第二种情况，登账后，发现记账凭证借贷方会计科目无误，但金额大于正确金额，导致登账错误。红字更正只需一步：将多记金额用红字编制一张与原记账凭证应借应贷科目完全相同的记账凭证，在摘要栏内注明“冲销某月某日第×号凭证多记金额”，以冲销多记的金额，并据以登账。

【例 5-4】 2017 年 6 月 30 日大华塑料厂计提本月固定资产折旧，其中车间固定资产折旧 9 500 元，行政管理部门固定资产折旧 6 000 元。填制记账凭证时，误将车间使用的固定资产折旧写为 95 000 元，并已登记入账，如图 5-27 所示。

转账凭证

2017 年 6 月 30 日　　　　编号：转字第 35 号

摘　　要	总账科目	明细科目	借方金额									贷方金额									记账✓
			百	十	万	千	百	十	元	角	分	百	十	万	千	百	十	元	角	分	
计提固定资	制造费用	折旧费			9	5	0	0	0	0	0										
产折旧	管理费用	折旧费				6	0	0	0	0	0										
	累计折旧												1	0	1	0	0	0	0	0	
合　　计			¥	1	0	1	0	0	0	0	0	¥	1	0	1	0	0	0	0	0	

附件 1 张

会计主管：　　记账：赵晓露　出纳：　　　审核：李强　　制单：赵晓露

图 5-27　错误的记账凭证

更正方法：将多记金额用红字编制一张与原记账凭证应借应贷科目完

全相同的记账凭证，以冲销多记金额，如图 5-28 所示。

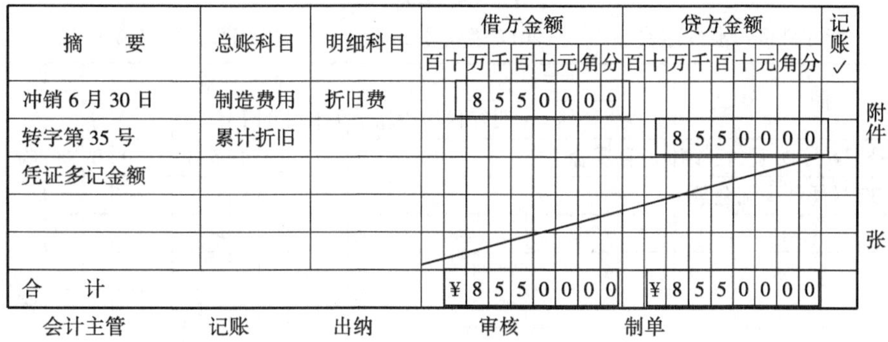

转账凭证

2017 年 6 月 30 日　　　　编号：转字第 40 号

摘　要	总账科目	明细科目	借方金额									贷方金额									记账
			百	十	万	千	百	十	元	角	分	百	十	万	千	百	十	元	角	分	✓
冲销 6 月 30 日	制造费用	折旧费			8	5	5	0	0	0	0										
转字第 35 号	累计折旧													8	5	5	0	0	0	0	
凭证多记金额																					
合　计				¥	8	5	5	0	0	0	0		¥	8	5	5	0	0	0	0	

附件　张

会计主管　　记账　　出纳　　审核　　制单

图 5-28　冲销的记账凭证

（三）补充登记法

1. 适用范围

登账后，发现记账凭证借贷方会计科目无误，但金额小于正确金额，导致登账错误。

2. 更正方法

用蓝字按原记账凭证借贷会计科目填制一张记账凭证，补足少记金额，在摘要栏内注明“补记某月某日第×号凭证少记金额”，并据以登账。

【例 5-5】 2017 年 6 月 20 日，从银行提取备用金 5 000 元。填制记账凭证时，将金额误记为 500 元，并已登记入账，如图 5-29 所示。

付款凭证

贷方科目：银行存款　　2017 年 6 月 20 日　　编号：付字第 32 号

摘　要	借方科目		金　额											记账
	总账科目	明细科目	亿	千	百	十	万	千	百	十	元	角	分	✓
提现备用	库存现金								5	0	0	0	0	✓
合　计								¥	5	0	0	0	0	

附件 1 张

会计主管　　记账：赵晓露　　出纳：王盈盈　　审核：李强　　制单：赵晓露

图 5-29　错误的记账凭证

更正方法：将少记金额用蓝字编制一张与原记账凭证应借应贷会计科目完全相同的记账凭证，补足少记金额，如图 5-30 所示。

付款凭证

贷方科目：银行存款　　2017 年 6 月 25 日　　编号：付字第 41 号

摘　要	借方科目		金额											记账✓
	总账科目	明细科目	亿	千	百	十	万	千	百	十	元	角	分	
补记 6 月 20 日付字第 32 号凭证少记金额	库存现金							4	5	0	0	0	0	✓
合　计							¥	4	5	0	0	0	0	

附件　张

会计主管　　记账：赵晓露　出纳：王盈盈　　审核：李强　　制单：赵晓露

图 5-30　更正的记账凭证

项目六　成本核算基础

成本核算是指将企业在生产经营过程中发生的各种耗费按照一定的对象进行分配和归集，以计算总成本和单位成本。成本核算通常以会计核算为基础，以货币为计算单位。

成本核算是成本管理工作的重要组成部分，它是将企业在生产经营过程中发生的各种耗费按照一定的对象进行分配和归集，以计算总成本和单位成本。成本核算的正确与否，直接影响企业的成本预测、计划、分析、考核和改进等控制工作，同时也对企业的成本决策和经营决策的正确与否产生重大影响。

任务一　费用与成本

一、认知支出

支出是指企业在经济活动中为了实现特定的经济目标而发生的资源流出，即企业的一切开支及耗费都属于支出。支出按性质划分，可以分为资本性支出、收益性支出、营业外支出、所得税支出和利润分配支出等五大类。

（一）资本性支出

资本性支出是指该支出的的收益期超过一年或一个营业周期的支出。这种支出一般转化为另一项资产的价值，并且在以后资产使用中按受益情况，分期将其价值计入各期费用。如企业购建固定资产的支出、取得无形资产的支出和对外投资的支出。

（二）收益性支出

收益性支出又称为收益支出，是指企业在生产经营过程中发生的，其效益仅与本会计年度相关，因而由本年度收益补偿的各项支出。这种支出直接计入当期费用，从当期收入中得到补偿。如生产产品所消耗的材料、职工薪酬等支出。

(三) 营业外支出

营业外支出是指与企业日常的生产经营活动没有直接联系的各项支出。如捐赠支出、罚款支出、违约支出和意外事故造成的损失等。

(四) 所得税支出

所得税支出是指企业在取得经营所得与其他所得时，按照国家税收法律制度的规定，计算缴纳的税金支出。所得税支出作为企业的一项支出，直接冲减当期收益。

(五) 利润分配支出

利润分配支出是指企业在利润分配环节发生的支出。如向投资者支付股利等。

二、认知费用

费用是企业在日常活动中发生的、会导致所有者权益减少、与向投资者分配利润无关的经济利益的总流出。

费用是企业支出的构成部分，在企业的支出中，凡是与本企业的生产经营活动相关的支出，可直接计入费用或分期转化为费用；而与本企业生产经营活动没有直接联系的支出，则不认定为费用，如长期投资支出、利润分配性支出和营业外支出等。

企业在一定时期生产经营过程中发生的费用，按其同产品的关系，可相应分为生产费用和期间费用两大类。

(一) 生产费用

1. 生产费用

所谓生产费用是指在企业产品生产的过程中，发生的能用货币计量的生产耗费，称之为生产费用，即企业在一定时期内产品生产过程中消耗的生产资料的价值和支付的劳动报酬之和。

2. 生产费用的分类

(1) 按费用的经济性质划分。企业的生产费用，按经济性质可分为劳动对象消耗的费用、劳动手段消耗的费用和活劳动中必要劳动消耗（或构成成本的活劳动费用）的费用。这在会计上称为生产费用要素，它是由下列项目组成：

①外购材料：指企业为进行生产而耗用的一切从外部购进的原材料、

主要材料、辅助材料、半成品、包装物、修理用备件和低值易耗品等。

②外购燃料：指企业为进行生产而耗用的一切从外部购进的各种燃料，包括固体燃料、液体燃料和气体燃料。

③外购动力：指企业为进行生产而耗用的一切从外部购进的各种动力，包括电力、热力和蒸汽等。

④职工薪酬：指企业所有应计入生产费用的职工薪酬。

⑤提取的职工福利费：指企业按职工工资的一定比例计提并计入费用的职工福利费。

⑥折旧费：指企业按照规定对固定资产计算提取并计入费用的折旧费。

⑦利息支出：指企业计入期间费用等的借入款项利息净支出（即利息支出减利息收入后的净额）。

⑧税金：指计入管理费用的各种税金，如房产税、印花税、车船使用税、土地使用税。

⑨其他支出：指不属于以上各项要素的费用支出，如邮电费、旅差费、租赁费、外部加工费和保险费等。

（2）按费用的经济用途划分。企业的生产费用，按经济用途划分，可以分为计入产品成本的费用和不计入产品成本的费用。

计入产品成本的生产费用在生产过程中的用途也各不相同，有的直接用于产品生产，有的间接用于产品生产。为了具体反映计入产品成本的生产费用的各种用途，还应当进一步划分为若干个项目，即产品成本项目，简称成本项目。

成本项目的设置应根据企业的生产特点和成本管理的要求来确定。具体可以分为直接材料、直接燃料、直接动力、直接人工、制造费用、废品损失、停工损失等项目。目前，企业一般设置如下三个基本成本项目：

①直接材料。直接材料是指企业生产产品和提供劳务的过程中所消耗的，直接用于产品生产、构成产品实体的各种材料及主要材料、外购半成品以及有助于产品形成的辅助材料等。

②直接人工。直接人工是指支付给直接参与产品生产的生产工人职工薪酬。由于生产工人直接从事产品生产，人工费用的发生能够判明应由哪种产品负担，因此，这些费用发生后直接归集到各产品成本中去。

③制造费用。制造费用是企业生产单位为生产产品或提供劳务而发生的，应计入产品或劳务成本但没有专设成本项目的各项生产费用。

制造费用包括产品生产成本中除直接材料和直接人工以外的其余成本

项目。主要包括企业各个生产单位（车间、分厂）为组织和管理生产所发生的一切费用，以及各个生产单位所发生的固定资产使用费和维修费。具体有以下项目：各个生产单位管理人员的薪酬费用、房屋建筑费、劳动保护费、季节性生产和修理期间的停工损失等。制造费用一般是间接计入成本，当制造费用发生时一般无法直接判定它所归属的成本计算对象，因而不能直接计入所生产的产品成本中去，而须按费用发生的地点先行归集，月终时再采用一定的方法在各成本计算对象间进行分配，计入各成本计算对象的成本中。

（二）期间费用

期间费用是指不能直接归属于某个特定产品成本的费用。它是随着时间推移而发生的与当期产品的管理和产品销售直接相关，而与产品的产量、产品的制造过程无直接关系，即容易确定其发生的期间，而难以判别其所应归属的产品，因而是不能列入产品制造成本，而在发生的当期从损益中扣除。期间费用包括直接从企业的当期产品销售收入中扣除的销售费用、管理费用和财务费用。企业在一定时期内发生的销售费用、管理费用和财务费用属于期间费用，只能在利润中直接扣除，不能计入产品成本。

1. 销售费用

销售费用是指企业在销售产品、自制半成品和提供劳务等过程中发生的各项费用。包括由企业负担的包装费、运输费、广告费、装卸费、保险费、委托代销手续费、展览费、租赁费（不含融资租赁费）和销售服务费、销售部门人员工资、职工福利费、差旅费、折旧费、修理费、物料消耗、低值易耗品摊销以及其他经费等。与销售有关的差旅费应计入销售费用。

设有独立销售机构（如门市部、经理部）的工业企业，其独立销售机构所发生的一切费用均列入销售费用。未设立独立销售机构且销售费用很小的工业企业，按规定，可将销售费用并入管理费用。商业企业在商品销售过程中所发生的各项费用属于商品流通费，一般不计入商品的销售成本，而是通过商品的售价来直接补偿。

2. 管理费用

管理费用是指企业行政管理部门为组织和管理生产经营活动而发生的各项费用。包括公司经费、职工薪酬、业务招待费、税金、技术转让费、无形资产摊销、咨询费、诉讼费、开办费摊销、上缴上级管理费、劳动保险费、失业保险费、董事会会费、财务报告审计费、筹建期间发生的开办费以及其他管理费用。

3. 财务费用

财务费用指企业在生产经营过程中为筹集资金而发生的筹资费用。包括企业生产经营期间发生的利息支出（减利息收入）、汇兑损益（有的企业如商品流通企业、保险企业进行单独核算，不包括在财务费用）、金融机构手续费，企业发生的现金折扣或收到的现金折扣等。但在企业筹建期间发生的利息支出，应计入开办费；为购建或生产满足资本化条件的资产发生的应予以资本化的借款费用，在“在建工程”“制造费用”等账户核算。

三、认知成本

成本是指企业为生产产品或提供劳务等所耗费的物化劳动和活劳动中必要劳动价值的货币表现，即企业为生产产品、提供劳务而发生的各种耗费或支出。

成本是对象化的费用，企业为取得任何一项资产所发生的费用，均构成成本。如购买原材料发生的有关支出，即构成原材料的采购成本；为生产产品所发生的相关支出，即构成产品的生产成本。

四、成本、费用之间的关系

（一）成本与费用的联系

（1）成本和费用都是企业除偿债性支出和分配性支出以外的支出的构成部分；

（2）成本和费用都是企业经济资源的耗费；

（3）生产费用经对象化后进入生产成本，但期末应将已销产品的成本结转进入当期的费用（损益核算时）。

（二）成本与费用的区别

（1）内容不同。费用包括生产费用、管理费用、销售费用和财务费用等。工业企业产品成本只包括为生产一定种类或数量的完工产品的费用。不包括未完工产品的生产费用和其它费用。

（2）计算期不同。费用的计算期与会计期间相联系，产品成本一般与产品的生产周期相联系。

（3）对象不同。费用的计算是按经济用途分类，产品成本的计算对象是产品。

（4）计算依据不同。费用的计算是以直接费用、间接费用为依据确定。产品成本是以一定的成本计算对象为依据。

(5) 账户和原始凭证不同。费用是以生产过程中取得的各种原始凭证，账户是生产成本等。产品成本是以成本计算单或成本汇总表及产品入库单，账户是库存商品等。

(6) 总额不同。一定时期内，费用总额不等于产品成本总额。因为两者的内容和价值量不同。产品成本是费用总额的一部分，不包括期间费用和期末未完工产品的费用等。

(7) 作用不同。费用指标，分析其比重，了解结构变化从而加强费用管理等。产品成本指标：一是反映物化劳动与活劳动的耗费；二是资金耗费的补偿；三是检查成本和利润计划，四是表明企业工作质量的综合指标。

任务二　成本核算的基本要求

为了充分发挥成本核算的作用，保证成本核算的客观性和合理性，在成本核算中，除应遵守必要的核算原则外，还应当注意贯彻以下要求。

一、成本核算与成本管理相结合

成本核算应当与成本管理相结合，围绕企业生产经营目标和降低成本、提高经济效益的要求，加强对成本费用的控制，降低产品成本，提高企业产品的竞争能力。

二、正确划分各种费用界限

（一）正确划分收益性支出与资本性支出的界限

企业的支出，可分为收益性支出和资本性支出。收益性支出是为了获取当期的收益而发生的各项支出，这些支出应当全部列入当期的成本、费用，并通过与当期的收益配比，可以从当期收益中得到补偿；资本性支出则是为了取得多个会计年度收益而发生的各项支出，因此，资本性支出只能资本化，在以后的各收益期逐期转入成本、费用，从企业的收益中陆续得到补偿。

（二）正确划分生产费用与期间费用的界限

企业生产经营过程中发生的费用包括计入产品成本的生产费用和不计入产品成本的期间费用。两者之间必须划清界限。

（三）正确划分各月份的费用界限

为了正确计算产品成本，还应当划清各个月份费用的界限。凡应当由本月负担的成本、费用都应在本月登记入账，计入本月产品成本和期间费用；凡不应当由本月负担的成本、费用，即使已经在本月支付，也一律不得列入本月的产品成本和期间费用。若发生混淆，会发生人为调节各期产品成本和期间费用，进而影响整个月损益的计算。

（四）正确划分各种产品的费用界限

凡属于某种产品单独发生的，能够直接计入该种产品成本的生产费用，应直接计入该种产品的成本；凡属于多种产品共同发生，不能直接计入某种产品成本的生产费用，则应采用合理的分配标准，分配计入各种产品的成本。

（五）正确划分完工产品与在产品的费用界限

期末计算产品成本时，如果某种产品全部完工，则这种产品的各项生产费用之和就是该种产品的完工产品成本；如果某种产品均未完工，则这种产品所归集的各项生产费用之和，就是该种产品月末在产品的成本；如果某种产品一部分完工，一部分尚未完工，则应当将该种产品的生产成本在完工产品与期末在产品之间采用适当的方法进行分配，以分别计算完工产品和月末在产品的成本。

三、正确确定财产物资的计价和价值结转方法

财产物资计价和价值结转方法的确定，会影响成本和费用的计算。为了正确计算成本，对于各种财产物资的计价方法和价值的结转，应当严格执行国家统一会计制度的规定。各种方法一经确定，应保持相对稳定，不得擅自变更，以确保成本信息的可比性。

四、做好各项基础工作

（一）做好各种消耗定额的制定和修订工作

对企业的原材料、燃料、动力和工时制定合理的定额，能够为编制成本计划、加强成本核算和成本分析提供重要依据。同时，在各种定额制定后，要经常分析各种定额的执行情况，根据企业设备条件及技术水平的变化情况，充分考虑企业职工的积极性因素，及时对现有定额进行合理的修订，使之具有先进性和可行性，充分发挥定额的作用。

（二）建立健全财产物资的计量、收发、领退和盘点制度

完善财产物资的计量、收发、领退、盘存和检验等制度，是正确进行

成本核算的保证。企业各项财产物资的转移和出入库等，必须经过严格的计量、验收，办理必要的交接手续，填制原始凭证。这样才能明确责任，保证成本计算的真实、准确。

（三）建立健全原始记录工作

原始凭证是反映企业生产经营活动的原始资料，是进行成本预测、编制成本计划、进行成本核算、分析消耗定额和成本计划完成情况的依据。

五、选择适当的成本计算方法

由于各企业生产类型的特点各不相同，管理上对成本计算的要求也不尽相同，所以，各企业选择的成本计算的方法时，必须根据自身生产的特点和成本管理的要求进行选择。

任务三　成本核算的基本程序

一、成本核算的基本程序

成本核算的基本程序是指对企业在生产经营过程中发生的各项费用，按照成本核算的要求，逐步进行归集和分配，最后计算出各种产品的成本和各项期间费用的基本过程。

（一）确定成本核算对象

进行成本核算，必须首先确定成本核算对象。成本核算对象是为计算产品成本而确定的归集生产费用的各个对象，即成本的承担者。

（二）确定成本项目

成本项目是成本费用按经济用途划分成的若干项目。一般产品成本项目至少应设置“直接材料”“直接人工”和“制造费用”三个。

（三）设置成本核算账户

进行成本核算需要设置的成本核算账户，主要包括“生产成本”“制造费用”“销售费用”“管理费用”“财务费用”“长期待摊费用”“废品损失”“停工损失”等总分类账户。

（四）归集和分配生产费用

归集和分配生产费用时，首先必须对支出的费用进行审核，确定各项费用是否应该开支，已开支的费用是否应该计入产品成本；其次，按照权责发生制原则确定应计入本月产品成本的费用；最后，将应计入本月产品成本的原材料、燃料、动力、工资、折旧费等各种要素费用在各有关产品之间，按照成本项目进行归集和分配。

（五）计算完工产品成本和月末在产品成本

完工产品是指已经完成全部生产过程，随时可供销售的产成品和可对外销售的自制半成品。

在产品是指正停留在生产车间进行加工制造的在制品，以及正在生产车间返修的废品和虽已完成了本车间生产、但尚未送验入库的产品，已经完成一个或几个生产步骤但还需继续加工的半成品。

二、产品成本计算基本方法

（一）企业生产的类型

1. 按生产工艺过程的特点来分

（1）单步骤生产，也叫简单生产，是指生产技术上不间断、不分步骤的生产。如发电、熔铸、采掘工业等。

（2）多步骤生产也叫复杂生产。是指技术上可以间断、由若干步骤组成的生产。如果这些步骤按顺序进行，不能并存，不能颠倒，要到最后一个步骤完成才能生产出产成品，这种生产就叫连续式复杂生产。如纺织、冶金、造纸等。如果这些步骤不存在时间上的继起性，可以同时进行，每个步骤生产出不同的零配件，然后再经过组装成为产成品，这种生产就叫装配式复杂生产。如机械、电器、船舶等。

2. 按生产组织的特点来分

（1）大量生产。它是指连续不断重复地生产同一品种和规格产品的生产。这种生产一般品种比较少，生产比较稳定。如发电、采煤、冶金等。大量生产的产品需求一般单一稳定，需求数量大。

（2）成批生产。它是指预先确定批别和有限数量进行的生产。这类生产的特点是品种或规格比较多，而且是成批轮番地组织生产。这种生产组织是现代企业生产的主要形式。

（3）单件生产。它是根据订单，按每一件产品来组织生产。这种生产组织形式并不多见。主要适用于一些大型而复杂的产品。如重型机械、造船、专用设备等。

（二）成本计算基本方法

常用的成本计算方法主要有品种法、分批法和分步法。

1. 品种法

品种法是以产品品种作为成本计算对象来归集生产费用、计算产品成本的一种方法。由于品种法不需要按批计算成本，也不需要按步骤来计算半成品成本，因而这种成本计算方法比较简单。品种法主要适用于大批量单步骤生产的企业。

2. 分批法

分批法也称订单法。是以产品的批次或订单作为成本计算对象来归集生产费用、计算产品成本的一种方法。分批法主要适用于单件和小批的多步骤生产。

3. 分步法

分步法是按产品的生产步骤归集生产费用、计算产品成本的一种方法。分步法适用于大量或大批的多步骤生产。

任务四　成本费用归集与分配的相关知识

一、成本费用的归集

成本费用的归集是指对生产经营过程中所发生的各项费用，按一定的成本计算对象进行分类、汇总的过程。在此基础上分别计算各个成本计算对象的总成本，为进一步计算各该完工产品的成本提供依据。

二、成本费用的分配原理

（一）分配原则

1. 分配方法要体现受益原则

所谓受益原则，是指谁受益谁负担费用，负担费用的多少与受益程度的大小相联系，各项费用均应在其受益者之间进行分配，不受益者不负担费用的原则。

2. 选择适当标准原则

不同的费用，通常要选择不同的分配标准。常用的分配标准有以下几类。

（1）消耗类标准：一般以分配对象的生产工时、生产工人工资、机器工时、原材料消耗数量等作为分配标准。

（2）定额类标准：一般以分配对象的定额消耗量、定额费用等作为分配标准。

（3）成果类标准：一般以分配对象的重量、产量、体积、产值等作为分配标准。

3. 明确分配对象

成本费用能分清受益对象的应直接计入，不能分清的，按一定标准分配计入。

凡属于直接计入的费用，都应直接分配给相应的受益对象，不得扩大分配范围计算分摊；凡属于间接计入的费用，要采用适当的分配方法，在各受益对象之间进行分配。

（二）分配过程

成本费用的分配是指在成本费用归集的基础上，按照各种成本费用的用途进行归类，并将其中应计入产品成本的费用计入产品成本，不应计入产品成本的费用计入相关的费用账户的过程。

确定分配标准后，进行费用分配时先计算费用分配率，然后计算出各种产品应分配的费用数额。计算公式如下：

首先，计算费用分配率：

某项费用的分配率＝待分配费用总额÷分配标准总额（总量）

然后，计算某一负担对象应分摊的费用额：

$$\text{某负担对象应分配的费用数额}=\frac{\text{该种负担对象的}}{\text{分配标准额（量）}}\times\text{费用分配率}$$

【例 6-1】某企业第一生产车间生产 A、B 两种产品，共同耗用甲材料 18 500 元。单位产品材料消耗定额分别为 A 产品 5 千克、B 产品 15 千克；A 产品实际产量为 200 件，B 产品实际产量为 100 件。企业会计制度规定，采用定额耗用量比例法分配材料费用。

材料费用分配的计算过程如下：

首先，分别计算 A、B 产品的材料定额消耗量。

A 产品材料定额消耗量＝200×5＝1 000（千克）

B 产品材料定额消耗量＝100×15＝1 500（千克）

其次，计算材料费用分配率。

材料费用分配率＝18 500÷(1 000+1 500）＝7. 40

然后，分别计算 A、B 产品应分摊的材料成本。

A 产品应分摊的材料费用＝7. 40×1 000＝7 400（元）

B 产品应分摊的材料费用＝7. 40×15 000＝11 100（元）

三、要素费用的分配

要素费用是指生产费用按照其经济内容不同进行分类的项目。企业在生产过程中所发生的生产费用，按其经济内容或性质的不同，可以进一步划分为六个生产费用要素：材料费、燃料费、动力费、职工薪酬、折旧费以及其他费用。

（一）材料费用的核算

材料费用包括企业生产经营过程中耗费原材料、燃料、低值易耗品、包装物等而发生的费用。材料费用的核算，包括材料费用的归集和分配两个方面。

1. 材料费用的归集

（1）入库材料成本的计价：实际成本/计划成本。

（2）发出材料成本的确定：

实际成本：先进先出法、个别计价法、加权平均法。

计划成本：发出材料的成本，除按计划成本进行分类汇总外，还要计算应负担的材料成本差异，将计划成本调整为实际成本。

2. 材料费用的分配：编制“材料费用分配表”

需要分配计入各成本计算对象的材料费用在选择分配方法时，在遵循合理和简便易行原则的基础上，通过以下分配方法进行计算分配。

重量分配法：按各产品的重量为标准。

定额耗用量比例分配法：按照各产品的材料消耗定额为标准。

系数法：将各产品的产量按系数折成标准产量，再按标准产量的比例分配。

（1）重量分配法：按照各种产品的重量为标准来分配材料费用的方法。如果企业生产的几种产品共同耗用同种材料，而且耗用量的多少又与产品重量有直接联系，可以选用这种分配法。

（2）定额耗用量比例分配法。

定额耗用量比例分配法是指按照各种产品的材料消耗定额为标准来分配材料费用的方法。它一般在材料消耗定额比较准确的情况下采用。

【例 6-2】某企业生产 A、B、C 三种产品，本月共耗用甲材料 3 060 千克，每千克 3.5 元。A、B、C 三种产品的实际产量分别为 120 件、180 件和 240 件，单位产品材料定额耗用量分别为 3 千克、2 千克、4 千克。费用分配表，如表 6-1 所示。

（3）系数分配法。

系数分配法是指将各种产品的产量按系数折算成标准产量，并按标准产品产量的比例分配材料费用的一种方法，又称标准产量法。这里的系数是标准产量与各种产品在量上的一种比例关系，如消耗定额、实际产量、体积的比例等。这种方法一般在各种产品的工艺过程基本相同的企业采用。

表 6-1　甲材料费用分配表

产品名称	投产数量	单位产品消耗定额	材料消耗总定额	材料费用分配率	材料费用分配额
A	120	3	360		2 295
B	180	2	360		2 295
C	240	4	960		6 120
合计	—	—	1 680	6. 375	10 710

标准产品的选择：

A：标准产品可选用企业大量的、正常生产的产品。

B：标准产品也可以选择系列产品中规格型号（或定额耗用量）居中的产品。

【例 6-3】某企业生产甲、乙、丙三种产品，共同耗用材料费用 32 860 元。实际产量分别为：甲产品 300 件、乙产品 400 件、丙产品 200 件。其中，乙产品为标准产品，以材料费用定额作为折合标准，甲、乙、丙三种产品的材料费用定额分别为：120 元、100 元、150 元。根据上述资料，计算并编制材料费用分配表。

表 6-2　材料费用分配表

2016 年 9 月

产品名称	实际产量	材料费用定额	折合系数	标准产量（总系数）	分配率	材料费用分配额
甲	300	120	1. 2	360		11 160
乙	400	100	1. 0	400		12 400
丙	200	150	1. 5	300		9 300
合计	—	—	—	1 060	31	32 860

（二）人工费用的核算

人工费用是指各单位在一定时期内直接支付给本单位全部职工的全部劳动报酬。企业必须按照国家规定的工资总额的组成内容进行工资费用的核算。

1. 人工费用的归集

2006 年 9 月财政部在《企业会计准则第 9 号——职工薪酬》应用指南

中对职工薪酬做了进一步规定，明确了职工薪酬是指企业为职工在职期间和离职后提供的全部货币性薪酬和非货币性福利，包括提供给职工本人的薪酬，以及提供给职工配偶、子女或其他被赡养人的福利等。

2. 人工费用的分配

支付给不同职工的工资以不同的方式计入产品成本或费用中。其中，生产车间直接从事产品生产的生产工人工资，应计入“生产成本”账户中；如果生产多种产品，需按一定的标准分配计入各种产品成本。分配标准一般是产品的实际生产工时、定额工时或产品产量等。生产车间管理人员的工资，应计入“制造费用”账户；行政管理人员的工资应列入“管理费用”账户；固定资产大修理等工程人员的工资，应计入“在建工程”账户；专设销售机构人员的工资，则应计入“销售费用”账户。

对于人工费用的支付、计提、分配情况，企业应专设“应付职工薪酬”账户。该账户贷方登记已分配计入有关成本费用项目的职工薪酬数额，借方登记实际发放职工薪酬的数额；该账户期末贷方余额，反映企业应付未付的职工薪酬。“应付职工薪酬”账户应当按照“工资”“职工福利”“社会保险费”“住房公积金”“工会经费”“职工教育经费”“非货币性福利”“辞退福利”等应付职工薪酬项目设置明细账户，进行明细核算。

（三）燃料及动力费用的核算

1. 燃料费用的核算

生产过程中使用的燃料，实际上也属于材料，因此，燃料费用的归集与分配方法与材料费用的归集与分配方法大致相同。如果燃料费用在产品成本中比重较大时，可以与动力费用一起在“生产成本”明细账中专设“燃料和动力”成本项目，归集生产中使用的燃料费用。如金额较小，可计入“制造费用”。

2. 动力费用的核算

动力费用是指企业外购和自制的电力、热力等费用。这些费用有的直接用于产品生产，有的用于照明、取暖等。当动力费用在产品制造成本中所占比重较大时，可在产品成本明细账中单独设置“工艺用动力”成本项目加以列示；如果所占比重不大，也可并入“直接材料”成本项目内；如果所占比重小时，可作为间接费用处理，计入“制造费用”账户。组织和管理生产用动力费用，如照明用电等，其性质属一般费用，应先在制造费用中归集。

（四）固定资产折旧的核算

1. 固定资产折旧

固定资产在使用过程中，其实物形态保持不变，但其价值随着磨损程度，逐渐地转移到产品成本中去，成为产品成本的组成部分。固定资产损耗价值的转移在会计上称为折旧，按月将其计入产品成本（或费用）的数额则称为折旧费。影响计算折旧费的因素主要有固定资产原始价值、预计使用年限、预计残值和预计清理费用。

折旧费的归集是通过编制各车间、部门折旧计算明细表而汇总编制全厂的折旧计算汇总表进行的。各车间、部门折旧计算明细表是根据月初应计提折旧的固定资产的有关资料和确定的折旧计算方法计算编制的。

根据规定，当月开始使用的固定资产，当月不提折旧，从下月开始计提；当月减少或停用的固定资产，当月仍照提折旧，从下月起停止计提。

按现行企业会计准则规定，除以下情况外，企业应对所有固定资产计提折旧：已提足折旧仍继续使用的固定资产；按照规定单独计价作为固定资产入账的土地；处于更新改造过程中的固定资产。

未使用的机器设备、仪器仪表、运输工具、工具器具、季节性停用的固定资产也应计提折旧。

每月计提折旧时，应按固定资产在生产经营中的用途，分别计入成本或费用。基本生产车间和辅助生产车间使用的固定资产折旧，借记“制造费用”账户；厂部及各行政科室使用的固定资产折旧，借记“管理费用”账户；专设销售机构使用的固定资产折旧，借记“销售费用”账户，贷记“累计折旧”账户。

2. 固定资产折旧的计提方法

折旧费的计算方法包括年限平均法、工作量法、双倍余额递减法和年数总和法，而大多数企业固定资产的折旧费一般采用平均年限法计算。

（1）年限平均法。

年限平均法是指将固定资产的应计折旧额均衡地分摊到固定资产预计使用寿命内的一种方法。采用这种方法计算的每期折旧额相等。计算公式如下：

$$年折旧率=(1-预计净残值率)\div预计使用寿命（年）\times100\%$$

$$月折旧率=年折旧率\div12$$

$$月折旧额=固定资产原价\times月折旧率$$

【例 6-4】一座厂房原值 50 万元，预计使用 20 年，残值率为 2%，计算月折旧额。

计算过程如下：

年折旧率 $=(1-2\%)\div20\times100\%=4.9\%$

月折旧率 $=4.9\%\div12=0.41\%$

月折旧额 $=500\ 000\times0.41\%=2\ 050$（元）

（2）工作量法。

工作量法是根据实际工作量计算每期应提折旧额的一种方法。计算公式如下：

单位工作量折旧额＝固定资产原价×（1－预计净残值率）÷预计总工作量

某项固定资产月折旧额＝该项固定资产当月工作量×单位工作量折旧额

【例 6-5】 某企业的运输汽车 1 辆，原值为 300 000 元，预计净残值率为 4%，预计行使总里程为 800 000 公里。该汽车采用工作量法计提折旧。某月该汽车行使 6 000 公里。该汽车的单位工作量折旧额和该月折旧额计算如下：

单位工作量折旧额＝[300 000×（1－4%）]÷800 000＝0. 36（元/公里）

该月折旧额＝0. 36×6 000＝2 160（元）

（3）加速折旧法。

①年数总和法。

年数总和法也称合计年限法，是指将固定资产的原价减去预计净残值后的净额，乘以一个以各年年初固定资产尚可使用年限作分子，以预计使用年限逐年数字之和做分母的逐年递减的分数计算每年折旧额的一种方法。计算公式如下：

年折旧率 ＝尚可使用年限/预计使用年限的年数总和×100%

预计使用年限的年数总和＝n×（n+1）÷2

月折旧率＝年折旧率÷12

月折旧额＝（固定资产原价－预计净残值）×月折旧率

【例 6-6】 某企业某项固定资产原值为 60 000 元，预计净残值为 3 000 元，预计使用年限为 5 年。该项固定资产按年数总和法计提折旧。

该项固定资产的年数总和为：

年数总和＝5+4+3+2+1＝15 或＝5×（5+1）÷2＝15

折旧计算表

（年数总和法）

年份	应计折旧额	年折旧率	年折旧额	累计折旧额
1	57 000	5/15	19 000	19 000
2	57 000	4/15	15 200	34 200
3	57 000	3/15	11 400	45 600
4	57 000	2/15	7 600	53 200
5	57 000	1/15	3 800	57 000

②双倍余额递减法。

双倍余额递减法是指不考虑固定资产预计净残值的情况下，根据每期期初固定资产原价减去累计折旧后的余额（即固定资产净值）和双倍的直线折旧率计算固定资产折旧的一种方法。计算公式如下：

年折旧率=2÷预计使用寿命（年）×100%

月折旧率=年折旧率÷12

月折旧额=固定资产净值×月折旧率

由于每年年初固定资产净值没扣除预计净残值，因此，在应用这种方法计算折旧额时必须注意不能使固定资产的净值降低到其预计净残值以下，即采用双倍余额递减法计提折旧的固定资产，通常在其折旧年限到期前两年内，将固定资产净值扣除预计净残值后的余额平均分摊。

【例 6-7】某电子生产企业进口一条生产线，安装完毕后固定资产原价为 300 000 元，预计净残值为 8 000 元，预计使用年限 5 年。

该生产线按双倍余额递减法计算的各年折旧额如下：

折旧率=(2÷5)×100%=40%

第一年应提折旧=300 000 元×40%=120 000（元）

第二年应提折旧=(300 000-120 000)×40%=72 000（元）

第三年应提折旧=(300 000-120 000-72 000)×40%=43 200（元）

第四年固定资产账面价值=300 000-120 000-72 000-43 200=64 800（元）

第四、五年应提折旧=(64 800-8 000)÷2=28 400（元）

每年各月折旧额根据年折旧额除以 12 来计算。

（五）制造费用的核算

制造费用是企业为生产产品和提供劳务而发生的各项间接成本。企业应当根据制造费用的性质，合理地选择制造费用分配方法。

制造费用包括产品生产成本中除直接材料和直接人工以外的其余一切生产成本，主要包括企业各个生产单位（车间、分厂）为组织和管理生产所发生的一切费用。(车间生产和行政管理部门的固定资产所发生的固定资产维修费列“管理费用”）具体有以下项目：各个生产单位管理人员的工资、职工福利费，房屋建筑费、劳动保护费、季节性生产和修理期间的停工损失等。

制造费用一般是间接计入成本，当制造费用发生时一般无法直接判定它所归属的成本计算对象，因而不能直接计入所生产的产品成本中去，而须按费用发生的地点先行归集，月终时再采用一定的方法在各成本计算对象间进行分配，计入各成本计算对象的成本中。

1. 制造费用的分配标准

制造费用的分配标准一般有：

（1）直接人工工时，各受益对象所耗的生产工人工时数，可以是实际工时，也可以是定额工时；

（2）直接人工成本，各受益对象所发生的直接人工成本数；

（3）机器工时，各受益对象所消耗的机器工时数，可以是实际工时，也可以是定额工时；

（4）直接材料成本或数量，各受益对象所耗用的直接材料成本或数量；

（5）直接成本，各受益对象所耗用的直接材料成本和直接人工成本之和；

（6）标准产量，将各产品实际产量换算成标准产量，以各产品的标准产量数作为分配标准。

企业根据各生产单位制造费用的特性和生产特点选定分配标准后，就可进入具体的分配过程。

为了能及时分配制造费用，尽早提供本期成本信息，以及解决季节性生产企业制造费用负担水平波动的问题，企业可采用计划分配率的方法分配制造费用。

由于采用计划分配率，所分配的制造费用与实际发生的数额之间总会存在一定的差额，对此月末不加以调整而是逐月累计，到年终时一次调整计入 12 月份的产品生产成本中。调整的方法：一是按各产品全年已承担的制造费用总额的比例进行调整；二是将差额并入 12 月份制造费用实际发生额中，然后改用实际分配率进行分配。

2. 制造费用的分配方法

（1）生产工时比例分配法。

生产工时比例分配法是按各种产品所耗生产工人工时的比例分配制造费用的一种方法。对于这种分配方法，查账人员应检查企业是否有真实正确的工时记录。

某产品应负担的制造费用=该产品的生产工人实际工时数×制造费用分配率

（2）生产工人工资比例分配法。

生产工人工资比例分配法是按照计入各种产品成本的生产工人工资比例分配制造费用的一种方法。采用这一方法的前提是各种产品生产机械化的程度应该大致相同，否则机械化程度低的产品所用工资费用多，负担的制造费用也要多，而机械化程度高的产品则负担的制造费用较少，从而影响费用分配的合理性。

某产品应负担的制造费用=该产品的生产工人实际工资额×制造费用分配率

（3）机器工时比例法。

这一方法适用于生产机械化程度较高的产品，因为这类产品的机器设备使用、维修费用大小与机器运转的时间有密切联系。采用这一方法的前提条件是必须具备各种产品所耗机器工时的完整的原始记录。

查账人员审查采用机器工时比例分配法分配制造费用的账务时，应首先对被查企业机械化程度及机器工时记录等情况进行核实，查明该企业是否适用这种分配方法，然后，再复核数字计算的正确性。该方法的计算程序、原理与生产工时比例分配法基本相同。

（4）年度计划分配率法。

采用这种方法，不论各月实际发生的制造费用多少，每月各种产品成本中的制造费用都是按年度计划确定的计划分配率分配。年度内如果发现全年制造费用的实际数和产品的实际产量与计划数发生较大的差额，应及时调整计划分配率。

这种方法适用于季节性的生产企业，因为在季节性生产企业中，每月发生制造费用相差不大，但淡季和旺季的产量悬殊却很大，如果按实际费用分配，各月单位产品成本中的制造费用将随之忽高忽低，不便于进行成本分析。

项目七　部组成本核算

本项目对于从事商品流通企业的财务人员，了解该类型企业的业务、财务知识的管理人员、销售人员，都有很大的帮助，相信您学完以后，会有不少收获。

任务一　认识部组核算

一、部组

部组是商业企业从事商品购、销、运、存活动的基本组织。广义地讲，商业企业所有直接从事商品购、销、运、存活动的基本单位都可称为部组，如批发商业企业的营业部、储运部；零售商业企业的商品部、专业店、门市部、连锁店等。狭义地讲，部组特指零售商业企业的商品经营部、专业店、门市部、连锁店等从事商品零售工作的基本组织。通常讲的部组是指狭义的部组。

二、部组核算基本要求

部组核算是商业企业经济核算的基础，它为商业企业的专业核算提供信息资料。该核算对后续的经济核算，以及如何发现企业经营管理中的薄弱环节，加强企业经营管理，实现企业整体经营目标有着重要的作用。因此对部组核算提出以下五个方面的基本要求：

（一）*原始凭证填写应真实规范*

首先，原始凭证的填写应真实。不能存在虚假编制原始凭证业务内容的现象，原始凭证填写内容与实际发生内容相符，比如说不能以“办公用品”来顶替其他报销范围之外的开销；原始凭证上的业务内容与发票的使用经营范围应一致；原始凭证应按规定要求索取，比如应是微机打印的发票，就不能手写，且开具发票各联次金额必须一致；严禁违规编制、虚假自制原始凭证，例如虚假编造人员名单，以此领取各种劳务费，套取现金。其次，原始凭证的填写应规范。

（二）记账凭证应规范完整

部组核算所填制记账凭证也应符合会计核算的要求，规范完整。凭证的摘要内容应详细具体，会计科目的设置应科学合理，不随意设置会计科目，使用时不能只填写简称，不同经济业务的多张原始凭证分开编制记账凭证，明确会计账户之间的对应关系，附件张数填写准确规范，保证后续账务的要求。

（三）账簿设置需合理

部组核算中账簿设置应齐全。首先，设置总账；其次，明细账，能清楚核对各类明细账目内容；在账簿启用之处进行“经营人员一览表”的登记，明确责任，防止会计人员调动后责任模糊，出现工作推脱的现象；其次，严禁私设小金库，设账外账，比如说为了应付不同主题的要求，存在设置几套账的现象，如为了应付税务部门而编制“亏损账”，以此逃避税款；另一方面又编制“盈利账”来应对银行部门，以达到套取贷款的目的。

（四）编制会计报表应规范

部组核算中编制会计报表应规范，杜绝编制虚假报表数据，出现账表不符以及严重的人为调整现象。

（五）内部控制制度应科学

建立健全严格的财务监督机制，会计记账、现金出纳等工作分开由不同的职员管理，不相容职务一定要分离。避免员工钻制度的空子，为了个人利益而虚列费用、隐瞒收入的行为，窃取企业财产，造成公司利益受损。

三、部组核算的内容

部组核算担负着准确、及时、全面、系统地反映本部组经济活动的过程和结果，为企业专业核算提供依据，为本部组经营管理服务的任务。因此，部组核算应包括以下几个方面的内容：

（一）部组日常业务核算

部组日常业务核算的内容主要包括商品进、销、存业务凭证的填制；库存商品及商品短缺溢余的核算；商品变价的核算；商品进、销、存日记账的记录；商品进、销、存日报表的编制等内容。

（二）部组统计核算

部组统计核算的内容主要包括与部组经营有关的企业内外的经济信息资料的收集、整理；与部组经营有关的经济指标的计算、计划（定额）执行进度的检查及各种统计报表的编报等内容。

（三）部组会计核算

部组会计核算的内容主要包括商品购进、销售、储存等基本业务的核算；商品流通费的核算；部组经营利润的核算；会计报表的编制等内容。

（四）部组经济活动分析

部组经济活动分析的主要内容包括部组经营环境的分析、部组经营状况的分析、部组财务状况的分析、部组经营管理效果的评价等内容。

四、部组核算的特点

（一）日清月结

部组的经营管理活动是连续不断地进行的，部组核算的记录、计算等工作也是连续不断地进行的。部组每天都要根据业务的开展情况进行逐日登记，做到日清月结。

（二）广泛性

部组经营管理活动涉及范围广，从购、销、存业务的开展，到人、财、物各种资源的配置，各个环节、方方面面都需要部组广泛地进行记录和核算。

（三）会计核算工作不够规范

部组核算是群众核算的一种具体表现形式，它直接依靠处在第一线从事经营活动的广大群众来参加核算。这些职工群众在经营活动中，集经营者、管理者、核算员于一身，这些人员通常不是优秀的会计人才，因此造成在会计处理和会计核算中，专业知识缺乏，业务水平不高，会计核算工作不规范等。

（四）简易性

部组核算属于一种初级核算。它核算的指标项目不多，指标含义通俗易懂，记录、计算方法简便。部组核算只要求如实反映部组经营活动的基本情况，准确传递部组经营活动的信息资料即可。它的主要职责是为部组服务，同时为专业核算提供资料，并不直接参与商业企业的全面经济核算，只是一种局部的、简易的核算。

任务二　柜组业务的核算

一、柜组业务核算概述

（一）柜组业务核算的内容

柜组业务核算是对柜组商品经营业务进行最初的记录、计算的柜组管理活动。柜组业务核算是经济核算的基础，是会计核算、统计核算的前提。其基本内容：

（1）对商品的进、销、存等情况直接进行登记，填制有关业务凭证。

（2）核算每天的经营情况和结果，编制进、销、存日报表。

（3）管理经营商品，及时盘点商品，填报商品短缺、溢余报告。

（4）制定、管理商品价格。

（5）考核本柜组人员出勤情况，核算劳动效率，评定工作质量和服务质量。

柜组业务核算涉及的范围广，而且情况多变，没有固定的核算模式，一般是根据本部门的业务性质和特点，采取灵活多样的方法进行。

（二）柜组业务凭证

1. 业务凭证的概念及分类

柜组业务凭证，是柜组经营活动的最初记录，只有及时、完整、真实地填制好业务凭证，才能保证柜组核算乃至整个企业经济核算的正常进行。业务凭证按照其来源不同可分为自制凭证和外来凭证。

2. 业务凭证的基本内容

业务凭证根据经济业务和管理要求的不同，其基本内容也不尽相同，但无论是什么业务凭证，都应明确反映经济业务情况，适应经济核算要求。各业务凭证都应有以下的必备内容：

（1）凭证的名称。

（2）填制凭证的年、月、日。

（3）外来凭证要有填制凭证的单位全称。

（4）接受凭证的单位全称。

（5）经济业务内容涉及实物收付的凭证要填写实物名称、规格、编号、计量单位、数量、单价；不涉及实物收付的凭证，要写明经济业务内容、款项用途。

（6）金额及金额合计、大写金额。

（7）从外单位取得凭证和对外开出的凭证必须盖有填制单位的公章（业务或财务专用章）；从个人处取得的凭证，必须有填制人员本人签名或盖章；自制凭证必须有经办人员和经办部门负责人签名或盖章；收、付款项的凭证应由收付款人员签名或盖章，并加盖“现金收讫”或“现金付讫”图章；转账凭证也须加盖“转讫”图章。

（8）发票必须用税务部门印制的增值税专用发票或普通营业（服务）发票。

（9）复写的凭证，应注明各联用途，只能以一联作为报销凭证。

（10）有附件的必须注明附件张数。

（三）业务凭证的填制

业务凭证是具有法律效力的书面证明，是进行经济核算的基础资料，是企业进行会计核算的依据，因此必须按照一定的要求和制度规定填制。

1. 业务凭证填制的基本要求

为了保证核算质量，准确反映经营状况，明确经办部门和个人在经营活动中的经济责任，填制业务凭证应遵守以下要求：

（1）真实正确。在填写业务凭证时，要认真记录各项经济业务的真实内容，决不允许弄虚作假；对于实物数量、单价和金额的计算要准确可靠。

（2）内容完整。要按照规定的格式和项目内容逐一填写，不可错填或漏填。各有关的经办单位或人员要在凭证上签字或盖章，以示对凭证真实性、合法性和正确性负责。

（3）书写清楚。业务凭证中的数字和文字必须书写清楚、整齐、规范、易于辨认；一式数联的凭证应用圆珠笔复写，单联凭证应使用钢笔书写。

（4）填制及时。为了及时反映业务完成和执行情况，要及时填写业务凭证，并按规定程序及时送交。

2. 填制业务凭证应注意的事项

（1）小写金额用阿拉伯数字逐个填写，不得写连笔字，在金额前要冠以人民币符号“￥”，人民币符号“￥”与阿拉伯数字之间不得留有空白，以防增添或涂改，如“人民币壹仟贰佰元整”，应写成“￥1 200.00”。

（2）所有以元为单位的阿拉伯数字，除表示单价等情况外，金额数字一律填写到角、分，无角、分的，写“00”或符号“—”；有角无分的，分位用“0”，不得用符号“—”。如“人民币叁佰元整”，应写成

"¥300.00"，也可写成"¥300.—"。而"人民币贰佰元零叁角整"，应写成"¥200.30"，而不能写成"200.3—"。

（3）大写数字一律用正楷汉字，不能随意简化，更不能潦草；大写金额应紧接"人民币"三字，不留空隙。如：壹、贰、叁、肆、伍、陆、柒、捌、玖、拾、元、角、分、整等。不得任意自造简化字来代替，即不得用0、一、二、三、四、五、六、七、八、九、十、毛、另等简化字来代替。

（4）大写金额中如有"零"，一定写出来，如连续有两个以上"零"，可写一个，也可都写。如小写金额"¥50 006.00"，汉字大写金额可以写成"人民币伍万零陆元整"；小写金额"¥8 700.47"，大写金额可以写成"人民币捌仟柒佰元零肆角柒分"，也可以写成"人民币捌仟柒佰元肆角柒分"；小写金额¥108.00，大写金额应写成"人民币壹佰零捌元整"。

（5）大写金额"元"以下没有"角"或"分"时，应加"整"字。如"¥120.00"，大写金额应写成："人民币壹佰贰拾元整"。

（6）大写金额最高位是"拾元"时，应在"拾"前面加"壹"字。如17元应写为人民币壹拾柒元整。

例如，2016年8月13日，骏骊贸易有限公司（一般纳税人），采购商品刘记糖果60箱，涉及到的业务凭证包括收货单、购货发票、支付货款凭证，购货总金额¥14 742.00，大写应写成"壹万肆仟柒佰肆拾贰元整"，具体填制样式，如图7-1、图7-2、图7-3所示。

电汇凭证（回单）　1

☑普通　□加急　　委托日期　2016年08月13日

<table>
<tr><td rowspan="3">汇款人</td><td>全　称</td><td>骏骊贸易有限公司</td><td rowspan="3">收款人</td><td>全　称</td><td colspan="11">润发食品有限公司</td><td rowspan="7">此联汇出行给汇款人的回单</td></tr>
<tr><td>账　号</td><td>020000100901441538221</td><td>账　号</td><td colspan="11">210904812309101233</td></tr>
<tr><td>汇出地点</td><td>省上海市/县</td><td>汇入地点</td><td colspan="11">省北京市/县</td></tr>
<tr><td colspan="2">汇出行名称</td><td>交通银行上海分行</td><td colspan="2">汇入行名称</td><td colspan="11">中国银行北京分行</td></tr>
<tr><td rowspan="2">金额</td><td colspan="4" rowspan="2">人民币
（大写）壹万肆仟柒佰肆拾贰元整</td><td>亿</td><td>千</td><td>百</td><td>十</td><td>万</td><td>千</td><td>百</td><td>十</td><td>元</td><td>角</td><td>分</td></tr>
<tr><td></td><td></td><td></td><td>¥</td><td>1</td><td>4</td><td>7</td><td>4</td><td>2</td><td>0</td><td>0</td></tr>
<tr><td colspan="3">交通银行上海分行
2016.08.13
转讫
（01）
汇出行签章</td><td colspan="13">支付密码
附加信息及用途：
购商品
复核：　　记账：</td></tr>
</table>

图7-1　电汇凭证

物资类别	库存商品

收 货 单　　N.o 0028501

2016 年 08 月 13 日　　连续号：00003432

收货部门	第三仓库				供货单位	润发食品有限公司			
编号	名称及规格	单位	数量		购进价格		零售价格		进销差价
			交库	实收	单价	金额	单价	金额	
01	刘记糖果 25KG	箱	60	60	210.00	12 600.00	320.00	19 200.00	6 600.00
合　计			60	60	¥210.00	¥12 600.00	¥320.00	¥19 200.00	¥6 600.00

（三）记账联

财务部门主管　高明　记账　高明　保管部门主管　黄海波　验收　陈星　单位部门主管　陈海亮　缴库　王伟

图 7–2　收货单

1100132142　　**北京增值税专用发票**　　№. 60972942　　1100132142 60972942

发票联

开票日期：2016 年 08 月 13 日

购买方	名　称：骏骊贸易有限公司 纳税人识别号：913101148075212345 地 址、电 话：上海嘉定区嘉新公路 835 弄 39 号　02185255678 开户行及账号：交通银行上海分行 020000100901441538221			密码区	03＊3187<4/+8490<+95-59+7<243 4987<0-->>-6>525<693719->7＊7 87＊3187<4/+8490<+95708681380 9<712/<1+9016>6906++>84>93/-		
货物或应税劳务、服务名称	规格型号	单位	数量	单价	金额	税率	税额
刘记糖果	25KG	箱	60.00	210.00	12 600.00	17%	2 142.00
合　计					¥12 600.00		¥2 142.00
价税合计（大写）	⊗壹万肆仟柒佰肆拾贰元整　　（小写）¥14 742.00						
销售方	名　称：润发食品有限公司 纳税人识别号：911101054123907408 地 址、电 话：北京朝阳区西坝河南里 1 号 01089712236 开户行及账号：中国银行北京分行 210904812309101233			备注	润发食品有限公司 911101054123907408 发票专用章		

税总函［××××］××号　××××××公司

第三联：发票联　购货方记账凭证

收款人：　　复核：　　开票人：李丽龙　　销货方：（章）

图 7–3　增值税专用发票

又如某商场玩具柜，销售了吉米积木一盒，单价36元，业务凭证销售小票填制样式，如表7-1所示。

表7-1　销售小票

销售小票

经营部：玩具柜　　2016年9月3日　　金额单元：元

品名	规格	单位	单价	数量	金额
吉米积木		盒	36	1	36
合计：人民币叁拾陆元整　¥36.00					

收款员：张红　　付货：李林　　开票：王艳

二、商品购进的业务核算

（一）商品购进的确定

商品购进是商业企业为了销售或加工后销售，通过货币结算而取得商品所有权的交易行为。商品购进是商品流转的起点，是零售企业经营活动的重要一环。进行商品购进的核算，首先要明确商品购进的入账时间，购进商品的入账时间一般以取得商品所有权或支配权为准。具体有两种情况：一是在货款先付商品后到的情况下，以支付货款时间作为 商品购进时间；二是在商品先到货款后付的情况下，以收到商品的时间作为商品购进的入账时间。

（二）商品购进环节凭证填制

柜组商品购进，一方面要广泛开辟货源，保证销售，满足消费者需求；另一方面要把住进货关，杜绝不适合销售的商品流入。所以商品购进的各业务环节既体现了较强的业务性，又需要营业员有较强的责任心。

1. 商品验收

商品验收是对所购进商品进行的数量和质量检验点收工作。它是防止和消除差错事故的关键环节，也是保护企业资产安全、维护消费者利益的一项重要措施。商品验收的内容和步骤为：

（1）验收单货。应对照商品发货单上的品名、规格、质量、牌号等依次逐项检查商品，注意有无单货不符或漏发、错发现象。

（2）验收数量。验收数量时，必须详细点数或过秤、丈量，注意计量单位；贵重商品应逐一点数；一般商品先点大件，后点细数。

（3）验收质量。质量验收主要是通过感官鉴别商品的质量、规格、等级等，注意有无霉变、破损和机械损伤等。商品验收后，实物负责人要根据供货单位的发货单和验收的商品情况，填制商品验收入库单；对于验收中发现的单货不符等问题，应及时找来见证人和有关负责人，共同分析情况，查明原因，判明责任，分别处理。一般做法是：由柜组验收人（两人以上）将单货不符情况写成书面材料，然后由业务人员查明情况，填写“运输损溢报告单”或“查询单”，送领导及有关人员查实后报财会部门处理；验收后还要登记“零售商品保管账”和“商品标价签”，并将进货总金额填入“进销存日报表”。

2. 凭证填制

商品购进过程中，柜组需填制“商品收货单”“商品标价签”等业务凭证。

（1）商品收货单。

①零售商品收货单是零售柜组（或仓库）验收商品情况的书面证明，一般格式如表 7-2 所示。

②零售商品收货单由零售柜组填写，在单独设立仓库保管部门的零售企业，也可由保管部门填写。本单一式三联，其中一联存根，一联留柜组（或仓库）登记商品账，一联交财会部门登记库存商品明细账。

③零售商品收货单的平衡公式：

零售金额-进价金额=进销差价

数量×单价=金额

表 7-2　零售商品收货单

收货部门：　　　　　　　　　年　月　日　　　　　　　　供货单位：

商品名称	购进价格				零售价格				进销差价
	单位	单价	数量	金额	单位	单价	数量	金额	
合计									

付款人　　　　　　　　　　　收货人　　　　　　　　　　　验收人

（2）代销商品收货单。

①代销商品收货单是零售企业代销商品收货的专用凭证，一般格式如

表 7-3 所示。

②本单由接受代销的部门或柜组填写，一式三联，一联存根，一联留下登记商品备查簿，一联交财会部门记账。

③本单平衡公式同“零售商品收货单”。

表 7-3　代销商品收货单

收货部门：　　　　　　年　月　日　　　　　　供货单位：

商品名称	进货价格						零售价格		含税进销差价	备注
	单位	数量	单价	金额	进项税	价税合计	单价	金额		
合计										

组长：　　　　　保管：　　　　　物价：　　　　　制表：

三、商品销售的业务核算

（一）商品销售的概念

商品销售是通过货币结算、出售本企业所经营商品的交易行为。它是实现商品价值和使用价值的必要条件。商品销售在整个商品流通中处在终点阶段，它是零售企业经营活动的中心环节。商品销售业务直接体现企业的经营目标和规模，在很大程度上反映企业经营水平的高低，影响着企业的经济效益。

（二）商品销售业务有关凭证的填制

商品销售业务有关的凭证包括销售小票、销售发票。

1. 销售小票的填制

销售小票，又称为购物收据，是指在消费者购物时由商场或其它商业机构给用户留存的销售凭据。除了少数手写的小票之外，大多为收银机打印，只作为收付款凭证，不具备其完税证明的作用。采取集中收款的营业柜组在商品销售时应当填制销售小票，它是收款付货的依据。格式如表 7-4、图 7-4 所示。

表 7-4　销售小票

经营部：　　　　　　　　年　　月　　日　　　　　　　金额单位：元

品名	规格	单位	单价	数量	金额
合计：					

收款员：　　　　　　　付货：　　　　　　　开票：

威达软件

日期：2013-01-15　17：00：50

单据号：NO2013011500004

收银员：888

商品名称	条码	数量	金额
爱尚非蛋糕（草莓味）40g			
6921682823487		1	3.00
阿尔卑斯棒棒糖（混合味）			
6911316540309		1	0.60
阿尔卑斯双享棒棒糖（果味）			
6911316375161		1	1.20
阿甘耗牛肉干麻辣味			
6922898337621		1	15.60
棒棒娃牛肉粒 118g			
6920601702223		1	21.00
达利园蛋黄派 250g			
6911988006783		1	7.20

合计金额：42.80　　　优惠金额：5.80

实收金额：50.00　　　找零金额：7.20

合计件数：6.00

客户姓名：张金　　　卡号：100003

地址：福建莆田威达软件

电话：18250500838

请保留小票，产品凭小票及完好包装可在七天内换货！谢谢惠顾！

图 7-4　销售小票（打印）

2. 销售发票的填制

销货发票是由营业员或会计专管员为购货人填制的购货证明，是购货单位报销的凭证。它是经济业务发生的证明，是会计核算的原始依据，也是审计机关、税务机关执法检查的重要依据。在销货发票上必须有税务章和销货单位收款章才能生效。销货发票有三种，一种是普通发票，一种是增值税专用发票，还有一种专业发票。

（1）增值税专用发票。

增值税专用发票是由国家税务总局监制设计印制的，只限于增值税一般纳税人领购使用的，既作为纳税人反映经济活动中的重要会计凭证又是兼记销货方纳税义务和购货方进项税额的合法证明；是增值税计算和管理中重要的、决定性的、合法的专用发票。

按照国家税务总局规定，从 2003 年 8 月 1 日起，所有增值税一般纳税人如果需要使用增值税专用发票，必须使用防伪税控系统开具的增值税专用发票。因此，增值税专用发票使用对象只能是安装了防伪税控系统的增值税一般纳税人。

增值税专用发票是可以认证进行税额抵扣。

增值税专用发票基本联次为三联：

第一联为记账联，销售方用作记账凭证；

第二联为抵扣联，购货方扣税凭证；

第三联为发票联，购货方记账凭证。

发票格式，如图 7-5 所示。

4501171140　**广西增值税专用发票**　NO. 23216412

全国统一发票监制章　广西　国家税务总局监制

记账联

开票日期：

<table>
<tr><td>购买方</td><td colspan="4">名　　称：
纳税人识别号：
地 址、电 话：
开户行及账号：</td><td>密码区</td><td colspan="3">S454-+>4521<<5410001<458
-265>+545110444140256210
50-+>400<<558000-<212500
180<4151240<25486885421</td></tr>
<tr><td colspan="2">货物及应税劳务、服务名称

合　计</td><td>规格型号</td><td>单位</td><td>数量</td><td>单价</td><td>金额</td><td>税率</td><td>税额</td></tr>
<tr><td colspan="2">价税合计（大写）</td><td colspan="7">⊗　　　　（小写）</td></tr>
<tr><td>销售方</td><td colspan="4">名　　称：
纳税人识别号：
地 址、电 话：
开户行及账号：</td><td>备注</td><td colspan="3"></td></tr>
</table>

第一联：记账联　销售方记账凭证

收款人：　　复核：　　开票人：　　销货方：（章）

图 7-5　增值税专用发票样式

（2）普通发票。

普通发票是指在购销商品、提供或接受服务以及从事其他经营活动中，所开具和收取的收付款凭证。它是相对于增值税专用发票而言的。

任何单位和个人在购销商品、提供或接受服务以及从事其他经营活动中，除增值税一般纳税人开具和收取的增值税专用发票之外，所开具和收取的各种收付款凭证均为普通发票。

各地区、各行业普通发票样式不同，但内容大致相同，如图 7-6、图 7-7、图 7-8、图 7-9、图 7-10 所示。

货物销售发票

发票代码　135020710135

发票号码　50789713

客户：　　　　　　　　　　　　年　　月　　日

品名	规格	单位	数量	单价	金额						
					万	千	百	十	元	角	分
合计人民币（大写）　万　仟　佰　拾　元　角　分											

第一联：存根联

填票人：　　　　　　收款人：　　　　　　企业（盖章）：

图 7-6　货物销售发票

商业企业专用发票

发票代码　135020710135

发票号码　33029018

客户名称：　　　　　　支票号：　　　　密　码

国税税发印字（2009）第（3）号批准印制

编号	商品名称	规格	单位	数量	单价	金额							
						十	万	千	百	十	元	角	分
小写金额合计													
大写金额	拾　万　仟　佰　拾　元　角　分												

一存根联

开票单位（盖章）　　　　开票人　　　　年　　月　　日

图 7-7　商业企业专用发票

国际航空旅客运输专用发票

发票代码：123456789012
发票号码：33029018

存 根 联　信息码：123456789412　密码：

开票日期：　年　月　日 机打票号____________

付款单位（旅客姓名）：

航　程________________________________
票证号码______________________________
记录编号______________________________
金额（大写）__________________________
付款方式______________________________

第一联存根联

税务登记号　　收款单位（盖章）　　开票人
税控装置防伪码　　税控装置号

（随机票方可报销，手开无效）

图 7–8　国际航空旅客运输专用发票

机动车销售统一发票

发　票　联　　发票代码 000054321231

开票日期　　发票号码 45432123

上海安妮股份有限公司2009年08月印50000份（6联）号码起讫00050001–00100000

机打代码 机打号码 机器编号			税控码				
购货单位（人）			身份证号码/组织机构代码				
车辆类型		厂牌型号			产地		
合格证号		进口证明书号			商检单号		
发动机号码		车辆识别代号/车架号码					
价税合计	⊗				小写		
销货单位名称				电话			
纳税人识别号				账号			
地　址		开户银行					
增值税税率或征收率		增值税税额			主管税务机关及代码		
不含税价	小写	吨位			限乘人数		

第一联 发票联（购货单位付款凭证）（手开无效）

销货单位盖章　　开票人　　备注：一车一票

图 7–9　机动车销售发票

汽车修理业专用发票

发票代码 123456789012

发票号码 12345678

工作单位：

托修单位（人）：　　　　　　　支票号：

国税税发印字（2009）第（2）号批准印制

维修项目	工时费	材料费	税率	税额	金额							
					十	万	千	百	十	元	角	分
汽车或总成大修												
小修、保养												
二级维护												
专项修理加工												
其它												
合计金额（大写人民币）	十　万　仟　佰　十　元　角　分											

一、存根联

开票单位（盖章）　　　　　　开票人　　　　年　　月　　日

图 7-10　汽车修理业发票

（3）专业发票。

专业发票是指国有金融、保险企业的存贷、汇兑、转账凭证、保险凭证；国有邮政、电信企业的邮票、邮单、话务、电报收据；国有铁路、国有航空企业和交通部门、国有公路、水上运输企业的客票、货票等。

电话费专用发票

全国统一发票监制章 地方税务总局监制

发票联

字　　No.

发票号：　　　　　　开票日期：　年　　月　　日

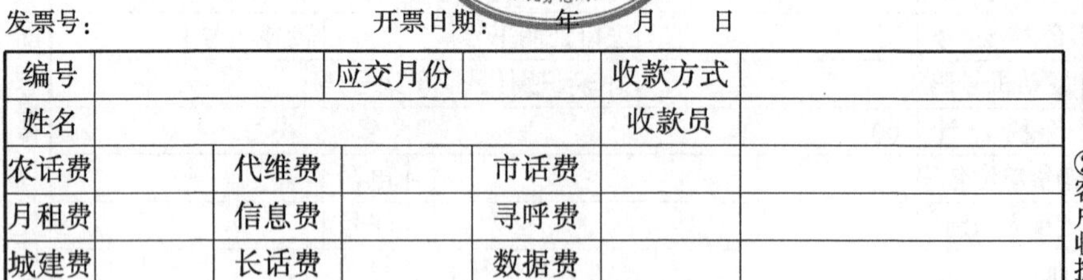

编号		应交月份		收款方式	
姓名				收款员	
农话费		代维费		市话费	
月租费		信息费		寻呼费	
城建费		长话费		数据费	
附加费		电报费		其他费	
金额（大写）			¥	结算方式	

②客户收执

图 7-11　　电话费发票

3. 交款单

零售企业销售货款均应在当天交款。交款方式有集中交款和分散交款

Logo

铁路客运餐车
定额发票

此发票系地方税务局批准印刷

发票代码　115487600223
发票号码　13246785
密　　码
信 息 码　4324363427

（盖章有效）

年　月　日

收款凭证

图 7-12　铁路客运餐车定额发票

两种。

集中交款的零售企业由收款员负责收款。收款员收款后，按其所收取的销货款填写“内部交款单”，连同销货款一起交给企业的出纳员，由出纳员送交财务部门。财务部门填写“现金缴款单”，把销货款存入银行。

分散交款的零售企业，由各柜组销售人员直接收款，每日营业终了，各营业柜组安排专人负责，单独填写“现金缴款单”，把当天所收的销货款送交银行。交款单样式，如图 7-13、表 7-5 所示。

交通银行（　　）现金解款单（回单）①

20　年　月　日

此联由银行盖章后退回单位

<table>
<tr><td rowspan="2">收款单位</td><td>全称</td><td colspan="9"></td><td>款项来源</td><td colspan="8"></td></tr>
<tr><td>账号</td><td colspan="9"></td><td>解款部门</td><td colspan="8"></td></tr>
<tr><td colspan="12" rowspan="2">人民币：
（大写）</td><td>十</td><td>万</td><td>千</td><td>百</td><td>十</td><td>元</td><td>角</td><td>分</td></tr>
<tr><td></td><td></td><td></td><td></td><td></td><td></td><td></td><td></td></tr>
<tr><td>票面</td><td>张数</td><td>种类</td><td>千</td><td>百</td><td>十</td><td>元</td><td>角</td><td>分</td><td colspan="11" rowspan="6">（收款银行盖章）</td></tr>
<tr><td>壹佰元</td><td></td><td>一元</td><td></td><td></td><td></td><td></td><td></td><td></td></tr>
<tr><td>五十元</td><td></td><td>角票</td><td></td><td></td><td></td><td></td><td></td><td></td></tr>
<tr><td>十元</td><td></td><td>分币</td><td></td><td></td><td></td><td></td><td></td><td></td></tr>
<tr><td>五元</td><td></td><td>封包</td><td></td><td></td><td></td><td></td><td></td><td></td></tr>
<tr><td>二元</td><td></td><td></td><td></td><td></td><td></td><td></td><td></td><td></td></tr>
</table>

银行打印：

图 7-13　现金缴款单

表 7–5　内部交款单

内部交款单

交款部门：　　　　　　　　　　　　　　　　　　年　　月　　日

贷款种类	张数	金额	贷款种类	张数	金额
现金			银行卡签购单		
面额 100 元			转账支票		
面额 50 元			银行本票		
面额 20 元			银行汇票		
面额 10 元					
面额 5 元					
面额 2 元					
交款金额人民币总额（大写）					
其中：现金总额（大写）					

复核人：　　　　　　　交款人：

4. 销货汇总表

每日营业终了，各柜组营业员应将销售小票分类、整理、汇总，统计出数量金额，填写销售汇总表。销售汇总表的格式，如表 7–6 所示。

表 7–6　销货汇总表

组别：　　　　　　　　年　　月　　日

商品号	货品名称	客户	单位	销售数量	单价	销售金额	备注
合计							

复核人：　　　　　　　　　　　制表人：

四、商品进销存日报表及其编制

（一）商品进销存日报表

1. 商品进销存日报表的概念

商品进销存日报表是营业组每日营业终了必须填报的一张表格，反映营业组本日的商品进销存情况。

2. 商品进销存日报表的结构

（1）基本表头。

表头部分包含了报表的名称、商品流通企业柜组部门的名称、报表日期、金额单位及编号等内容。

（2）正表内容。

不同企业因为需求不同，编制的商品进销存报表格式不同，但三个项目购进、销售、结存是都必须具备的。下面我们以零售企业按照售价金额登记的商品进销存日报表举例，解释其基本内容。

表 7-7　零售商品进销存日报表一

零售商品进销存日报表

部门：　　　　日期：　　　　单位：元

上日结存					
本日增加			本日减少		
项目	张数	金额	项目	张数	金额
购进			销售		
调入			调出		
调价增值			调价减值		
溢余			短缺		
			小计	0	0.00
小计	0	0.00	本日结存		0.00
备注：					

领导：　　　　会计：　　　　审核：　　　　责任人：

表 7-8　商品进销存日报表样式二

××商品进销存日报表

部门：　　　　　　　　　　　年　　月　　日　　　　　　　　　　单位：元

<table>
<tr><td colspan="2">项　目</td><td>金额</td><td colspan="2">项　目</td><td>金额</td></tr>
<tr><td colspan="2">昨日结存</td><td></td><td rowspan="8">本日付出</td><td>本日销售</td><td></td></tr>
<tr><td rowspan="7">本日收入</td><td>本日购进</td><td></td><td>调价减值</td><td></td></tr>
<tr><td>调价增值</td><td></td><td>盘点短缺</td><td></td></tr>
<tr><td>盘点溢余</td><td></td><td>调出</td><td></td></tr>
<tr><td>调入</td><td></td><td>商品损耗</td><td></td></tr>
<tr><td></td><td></td><td></td><td></td></tr>
<tr><td></td><td></td><td></td><td></td></tr>
<tr><td></td><td></td><td>本日付出小计</td><td></td></tr>
<tr><td></td><td>本日收入小计</td><td></td><td colspan="2">本日结存</td><td></td></tr>
<tr><td colspan="2">合计</td><td></td><td colspan="2">合计</td><td></td></tr>
<tr><td colspan="2">本月销售计划</td><td></td><td colspan="2">销售完成累计</td><td></td></tr>
</table>

财务：　　　　　　　　　　　　　　　制表人：

超市商品，例如蔬菜类、肉蛋鱼、干货豆制品类、粮油面、佐料、其他生活用品等因购价一般比较稳定，且种类繁多，也可以用下列表格来管理进销存情况，如表 7-9 所示。

表 7-9　××商品进、销、存工作表

___年___月___日××商品进、销、存工作表

序号	品名\规格	昨日盘点		本日结存		本日入库		本日出库		本日退货		本日单价	单位
		数量	金额	数量	金额	数量	金额	数量	金额	数量	金额		

仓管：　　　　　　财务：　　　　　　总管：　　　　　　录入：

（二）商品进销存日报表的编制

1. 商品进销存日报表的编制依据

营业柜组或门市部每日营业结束后，根据“零售商品收货单”或“零

售商品入库单”“企业内部商品调拨单”“零售商品调价报告单”“商品溢余损耗报告单”“销售商品发货单”或“商品出库单”等原始凭证汇总而填制商品进销存日报表。

2. 商品进销存日报表的编制方法

(1)“昨日结存”项目。

应根据昨日“进销存日报表”中“本日结存”项目金额填列，如果是电子表格操作，直接编辑公式链接两个单元格的数据，不建议手工输入，方便数据变动后表格数据逻辑性仍然存在。

(2) 各收入、付出项目。

分别根据“商品购进日报表”“商品销货日报表”“溢余损耗报告单”等原始凭证数据，分析填列。

(3)“本日结存”项目。

本日结存=昨日结存+本日收入项目增加金额之和−本日付出项目减少金额之和，本日结存金额也就是明日“进销存日报表”的昨日结存金额。

此表一般一式两联，营业柜组或门市部自留一份，另一联一般连同有关原始单据送交财务部门用于记账。

3. 商品进销存日报表业务实例

【例 7-1】2016 年 8 月 7 日，柳州××商贸有限公司天虹商场百货柜商品进销存日报表，如表 7-10 所示。

表 7-10　商品进销存日报表

零售商品进销存日报表

部门：百货柜　　日期：2016 年 8 月 7 日　　单位：元

上日结存	500.00				
本日增加			本日减少		
项目	张数	金额	项目	张数	金额
购进		6 700.00	销售		5 010.00
调入		120.00	调出		170.00
调价增值		50.00	调价减值		88.00
溢余			短缺		
			小计	0	0.00
小计	0	6 870.00	本日结存		2 102.00
备注：					

领导：陈勇　　会计：陈英　　审核：张红　　责任人：李星

【例 7-2】2016 年 8 月 5 日，柳州 XX 商贸有限公司彩虹商场服装柜商品进销存日报表，如表 7-11 所示。

表 7-11　商品进销存日报表

××商品进销存日报表

部门：服装组　　　　2016 年 8 月 05 日　　　　单位：元

<table>
<tr><th colspan="2">项　目</th><th>金额</th><th colspan="2">项　目</th><th>金额</th></tr>
<tr><td colspan="2">昨日结存</td><td>68 452. 00</td><td colspan="2">本日销售</td><td>5 546. 00</td></tr>
<tr><td rowspan="8">本日收入</td><td>本日购进</td><td>7 462. 30</td><td rowspan="7">本日付出</td><td>调价减值</td><td>245. 00</td></tr>
<tr><td>调价增值</td><td></td><td>盘点短缺</td><td></td></tr>
<tr><td>盘点溢余</td><td>88. 00</td><td>调出</td><td></td></tr>
<tr><td>调入</td><td></td><td>商品损耗</td><td>100. 00</td></tr>
<tr><td></td><td></td><td></td><td></td></tr>
<tr><td></td><td></td><td></td><td></td></tr>
<tr><td></td><td></td><td>本日付出小计</td><td>5 891. 00</td></tr>
<tr><td>本日收入小计</td><td>7 550. 30</td><td colspan="2">本日结存</td><td>70 111. 30</td></tr>
<tr><td colspan="2">合计</td><td>76 002. 30</td><td colspan="2">合计</td><td>76 002. 30</td></tr>
<tr><td colspan="2">本月销售计划</td><td>550 000. 00</td><td colspan="2">销售完成累计</td><td>50 046. 00</td></tr>
</table>

财务：李飞　　　　制表人：张兴

任务三　部组经营成本计算

部组的经营成本主要是指商品的购货成本，商品的采购成本包括买价和采购费用。部组经营成本计算包括商品购进成本的计算，以及商品销售后的成本结转，不同的方法下结转的成本不尽相同。

一、购进商品成本计算

（一）商品购进的流程

1. 拟定进货计划

编制计划时一要提出购进商品具体品种、规格、数量、金额、产地等；二要确定好购进的时间、渠道和方式。编制的购进计划要报上级有关部门批准后组织实施。

2. 签订进货合同

组织商品购进应尽量争取现货，现货不能满足需要就应组织期货。购进商品应签定购货合同，以保证货源落实。

3. 货物交接以及支付结算方式

结算货款是按合同规定，由供货方开具发货票，办理转账手续，实现商品所有权转移过程。

4. 商品验收入库

柜组接到供货方发来的商品和发货单、运单等有关凭证后，要依据购货合同验收所到的商品，并填制“收货单”等凭证。收货单样式，如图 7-14所示。

物资类别	

收　货　单

No. 0028501

年　月　日　　　　连续号________

收货部门					供货单位				
编号	名称及规格	单位	数量		购进价格		零售价格		进销差价
			交库	实收	单价	金额	单价	金额	
合计									

（一）存根

财务部门主管　　记账　　保管部门主管　　验收　　单位部门主管　　缴库

图 7-14　收货单

（二）商品购进成本计量

《小企业会计准则》中，批发和零售业小企业，购买商品过程中发生的相关费用如运输费、装卸费、包装费、保险费等计入销售费用。《企业会计准则》中，购买商品过程中发生的采购费用计入货物的采购成本。

商品流转核算的基本方法有进价核算和售价核算，进价核算包括数量进价金额核算法、进价金额核算法，售价核算包括数量售价金额核算法、售价金额核算法。

（三）数量进价金额核算法

数量进价金额核算法是以实物数量和进价金额两种计量单位，反映商品进、销、存情况的一种方法。

1. 基本内容

数量进价金额核算法主要体现在库存商品明细账的设置和核算上，其基本内容包括：

（1）进价记账。

会计部门对库存商品总账和明细账的进、销、存金额均按进价记载。

（2）分户核算。

在库存商品总账控制下，按商品的品名、规格、等级和编号分户进行明细核算。库存商品明细账对每种库存商品的增减和结存情况，既反映金额又反映数量。

（3）设置类目账。

如果商品流通小企业经营品种繁多，还应设置库存商品类目账，以核算大类商品的进、销、存情况和控制所属各明细账。对于经营品种比较简单的商品流通小企业，库存商品可不设置类目账，直接用总账控制明细账。

（4）结转成本。

采用适当方法随时或定期结转销售商品成本。商品销售成本即销售商品进价，小企业可根据经营商品的不同特点和业务经营的不同需要，按照会计制度的规定分别采用不同的计算和结转方法，随时或定期结转商品销售成本。

2. 优缺点及适用范围

数量进价金额核算法的优点是：能全面反映各种商品进、销、存的数量和金额，便于从数量和金额两个方面进行控制。

缺点是：由于每笔进、销货业务都要填制凭证，按商品品种逐笔登记明细分类账，核算工作量较大，手续较繁。

一般适用于规模较大、经营金额较大、批量较大而交易笔数不多的大中型批发企业。

3. 业务实例

龙城市志明家具有限公司为一般纳税人，增值税税率17%，采用数量进价金额核算法对库存商品进行核算。2016年9月份发生部分经济业务如下，请根据经济业务编制会计分录。

【例7-3】2日，从香洲市光明家具生产有限责任公司购进光明会议桌1 000台，单价3 500元，收到增值税专用发票注明价款3 500 000元，增值税595 000元，商品已如数验收入库，全部款项从银行存款支付。

借：库存商品——光明会议桌　　　　　　3 500 000

应交税费——应交增值税（进项税额）　　595 000
贷：银行存款　　4 095 000

表 7-12　会议桌明细账

库存商品明细账

类别：办公系列　　品名：会议桌　　规格：光明　　单位：张　元

2016 年		凭证号数	摘要	入库			出库			结存		
月	日			数量	单价	金额	数量	单价	金额	数量	单价	金额
9	1		上月结存							2 500	3 550. 00	8 875 000. 00
	2		购进	1 000	3 500. 00	3 500 000. 00				3 500		12 375 000. 00

（四）进价金额核算法

进价金额核算法又称为“进价记账、盘存计销”核算法，是指库存商品的总分类账户和明细分类账户都只反映进价金额、不反映实物数量的一种核算方法。

1. 核算要点

进价金额核算法本着“进价记账、盘存记销”的原则，仅以进价金额反映库存商品的进销存情况。具有以下核算要点：

（1）商品购进时，库存商品明细账，只记进价金额，不记数量；

（2）商品销售时，按实际取得的销售收入，贷记“主营业务收入”账户，平时不结转商品销售成本；

（3）期末进行实地盘点，查明实存数量，用最后进价法计算期末库存余额，并结转商品销售成本。

2. 适用范围

这种核算方法，一般为经营鲜活商品的零售企业所采用。鲜活商品包括鱼、肉、禽、蛋、蔬菜和水果等。

3. 业务实例

北城百货放心商场是一家经营鲜活商品的小型零售企业，增值税一般纳税人，内设蔬菜组、鱼肉类两个经营柜组，为了简化核算、防止随时调整价格，采用进价金额核算法对库存商品进行核算。2016 年 9 月份发生部分经济业务如下，请根据经济业务编制会计分录。

【例 7-4】 9 月 2 日，从柳邕批发市场购进小白菜 100 公斤，空心菜 120 公斤，开出农副产品收购统一发票上注明：小白菜 100 公斤，单价 2. 5

元；空心菜120斤，单价1.5元，商品已由蔬菜组如数验收上柜，全部款项用转账支票付讫。

借：库存商品——小白菜　　217.50

　　　　　　——空心菜　　156.60

　　应交税费——应交增值税（进项税额）　　55.90

　　贷：银行存款　　430.00

（五）售价金额核算法

售价金额核算法又称“售价记账、实物负责制”，是指平时商品的购入、加工、收回、销售均按售价记账，售价与进价之间的差额通过“商品进销差价”科目核算。期末计算进销差价率和本期已销商品应分摊的进销差价，并据以调整本期销售成本的一种方法。

1. 核算要点

（1）建立实物负责制。

企业将所经营的全部商品按品种、类别及管理的需要划分为若干实物负责小组，确定实物负责人，实行实物负责制度。实物负责人对其所经营的商品负全部经济责任。

（2）售价记账、金额控制。

库存商品总账和明细账都按商品的销售价格记账，库存商品明细账按实物负责人或小组分户，只记售价金额不记实物数量。

（3）设置“商品进销差价”科目。

由于库存商品是按售价记账，对于库存商品售价与进价之间的差额应设置“商品进销差价”科目来核算，并在期末计算和分摊已售商品的进销差价。

（4）定期实地盘点商品。

实行售价金额核算必须加强商品的实地盘点制度，通过实地盘点，对库存商品的数量及价值进行核算，并对实物和负责人履行经济责任的情况进行检查。

2. 优缺点及实用范围

售价金额核算法在实务中的运用，一般是这样操作的：

（1）实行实物负责制。

划分实物负责小组，建立岗位责任制，对商品的购进、销售、调拨、调价、削价、缺溢等建立相关的手续制度。

（2）建立会计二级核算体系。

划分二级核算单位，按实物负责小组设置库存商品和商品进销差价明细分类账，按售价金额核算商品的进、销、存。

（3）执行规范的商品盘点制度。

定期进行商品全面盘点、账实核对，如遇实物负责人调动、商品调价应进行临时盘点。

因此，其优点是把大量按各种不同品种开设的库存商品明细账归并为按实物负责人来分户的少量的明细账，从而简化了核算工作。缺点一则是不能随时反应各种商品收付存的情况，二则是通过“商品进销差价”分摊成本，与实际进价成本还是有所出入，计算结果不够准确。售价金额核算法广泛应用于除鲜活商品、贵重或大件商品以外的零售商品流转业务。

3. 业务实例

龙城市日用品超市是主营日用品零售的小企业，分为日用品、食品两个柜组，增值税一般纳税人，根据商品流转的特点，采用售价金额核算法进行商品流转核算。

【例 7–5】 9 月 4 日，从伊利公司购进安慕希酸奶 100 箱，单价 48 元/箱，每箱 12 瓶，收到增值税专用发票注明价款 4 800 元，增值税 816 元，验收无误交食品组，货款约定一个月后付款，安慕希酸奶售价每箱 76 元。

（1）借：在途物资——伊利公司（安慕希酸奶）　　4 800
　　　　应交税费——应交增值税（进项税额）　　816
　　　　贷：应付账款——伊利公司　　5 616

（2）借：库存商品——食品经营组　　7 600
　　　　贷：在途物资——伊利公司（安慕希酸奶）　　4 800
　　　　　　商品进销差价——食品经营组　　1 800

表 7–13　食品组库存商品明细账

库存商品明细账

类别：食品组　　　　　　单位：张　元

2016 年		凭证号数	摘要	入库	出库	借或贷	结存
月	日			金额	金额		金额
9	1		上月结存			借	5 000. 00
	3		购进康师傅红烧牛肉面	8 000. 00			
	4		购进安慕希酸奶	7 600. 00			

（六）数量售价金额核算法

数量售价金额核算法是指对库存商品存货同时以实物数量和售价金额两种计量单位，反映商品进、销、存情况的一种核算方法。

1. 核算要点

（1）售价记账。

库存商品的总分类账和明细分类账统一按售价记账。总分类账反映库存商品的售价总额，明细分类账反映各种商品的实物数量和售价总额。

（2）分户核算。

库存商品的明细分类账按商品的编号、品名、规格、等级分户，按商品的收、付、存分栏记载数量和金额。

（3）设置“商品进销差价”账户。

该账户记载库存商品售价金额与进价金额之间的差额，定期分摊已销商品的进销差价，计算已销商品的进价成本和库存商品的进价金额。

2. 优缺点及适用范围

其优点是：由于对每种商品按数量和售价金额实行双重控制，有利于加强对库存商品的管理和控制，对商品销售收入的管理与控制也较为严密。

其缺点是：但逢商品售价变动，就要盘存库存商品，调整商品金额和差价，核算工作量较大。这种核算方法适用于基层批发企业（或品种规格不多）和经营贵重商品的零售企业。

3. 业务实例

南城市华俊汽车销售有限公司是经营汽车零售的企业，增值税一般纳税人，税率17%。采用数量售价金额核算法对库存商品进行核算，按汽车品牌计算结转商品进销差价。2016年9月发生部分经济业务如下，请根据经济业务编制会计分录。

【例7-6】9月3日，从五菱公司购进宝骏630小轿车10辆，进价50 000元/辆，收到增值税专用发票注明：价款500 000元，增值税85 000元，商品已验收入库，全部款项以银行存款付讫，630小轿车零售价为65 000元/辆。

（1）借：在途物资——五菱公司（宝骏630） 500 000
　　　　应交税费——应交增值税（进项税额） 85 000
　　　　贷：银行存款 585 000

（2）借：库存商品——五菱公司（宝骏630） 650 000
　　　　贷：在途物资——五菱公司（宝骏630） 500 000
　　　　　　商品进销差价——宝骏汽车 150 000

表 7-14　宝骏汽车明细账

库存商品明细账

类别：汽车　品名：宝骏汽车　规格：630　售价：65 000 元　单位：辆　元

2016 年		凭证号数	摘要	入库		出库		结存	
月	日			数量	金额	数量	金额	数量	金额
9	1		上月结存					5	320 000. 00
	3		购进	10	500 000. 00				

二、销售商品成本计算

商品销售是指商品经营者或生产者通过货币结算出售所经营的商品，转移所有权并取得销售收入的交易行为。零售商品销售是指商品经营者通过货币结算，把商品销售给个人消费者或社会团体消费者的交易活动。

（一）销售商品的确认

1. 商品销售的确认条件

商品流通企业的销售指的是销售那些为了销售而购进的商品。一般具备两个条件：

（1）商品的所有权已经转移。

（2）获得销售款收取的权利。

2. 商品销售收入的入账时间

（1）销售商品采用托收承付方式的，在办妥托收手续时确认收入。

（2）销售商品采用预收款方式的，在发出商品时确认收入。

（3）销售商品需要安装和检验的，在购买方接受商品以及安装和检验完毕时确认收入；如果安装程序比较简单，可在发出商品时确认收入。

（4）销售商品采用支付手续费方式委托代销的，在收到代销清单时确认收入。

（5）以分期收款方式销售货物的，按照合同约定的收款日期确认收入。

3. 商品销售收入的计量

商品销售的计量是指确认商品销售收入的入账金额。

（1）销售商品涉及商业折扣的，应当按照扣除商业折扣后的金额确定销售商品收入金额。

（2）销售商品涉及现金折扣的，应当按扣除现金折扣前的金额确定销售商品收入金额，现金折扣在实际发生时计入财务费用。

（3）企业已经确认销售收入的售出商品发生销售折让和销售退回，应当在发生当期冲减当期销售商品收入。

（二）填制“商品进销存日报表”

营业柜组每日营业终了，将原始单据、款项上交财务部门，财务部门按会计准则进行账务处理。商品进销存日报表，如表 7–15 所示。

表 7–15　商品进销存日报表

××商品进销存日报表

部门：　　　　　　　　年　　月　　日　　　　　　　　单位：元

项目		金额	项目		金额
昨日结存			本日付出	本日销售	
本日收入	本日购进			调价减值	
	调价增值			盘点短缺	
	盘点溢余			调出	
	调入			商品损耗	
				本日付出小计	
	本日收入小计		本日结存		
合计			合计		
本月销售计划			销售完成累计		

财务：　　　　　　　　制表人：

（三）数量进价金额核算法

1. 商品销售中正常业务的账务处理方法

销售业务核算的内容主要包括收取货款、确认销售收入、结转销售成本。企业将产品对外销售，按销售价格向购买方办理结算，取得货款，并计算增值税销项税额，确认主营业务收入。

商品销售收入 = 不含税售价×销售数量

增值税销项税额 = 商品不含税售价×增值税适用税率

2. 计算和结转已销商品成本原理

存货发出计价方法有先进先出法、加权平均法、个别计价法等。

（1）先进先出法。

先进先出法是假定先收到的存货先发出或先收到的存货先耗用，并根据这种假定的存货流转次序对发出存货和期末存货进行计价的一种方法。

采用这种方法，先购入的存货成本在后购入存货成本之前转出，据此确定发出存货和期末存货的成本。具体方法：收入存货时，逐笔登记收入存货的数量、单价和金额；发出存货时，按照先进先出的原则逐笔登记存货的发出成本和结存金额。

先进先出法可以随时结转存货发出成本，但较烦琐；如果存货收发业务较多、且存货单价不稳定时，其工作量较大。

【例 7-7】某企业某材料 2016 年 8 月份购入、发出情况，如表 7-16 所示，请用先进先出法计算材料发出的成本。

（2）加权平均法。

加权平均法是根据期初存货结余和本期收入存货的数量及进价成本，期末一次计算存货的本月加权平均单价，作为计算本期发出存货成本和期末结存价值的单价，以求得本期发出存货成本和结存存货价值的一种方法。

计算公式：

存货的加权平均单位成本=(结存存货成本+购入存货成本)÷(结存存货数量+购入存货数量)

库存存货成本=库存存货数量×存货加权平均单位成本

本期发出存货的成本=本期发出存货的数量×存货加权平均单位成本

或=期初存货成本+本期收入存货成本-期末存货成本

【例 7-8】某公司 2016 年 6 月“原材料——乙材料”明细账资料，如表 7-17 所示。

（3）移动加权平均法。

移动加权平均法是指每次收货后，立即根据库存存货数量和总成本，计算出新的平均单价或成本的一种方法。

计算公式：

$$\text{本次发货前存货的单位成本}=\frac{\text{库存原有存货的实际成本}+\text{本次进货的实际成本}}{\text{原有库存存货数量}+\text{本次进货数量}}$$

本次发出存货的成本=本次发出存货的数量×本次发货前存货的单位成本

本月月末库存存货成本=月末库存存货的数量×本月月末存货单位成本

采用移动平均法能够使企业管理当局及时了解存货的结存情况，计算的平均单位成本以及发出和结存的存货成本比较客观。但由于每次收货都要计算一次平均单价，计算工作量较大，对收发货较频繁的企业不适用。

表 7－16　某企业某材料 2016 年 8 月份购入、发出情况

某材料收入、发出和结存的单位成本数据

单位：斤，元

2017 年		摘要	收入			发出			结存		
月	日		数量	单价	金额	数量	单价	金额	数量	单价	金额
7	31	期初结存							3 800	8.9	33 820
8	9	购入	2 100	9.5	19 950				3 800 2 100	8.9 9.5	33 820 19 950
8	13	销售				3 800 200	8.9 9.5	33 820 1 900	1 900	9.5	18 050
8	19	购入	1 400	10.8	15 120				1 900 1 400	9.5 10.8	18 050 15 120
8	22	销售				1 200	9.5	11 400	700 1 400	9.5 10.8	6 650 15 120
8	26	购入	500	9.8	4 900				700 1 400 500	9.5 10.8 9.8	6 650 15 120 4 900
8	28	销售				700 800	9.5 10.8	6 650 8 640	600 500	10.8 9.8	6 480 4 900
8	31	本月合计	4 000		39 970	6 700		62 410	600 500	10.8 9.8	6 480 4 900

表 7－17　原材料明细账

名称：乙材料　　　　单位：千克　　　　金额单位：元

年		摘要	收入			发出			结存		
月	日		数量	单价	金额	数量	单价	金额	数量	单价	金额
6	1	月初余额							2 000	6	12 000
	6	购进	3 000	6. 5	19 950				5 000		
	10	发出				2 500			2 500		
	15	购进	2 000	6. 6	13 200				4 500		
	21	发出				3 000			1 500		
	26	购进	1 000	6. 8	6 800				2 500		
		合计	6 000		39 500	5 500		35 406. 25	2 500	6. 4375	16 093. 75

【例 7-9】某公司 2016 年 6 月份“原材料——乙材料”明细账资料，如表 7-18 所示。

（4）个别计价法。

个别计价法亦称个别认定法、具体辨认法、分批实际法，采用这一方法是假设存货具体项目的实物流转与成本流转相一致，按照各种存货逐一辨认各批发出存货和期末存货所属的购进批别或生产批别，分别按其购入或生产时所确定的单位成本计算各批发出存货和期末存货成本的方法。在这种方法下，是把每一种存货的实际成本作为计算发出存货成本和期末存货成本的基础。

个别计价法的成本计算准确，符合实际情况，但在存货收发频繁情况下，其发出成本分辨的工作量较大。因此，这种方法适用于一般不能替代使用的存货、为特定项目专门购入或制造的存货以及提供的劳务，如珠宝、名画等贵重物品。

表 7－18　原材料明细账

名称：乙材料　　　　单位：千克　　　　金额单位：元

年		摘要	收入			发出			结存		
月	日		数量	单价	金额	数量	单价	金额	数量	单价	金额
6	1	月初余额							2 000	6	12 000
	6	购进	3 000	6. 5	19 950				5 000	6. 3	31 500
	10	发出				2 500		15 750	2 500	6. 3	15 750
	15	购进	2 000	6. 6	13 200				4 500	6. 43	28 950
	21	发出				3 000		19 305	1 500	6. 43	9 645
	26	购进	1 000	6. 8	6 800				2 500	6. 578	16 445
		合计	6 000		39 500	5 500		35 055	2 500	6. 578	16 445

项目八　物流企业成本核算

通过本章的学习，了解物流成本种类和管理，掌握物流成本核算的程序与方法、学会计算运输、仓储、配送等功能的成本；掌握物流成本绩效评价。

任务一　认识物流成本

一、认识物流成本

物流成本与产品成本一样，都是特定对象的耗费。与成本概念类似，物流成本总是针对特定物流活动而言。在企业进行物流活动过程中，凡是与物流活动直接相关的支出，均应计入物流成本；对于不能合理地归属物流活动的支出，均不能计入物流成本，只能将其理解为企业在物流管理和运营过程中发生的费用。

（一）狭义的物流成本概念

物流成本的概念有广义和狭义之分。狭义的物流成本指的是物流企业在提供物流服务（即物流成本）时将占用和耗用的活劳动和物化劳动的货币表现。换句话说，对于物流活动，企业必须投入一定的人力、物力和财力。这些投入和成本值是作为物流成本计算和测量的。现代物流是指原材料、成品及相关有效工序的起点到终点。将运输、仓储、搬运、加工、配送和信息有机整合，形成系统化的供应链管理。物流成本，包括各种物流活动的成本，是一个特殊的成本制度。

（二）广义的物流成本概念

一般物流成本包括狭义的物流成本和客户服务成本。事实上，物流企业的业务活动是通过提供的服务实现物流实体在空间位置的转移，即实现从发货人（供应商）到接收方（消费者）的物流，以满足客户需求，创造时空的价值。物流活动是追求顾客满意，提高顾客服务的关键因素和重要保证。企业在提供物流服务时，由于服务质量不同，客户满意度会有所不同。顾客服务成本是由于对物流公司提供的服务质量（水平）不满意而导致的现有和潜在顾客的损失。

二、物流企业成本构成

（一）物流企业成本

物流企业是指为各类用户开展各项物流活动和后勤保障活动的经济组织，具有自主经营、自负盈亏、独立核算的经济性质。物流企业的成本是在提供各种物流服务的消费过程中发生的各种费用，这些费用直接形成或有助于服务产品的形成。

一般认为，物流业务成本应包括以下内容：

（1）材料成本，指在物流服务活动过程中处理的燃料、动力、包装材料、辅助材料等的消耗量。

（2）人工费用，是指职工薪酬，其他支出的应计经营成本。

（3）设施设备维护使用费，是指物流企业经营设施设备（如运输工具，仓储设备，分拣设备等）的折旧和修理费。

（4）物品损耗，是指物流企业从事仓储、运输、配送、装卸、搬运等服务活动所发生的合理损失。

（5）相关税金，是指物流企业在经营活动中需要承担的各种税费，如车辆使用税等。

（6）其他费用，是指物流企业在经营活动中发生的其他费用，如道路养护费、路费、房屋租金等。

（二）物流企业成本的分类

常用的成本分类办法和标准是：经济成分分类、经济用途分类、成本和业务分类量划分。物流企业的成本有其独特性。针对物流企业成本核算的要求和编写本教材的目的，本文只介绍按功能分类方法。

物流成本根据不同的物流功能分为运输成本、仓储成本、包装成本、配送成本，装卸搬运成本、处理成本、流通加工成本、信息处理成本。

1. 运输成本

运输是物流作业中最直观的要素之一，是人和物的运载及输送。我国国家标准《物流术语》中对运输的定义：“用设备和工具，将物品从一地点向另一地点运送的物流活动。其中包括集货、分配、搬运、中转、装入、卸下和分散等一系列操作。”

运输成本是指企业在对货物的运输活动中所形成的各项费用，包括车队费、燃料费、设备维护费、劳动力费用、保险费和装卸费等。

按照运输方式的不同，运输成本主要包括公路运输成本、铁路运输成本、水路运输成本、航空运输成本和管道运输成本等五种。不同的运输方式所包含的运输成本有不同的构成类别和范围。

根据《企业会计准则》的规定，结合运输生产耗费的实际，运输成本可划分为直接人工费、直接材料费、其他直接费用和营运间接费用等四个基本部分。

2. 仓储成本

（1）仓储的含义。

仓储是指通过特定场所储存和保管货物的行为，是对有形物品提供场所、存取物品过程和对存放物品的保管、控制的过程。仓储是物品离开生产过程但尚未进入消费过程的间隔时间内的物流停滞。简而言之，仓储是在特定的场所储存物品的行为。它是包含库存和储备在内的一种经济现象。

仓储的概念和运输的概念相对应，仓储是物流的主要功能之一。在物流活动中，运输承担了改变空间状态的重任，而仓储改变了“物”的时间状态，它通过克服供需之间的时间差异而使得产品获得更好的效用。所以，在物流系统中，运输和仓储是并列的两大主要功能要素，两者被称为物流的两大支柱。

（2）仓储成本。

①仓储成本的含义。

仓储成本是指在保护、管理、储存物品的相关物流活动中所发生的各种费用。是指因一段时间内储存货物而发生的各种费用，大致与所储存的平均库存量成正比例关系。

②仓储成本的构成。

仓储成本主要包括仓储持有成本、订货或生产准备成本、缺货成本和在途库存持有成本等。

a. 仓储持有成本。

仓储持有成本是指为保持适当的库存而发生的成本，可以分为固定成本和变动成本。

固定成本。仓储持有成本中的固定成本是相对固定的，与一定限度内的库存数量无直接关系。固定成本包括仓储设备折旧费用、保险费用和税金、仓储设备维护费用和仓库职工工资等。

变动成本。变动成本取决于仓储数量的多少，如库存占用资金利息费用、仓储物品的毁损和变质损失、保险费用、搬运装卸费用和挑选整理费用等。它主要包括资金占用成本、仓储维护成本、仓储运作成本和仓储风险成本。

资金占用成本。资金占用成本也称为利息费用或机会成本，是仓储成本的隐含费用。它是仓储持有成本的重要组成部分，通常用持有库存的货币价值的百分比来表示，也可以用确定企业新投资最低回报率来计算资金占用成本。为了简化核算，一般情况下，资金占用成本指占用资金所支付的银行利息。

仓储维护成本。仓储维护成本主要包括与仓库有关的租赁、取暖、设备折旧、保险费用和税金等费用。仓储维护成本取决于企业采取的仓储方式。如果企业利用自用的仓库，大部分仓储维护成本是固定的；如果企业利用公共的仓库，则有关存储的所有成本将直接随库存数量的变化而变化。

另外，在计算仓储维护成本时还应当考虑税收及保险费用。这些费用随着产品及库存水平的不同而不同，一般成正比例关系。

仓储运作成本。仓储运作成本主要与货物的出入仓库有关，即通常所说的搬运装卸成本。

仓储风险成本。仓储风险成本是指由于企业无法控制而造成的库存货物贬值、损坏、丢失和变质等损失。

b. 订货或生产准备成本。

订货或生产准备成本是指企业向外部的供应商发出采购订单的成本，或指企业内部的生产准备成本。这项成本通常和订货或生产准备次数直接相关，而与订货量或生产量无直接关系。

订货成本。订货成本是指企业为了实现一次订货而进行的各种活动所消耗的费用，包括处理订货的差旅费和办公费。订货成本中有一部分与订货次数无关，如常设机构的基本开支等，称为订货固定成本；另一部分与订货的次数有关，如差旅费和通信费等，称为订货的变动成本。

生产准备成本。生产准备成本是指当库存的某些产品不由外部供应而是由企业自己生产时，企业为生产一批货物而进行准备的成本。其中，固定成本包括更换模具和增添某些专用设备等的成本；变动成本包括材料费、加工费和人工费等。

c. 缺货成本。

缺货成本又称为亏空成本，是由于外部和内部中断供应而产生的。当企业的用户得不到全部订货时，叫做外部短缺；外部短缺将导致延期交货、当前利润损失和未来利润损失（商誉受损）。而当组织内部的一个班组或一个部门得不到全部订货时，叫做内部短缺；内部短缺可能导致生产损失（人员和机器的闲置）和完工日期的延误。

d. 在途库存持有成本。

对部分以目的地交货销售的企业而言，企业要负责将货物运达客户，当客户收到订货货物时，货物的所有权才转移。从理财的角度来看，货物仍然是销售方的库存。因为这种在途货物在交给客户之前仍然属于企业所有，运货方式及所需的时间是储存成本的一部分，企业应该对运输成本与在途库存持有成本进行分析。

3. 包装成本

包装作为物流企业的构成要素之一，与运输、保管、搬运及流通加工均有着十分密切的关系。包装是生产的终点，同时又是物流的起点。因而对包装环节进行管理与核算是物流企业财务会计的重要工作内容。

在物流活动过程中，大多数商品都必须经过一定的包装才能进行流转，因而，为了方便商品的正常流转，通常情况下，企业都会发生一定的包装费用。对于物流企业而言，其包装费用由以下内容构成。

（1）包装材料费用。包装材料费用是指各类物资在实施包装过程中消耗的材料成本。常用的包装材料种类繁多，功能各不相同。

（2）包装机械费用。包装过程中使用机械作业，可以极大地提高包装作业的劳动生产率，同时可以大幅度提高包装水平。使用包装机械（或工具）自然会产生购置费用支出、日常维护费用支出，以及折旧费用的发生。这些费用构成了物流企业的包装机械费用。

（3）包装技术费用。物流企业为了充分发挥包装的功能，达到最佳的包装效果，在包装商品时需采用一定的技术措施，如缓冲包装、防潮包装、发霉包装等。这些技术的设计和实施所发生的支出，统称为包装技术费用。

（4）包装人工费用。物流企业在实施包装的过程中，必须有工人或专业作业人员进行包装操作。对于这些人员发生的薪酬费用，即是包装人工费用。但其中不包括这些人员的劳动保护费用支出。

（5）其他辅助费用。除了上述主要费用外，物流企业有时还会发生一些其他包装辅助费用，如包装标记、包装标志的印刷和拴挂物费用的支出等，这些费用与商品包装相关，应作为包装费用核算。

4. 配送成本

配送是物流企业重要的作业环节，它是指在经济、合理的区域范围内，根据客户的要求，对物品进行拣选、加工、包装、分割和组配等作业，并按时送达指定地点的物流活动。

配送是集货、分拣、配载、包装、组配及加工等一系列活动的集合。通过配送，物流活动才能得以实现，但完成配送活动是需要付出代价的，即需要配送成本。配送成本是指配送过程中所支付的费用总和。

根据配送流程及配送环节，配送成本实际上是包含配送运输费用、分拣费用、装配费用及流通加工费用等的全过程成本。其内容具体由以下费用构成。

（1）配送运输费用。

配送运输费用主要包括两方面的内容。

①车辆费用。车辆费用是指从事配送运输而发生的各项费用。具体包括驾驶员及助手等的薪酬费用、燃料费、轮胎费、修理费、折旧费、养路费和车船使用税等。

②营运间接费用。营运间接费用是指营运过程中发生的不能直接计入各成本计算对象的站经费、队经费，包括站人员和对人员的薪酬费用、办公费用、水电费、折旧费等内容，但不包括管理费用。

（2）分拣费用。

分拣费用主要包括两个方面的内容。

①分拣人工费用。分拣人工费用是指从事分拣作业的作业人员及相关人员的薪酬费用总额。

②分拣设备费用。分拣设备费用是指分拣机械设备的折旧费用及修理费用。

（3）装配费用。

装配费用主要包括以下三个方面。

①装配材料费用。常见的装配材料有木材、纸、自然纤维和合成纤维、塑料等。这些包装材料功能不同，成本相差很大。领用时，按实际成本计入各成本计算对象的成本。

②装配辅助费用。除上述材料费用外，装配费用还包括一些辅助性材料费用，如包装标识的印刷和拴挂物费用等的支出。

③装配人工费用。装配人工费用是指从事包装工作的工人的薪酬总和。

（4）流通加工费用。

流通加工费用主要包括以下三个方面的内容。

①流通加工设备费用。流通加工设备因流通加工形式的不同而有所差异，购置这些设备所支出的费用，以流通加工费用的形式转移到被加工的产品成本中。

②流通加工材料费用。流通加工材料费用是指在流通加工过程中，投入到加工过程中的一些材料消耗支出。

③流通加工人工费用。在流通加工过程中从事加工活动的管理人员、工人及有关人员的薪酬费用的总和，即是流通加工人工费用。

5. 装卸搬运成本

装卸搬运是指物流过程中的仓储物品在空间发生的垂直举放成水平移动的物理性活动。确切地说，装卸是指将物品装载到运输工具和搬运设备上，或者从运输工具和搬运工具上卸下，以及对物品进行相应的拆码和堆码作业；而搬运则是指在同一场地（场所）内，对物品进行短距离的水平移动。

装卸搬运成本是指物流企业在物流作业过程中，为实现物品的移动和定位进行装卸搬运而产生的费用总和。

根据装卸搬运的作业特点，物流企业经营装卸搬运业务时，应按照人工作业和机械作业的不同，分别计算成本。

（1）装卸搬运机械成本。

装卸搬运机械成本的内容包括燃料和动力费、轮胎费、租赁费、维修保养费和其他费用。

燃料和动力费是指装载机械在运行和操作过程中所耗用的燃料、动力和电力等的费用。电力费用可以根据核算期间的缴费单据直接计入装卸搬运成本；燃料费用则应根据月末领用燃料的记录单据来计算实际消耗数量和金额。

轮胎费应按计算期间的实际领用数量计入成本。

按合同规定将企业租用外单位装卸搬运机械或装卸搬运设备进行装卸搬运活动所支付的租金计入成本。

维修保养费是指计算期间装卸搬运机械或装卸搬运工具进行日常维护和小修理时所发生的一切工料费和修理费。其中装卸搬运机械和装卸搬运工具进行日常维护和小修理发生的工料费直接计入装卸搬运成本即可。如果对装卸搬运机械和装卸搬运工具进行大修理，费用较大时，可按预定的预提方法计算，并计入装卸搬运成本。

其他费用包括折旧费、事故损失费、工具和劳动保护费等。其中折旧费是指装卸搬运机械按规定方法计提的固定资产折旧费，这项费用可以直接计入装卸搬运成本；事故损失费是指在装卸作业过程中所发生的货物的损坏、机器的损坏、人员伤亡等事故所发生的损失，包括应计入本期装卸搬运成本的在装卸搬运作业过程中由于工作疏忽造成的货物破损、装卸机械在作业过程中损坏所必须支付的修理费用等；工具和劳动保护费是指在装卸搬运作业过程中耗用的随车工具（附属设备）、工作过程中使用的劳动保护用品、防暑、防寒、保暖以及劳保案例等发生的各种费用，这类费用在领用劳保工具、用具时按实际数计入装卸搬运成本。

（2）装卸搬运人力成本。

装卸搬运人力成本主要是工资和福利费。工资及福利费是指按规定支付给装卸搬运工人、装卸搬运机械司机的计时工资、计件工资以及各项工资性津贴和按工资总额计提的职工福利费。应根据“工资费用分配汇总表”和“职工福利费用计算表”的有关数据，直接计入装卸搬运成本。

6. 处理成本

处理是物流作业中频繁发生的，连接物流各个环节的活动，处理成本有单一的少量工作，总成本大，成本多的特点。一般情况下，包括劳动力成本、主要部件的处理成本、设备维护成本、能耗成本、合理损耗等。

7. 流通加工成本

流通加工连接着生产领域与流通领域，在核算成本时，一般应从材料费用、设备费用、劳务费用和其他费用等几个方面进行。

（1）流通加工设备费用。

流通加工设备因流通加工形式、服务对象的不同而不同。物流中心常见的流通加工设备有各种设备项目，如剪板加工需要的剪板机，木材加工需要的电锯，印刷标签条码的喷印机，拆箱需要的拆箱机等。购置这些设备需要支出的费用，以流通加工费的形式转移到被加工的产品中。

（2）流通加工材料费用。

产品进入流通领域后，在进行流通加工的过程中，根据加工措施的不同，需要消耗不同的材料，如包装材料、辅助材料等，流通加工材料费用就是指这些被消耗的材料的成本。

（3）流通加工劳务费用。

流通加工劳务费用是指对从事流通加工活动的管理人员、工人以及相关人员的工资、奖金等费用。

（4）流通加工其他费用。

流通加工其他费用是指除上述费用外，在流通加工过程中所耗用的电力、燃料、油料等费用，也是流通加工成本的构成内容。

8. 信息处理成本

信息处理成本维护物流管理系统正常运行的硬件成本、软件成本、系统维护成本、订单处理成本等。

物流企业成本按其功能分类，可以反映各种经营成本的规模和组成，为控制经营成本，提高企业经营效率提供依据。

任务二　物流功能成本的计算

一、运输成本的计算

（一）运输成本的构成

运输成本是指企业在对原材料、在制品及产成品的运输活动中所形成的费用。它包括直接费用和间接费用。

一般来讲，运输总成本包括货运、车队、燃料、设备维护、劳动力、保险、装卸、逾期滞留费用和税收等。不同的运输方式所包含的运输成本有不同的构成类别和范围。本单元主要以公路运输为主，介绍运输成本的构成。

公路运输成本分为车辆费用和营运间接费用。

1. 车辆费用

车辆费用是指企业营运车辆从事运输生产活动时所发生的各项费用。包括工资和职工福利费、燃料费、轮胎费、保修费、大修理基金提存、折旧费、养路费、税金及运输管理费、事故费、其他营运费用等。

2. 营运间接费用

营运间接费用是指企业为管理和组织运输生产所发生的各项管理费用和业务费用。它是企业在营运过程中所发生的，不能直接计入运输成本对象的各种间接费用。包括企业各生产单位（分公司、船队）为组织和管理生产所发生的运输生产管理人员工资、职工福利费、折旧费、租赁费（不包括融资租赁费）、修理费、物料消耗、低值易耗品、取暖费、水电费、办公费、差旅费、运输费、保险费、设计费、试验检验费、劳动保护费及其他营运间接费用。

（二）运输成本的核算

1. 核算对象

如果企业车辆的车型较多，可以按不同的燃料和类型进行分类，作为成本核算对象；如果企业的车型较少，可以不进行分类，直接一并作为成本核算对象。

2. 计算单位

公路运输成本的计算单位，是以公路运输工作量的计量单位为依据的，即实际运送的货物吨数乘以运距，通常称为货物周转量，计量单位为“吨公里（t·km）”。为方便起见，通常以“千吨公里（kt·km）”作为成本的计算单位。

大型车组的成本计算单位可以为“千吨位小时”，集装箱车辆的成本计算单位为“千标准箱公里”。集装箱以20ft为一个标准箱。小于20ft的，每箱按一标准箱计算；大于20ft小于40ft的集装箱，每箱按1.5标准箱计算。

其他特种车辆，如冷藏车、油罐车等的运输业务，其运输工作量仍以“千吨公里”为成本计算单位。

3. 运输成本项目的设置

汽车运输成本项目分为车辆直接费用和营运间接费用两部分。

（1）车辆直接费用。

①工资：指按规定支付给营运车辆司机的基本工资、工资性津贴和生产性奖励金，随车售票乘务员工资和工资性津贴，以及实行承包经营企业的司乘人员个人所得的承包收入。

②职工福利费：指按规定的工资总额和比例计提的职工福利费。

③燃料：指营运车辆运行中所耗用的各种燃料，如汽油和柴油等。自动倾卸车时所耗用的燃料也在本项目内核算。

④轮胎；指营运车辆耗用的外胎、内胎和垫带的费用支出，以及轮胎翻新费和零星修补费。

⑤修理费：指营运车辆进行各级维护和小修所发生的工料费、修复旧件费用，以及车辆大修费用。采用总成互换维修法的企业，维修部门领取的周转总成的价值和卸下总成的维修费用，也在本项目内核算。

⑥车辆折旧：指营运车辆按规定方法计提的折旧费。

⑦养路费：指按规定向公路管理部门缴纳的养路费。

⑧公路运输管理费：指按规定向公路运输管理部门缴纳的运输管理费。

⑨车辆保险费：指向保险公司缴纳的营运车辆保险费用。

⑩事故费：指营运车辆在运行过程中，因行车肇事所发生的事故损失，扣除保险公司赔偿后的事故费用。但因车站责任发生的货损、货差损

失，以及由不可抗拒的原因而造成的非常损失等，均不在本项目内核算。

⑪税金：指规定交纳的车船使用税。

⑫其他费用：指不属于以上各项的车辆营运费用，如行车杂支、随车工具费、篷布绳索费、防滑链条费、中途故障救济费、车辆牌照和检验费、洗车费、停车住宿费、过桥费、过渡费和高速公路建设费等。

（2）营运间接费用。

营运间接费用指运输企业以下的基层分公司、车队和车站发生的营运管理费用，但不包括企业行政管理部门（总公司或公司）的管理费用。

4. 运输成本的核算

公路运输企业应按车型分类核算完成成本，以满足会计核算的需要。在核算分类成本时，可直接根据有关分配表或计算表的数字计入分类成本。

（1）工资及职工福利费。

根据工资分配表和职工福利计算表中分配给各分类成本的金额计入成本。对于有固定车辆的司机及其随车售票人员的工资、行车津贴和津贴，应由有关车型的运输成本负担，将其实际发生数直接计入运输成本的“工资”项目。按照工资负担对象和金额计算应计提的职工福利费，直接计入各分类运输成本的“职工福利费”项目。

没有固定车辆的后备司机的工资及津贴，应按营运车吨位或营运车日，分配计入有关车辆的分类运输成本。其分配计算公式：

每营运车吨日工资分配（元/车吨日）= 应分配的司机工资总额/总营运车吨日

某车型应分摊的司机工资额（元）= 该车型实际总营运车吨日×每营运车吨日工资分配额

（2）燃料费。

营运车辆消耗的燃料，应根据行车路单或其他有关燃料消耗报告所列实际消耗量计算计入成本。燃料消耗计算的范围与期间，应与车辆运行情况相一致，以保证燃料实际消耗量与当月车辆行驶总车公里和所完成的运输周转量相对应。

实际满油箱制的运输企业，在月初、月末油箱加满的前提下，车辆当月加油的累计数即为当月燃料实际消耗数。企业根据行车路单领油记录核实的燃料消耗统计表，即可计算当月燃油实耗数。

实行实地盘存制的企业，应在月底实地测量车辆油箱存油数，并根据行车路单加油记录，计算各车当月实际耗用的燃料数。其计算公式：

当月实耗数=月初车存数+本月领用数-月末车存数

营运车辆在本企业以外的油库加油，其领发数量不作为购入和发出处理的企业，应在发生时按照分类成本领用的数量和金额，直接计入各类运输成本。

（3）轮胎费。

营运车辆领用的内胎、垫胎及轮胎零星修补费用和轮胎翻新费用，按实际领用数和发生数计入各分类运输成本。外胎可以按领用轮胎实际成本计入当月运输成本，但一次领用轮胎较多时，可以在一年内分月摊入各月运输成本。

通常公路运输企业是按每月胎公里摊销额（元/千胎公里）和月度内实际行驶胎公里数计算列入运输成本。其计算公式：

$$千胎公里摊提额=\frac{1-计划残值}{新胎到报废行驶额}\div 1\,000$$

某车型外胎应按照新胎到报废的里程定额计算其超亏里程，并按月份车型分别计算其超亏行驶里程差异，调整运输成本。其计算公式：

某车型外胎超亏里程应调整成本差异（元）=千台公里摊提额×该车型报废外胎超亏胎公里÷1 000

（4）修理费。

营运车辆因维护和修理而领用的各种材料、配件费，直接计入各分类成本的“修理费”项目；预提的车辆大修理费用，可根据“预提大修理费用计算表”计入本项目。

营运车辆的大修理费用，按实际行驶里程计算预提，特种车、大型车可按使用年限计算预提。

①按使用年限计提。

某车型营运车辆月大修理费用提存率=(预计大修理次数×每次大修理费用)÷(该车型平均原值×预计使用年限×12)×100%

②按实际行驶里程计提。

某车型营运车辆千车公里大修理费用预提额（元/千车公里）=(预计大修理次数×每次大修理费用)÷(该车型新至报废行驶里程定额÷1 000)

某车型营运车辆月大修理费用提存额（元）=该车型营运车辆千车公里大修理费用预提额（元/千车公里）×该车型营运车当月实际行驶里程(车公里)÷1 000

实际大修间隔里程与大修间隔里程定额比较，所发生的超亏里程造成的多提或少提费用差异，以及大修后实际大修费用与预提每次大修理费用的差额，应调增或调减本项目。

（5）车辆折旧。

营运车辆的折旧，按实际行驶里程计算，特种车、大型车按年限法计算列入本项目。不采取预提大修费的企业，可不分大修和小修，所发生的修理费用，直接计入本项目。

①按使用年限法计提折旧的计算。

某车型营运车辆月折旧率（%）=［(1-残值率)÷该车型预计使用年限×12］×100%

某车型营运车辆月折旧额（元）=该营运车月初原值×该车型营运车月折旧率

②营运车辆按行驶车公里计提折旧的计算。

某车型营运车辆千车公里折旧额（元/千车公里）=［车辆原值-(预计残值-清理费用)］÷(该车型折旧里程定额÷1 000)

某车型营运车辆折旧费用（元）=该车型营运车辆当月实际行驶里程(车公里)×该车型营运车辆千车公里折旧额（元/千车公里）

月终，根据固定资产折旧计算表，将提取的营运车辆折旧额计入各分类运输成本的本项目内。

（6）养路费及运输管理费。

养路费及运输管理费按运输收入的一定比例计算交纳的企业，应按不同车型分别计算应交纳的养路费和运输管理费，计入各分类成本；按车辆吨位于月初或季初预先交纳养路费或运输管理费的企业，应根据实际交纳数额分摊计入各分类运输成本的本项目内。

（7）车辆保险费。

车辆保险费按实际支付的投保费用和投保期，按月份分车型分摊计入各分类运输成本的本项目内。

（8）事故费。

营运车辆在营运过程中因碰撞、翻车、碾压、落水、失火和机械故障等原因而造成的人员死亡、牲畜死伤、车辆损失和物资毁损等行车事故所发生的修理费、救援费和赔偿费，以及支付给外单位人员的医药费、丧葬费、抚恤费和生活补助费等事故损失，在扣除向保险公司收回的赔偿收入，以及事故对方或过失人的赔偿金额后，计入有关分类运输成本的本项目内。在事故发生时，可预估事故损失；在预估事故费用时，通过“预提费用”账户进行核算。当年结案事故的实际损失与预提数的差额，调整本年度有关业务成本。因车站责任发生货损、货差等事故损失，应计入“营运间接费用”账户，不列入本项目。

（9）营运间接费用。

营运间接费用是指企业营运过程中发生的不能直接计入成本核算对象的各种间接费用，但不包括企业管理部门的管理费用。营运间接费用可通过编制“营运间接费用分配表”计入各分类运输成本的本项目内。

（10）其他营运费用。

随车工具、篷布绳索、防滑链及司机的劳保用品等，应根据“低值易耗品发出汇总表”和“材料发出汇总表”，将按各分类成本对象归集的费用数额，计入分类运输成本的本项目内。一次领用数额较大时，可以通过“待摊费用”账户分期摊销。企业发生的其他各项支出，可以根据凭证计入各类成本项目。

将计算期内各运输成本核算对象的运输成本加总，即得运输总成本。如果需要，将各核算对象的运输成本除以相应的核算单位的数量，就得到相应的单位运输成本。

如果公司存在对外支付的运输费用，直接加到公司内部运输成本上，即可得到公司总运输成本。

【例 8-1】某公司运输部有 15 吨 12.5 米长的厢车（A 型车）1 辆；10 吨 9.6 米长的厢车（B 型车）1 辆。A 型车的行驶路线为广州——北京，行驶里程为 2 235 千米，来回一趟需要 72 小时，配司机 2 名。2016 年 12 月出车次数 4 次（4 个来回，8 个单边），百千米消耗柴油 32 升，柴油价格 5.42 元/升，燃油税 0.80 元/升，过桥过路费 1 750 元/单边。车辆购置成本 260 000 元，购置车辆费用利息 46 852 元（年利率 7.2%，5 年），车辆月折旧费 4 116.60。保险费（包括第三者责任险、交强险、车上人员责任险等）17 150 元/年，车船使用税按自重每月税额 7 元/吨，运管杂费（包括验车费、年检费）1 200 元/年，司机工资每人 3 600 元/月，司机通讯费 100 元/月。车辆卫星定位仪设备费 2 200 元/辆，安装费储值卡 200 元/辆，服务费 80 元/月，年费用（包括折旧、利息、服务费）1 440 元。车辆常规保养维修费 1 788 元（其中人工费 715 元、配件费 1 073 元），车辆计提大修理费用 750 元/月。A 型车该月一次性领用轮胎 10 个，每个 2 000 元，该批轮胎预计残值 2 000 元，这些新轮胎行驶里程定额为 30 万千米。

B 型车运行的路线为广州——柳州，行驶里程为 750 千米，来回一趟 30 小时。2016 年 12 月运输 12 趟，百千米消耗汽油 30 升，汽油价格 7.52 元/升，燃油税 1.00 元/升，过桥过路费 450 元/单边。车辆购置成本 200 000 元，该车使用年限为 3 年，预计残值率 30%。保险费（包括第三者责任险、交强险、车上人员责任险等）11 660 元/年，车船使用税按自重每月税额 7 元/吨，运营费（包括年检费、年票费和运营管理费用）800 元/月，司机工资每人 350 元/双程，伙食费补助每人 100 元/双程。车辆换机油和维修费 125 元。B 型车该月一次性领用轮胎 10 个，轮胎单价 1 550 元，预计残值 500 元，该批轮胎行驶里程定额 15 万千米。该车预计大修理 2 次，每次大修理费用 10 000 元，行驶里程定额 40 万千米。

2016 年 12 月，该公司车队管理费用 3 000 元（包括基层车队管理人员工资、水电费、办公费和通讯费）。

计算该公司 2016 年 12 月的运输物流成本。

（1）直接人工费的计算。

A 型车和 B 型车的直接人工成本计算如下。

A 型车的直接人工成本 = 3 600×2 = 7 200（元）

B 型车的直接人工成本 = 350×2×12 = 8 400（元）

（2）燃料费的计算。

燃油税开征后，取消了养路费。燃油税包含在加油时所支付的油费中，因此，把燃油税计入燃料成本。

A 型车燃料费 = [32×8×(2 235÷100)×(5.42+0.80)] = 35 588.35（元）

B 型车燃料费 = [30×12×(1 500÷100)×(7.52+1.00)] = 46 008.00（元）

（3）轮胎费的计算。

A 型车千胎千米摊提额 = (10×2 000 − 2 000) ÷ (300 000÷1 000) = 60（元）

A 型车本月应摊提轮胎费用 = (60×2235×8)÷1 000 = 1 072.80（元）

B 型车千胎千米摊提额 = (10×1 550 − 500) ÷ (150 000÷1 000) = 100（元）

B 型车本月应摊提轮胎费用 = (100×750×24)÷1 000 = 1 800（元）

（4）保养修理费的计算。

B 型车千车千米大修理费用预提额 = (2×10 000)÷(400 000÷1 000) = 50（元/千车千米）

B 型车月大修理费用提存额 = 50×(750×24÷1 000) = 900（元）

A 型车保养修理费 = 715+1 073+750 = 2 538（元）

B 型车保养修理费 = 125+900 = 1 025（元）

（5）车辆折旧费的计算。

A 型车月折旧费为 4 116.60 元

B 型车月折旧费 = 200 000×[(1−30%)÷(3×12)]×100% = 3 888.89

（元）

（6）营运间接费用的计算。

A 型车营运间接费用 = 67 246.17 ÷（67 246.17 + 74 963.56）× 3 000 = 1 418.60（元）

B 型车营运间接费用 = 74 963.56 ÷（67 246.17 + 74 963.56）× 3 000 = 1 581.40（元）

因此，该公司 2016 年 12 月运输成本如下表所示。

运输成本

金额单位：元

成本项目		A 型车	B 型车
直接人工费		7 200.00	8 400.00
直接材料费	燃料费	35 588.35	46 008.00
	轮胎费	1 072.80	1 800.00
其他直接费用	保养修理费	2 538.00	1 025.00
	折旧费	4 116.60	3 888.89
	银行利息费用	780.00	0
	路桥费	14 000.00	10 800.00
	保险费	1 425.42	971.67
	车船使用税	105.00	70.00
	运管杂费	100.00	800.00
	司机通讯费、住宿费、伙食补助费	200.00	1 200.00
	其他费用	120.00	0
小计		67 246.17	74 963.56
营运间接费用		1 418.60	1 581.40
合计		68 664.77	76 544.96

（三）公路运输成本

1. 公路运输成本的计算对象、计算单位和成本计算期

公路运输成本核算的对象是企业的运输业务。由于公路运输企业的营运车辆的车型比较复杂，为了考核同类车型成本和大、中、小型车辆的经济效益，可以按照大型平板车、集装箱车、零担车、冷藏车和罐车等作为

单独的成本计算对象。挂车运输不单独计算成本，其所发生的费用，随主车计入各分类运输成本。

公路运输成本的计算单位一般为元/千吨千米。大型车组的成本计算单位可以为元/千吨位小时，集装箱车辆的成本计算单位为元/千标准箱千米。集装箱以20英尺为标准箱，小于20英尺的，每箱按1标准箱计算；40英尺箱或其他大于20英尺的集装箱，每箱按1.5标准箱计算。

成本计算期一般为月份、季度和年度。

2. 公路运输成本核算项目

汽车在实现货物位移的运输生产过程中，发生的各种耗费，如车辆、装载机械、房屋建筑物、燃料、轮胎、配件以及驾乘人员薪酬等，构成了公路运输成本。一般公路运输成本项目主要包括车辆直接费用和营运间接费用两大类。

3. 公路运输成本的核算过程

（1）确定成本计算对象、计算单位、成本项目和成本计算期。

（2）按照成本计算对象、费用类别和部门归集和分配营运费用。

（3）确定各业务应负担的费用，计算各种业务成本。

（4）编制企业成本计算表。

公路运输企业的运输成本是通过运输支出、辅助营运费用、营运间接费用等会计账务处理进行归集和分配的，从而计算出运输总成本和单位成本。

总成本是成本计算期内各运输成本计算对象的成本总额，单位成本是成本计算期内按成本计算对象完成的单位运输周转量（千吨千米）的成本额。其计算公式：

某运输成本计算对象的单位成本（元/千吨千米）=该成本计算对象当月运输成本总额÷该成本计算对象当月运输周转量

对于不按千吨千米计算运输成本的大型平板车、集装箱专用车等，应按照各自计算生产的“千吨位小时”“千标准箱千米”等计算期运输成本。

4. 公路运输成本的核算方法

（1）职工薪酬的核算。

对于有固定车辆的司机和工作人员的薪酬费用，按照实际发生的数额，直接计入相关运输成本；对于没有固定运输车辆和后备司机的薪酬费用，按照营运车吨位或营运车吨日分配计入相关成本项目。计算公式：

每营运车吨日薪酬分配率=应分配的后备司机薪酬费用总额÷总营运车

吨日

某车型应分配的司机薪酬费用=该车型实际总营运车吨日×每营运车吨日薪酬分配率

【例 8-2】八达运输公司有两种运输车型。A 型车 15 辆，载重 8 吨，每辆车配备司机 1 名，每人薪酬 1 000 元/月；B 型车 10 辆，载重 4 吨，每辆车配备司机 1 名，每人薪酬 1 000 元/月。另外有 2 名后备司机，每人薪酬 960 元/月。假设 A、B 两种车型每天满载运输 2 趟，每月按 30 个工作日计算。

要求：计算 A、B 两种车型各自应负担的薪酬成本。

第一步，计算总营运车吨日。

A 车型=15×8×2×30=7 200（车吨日）

B 车型=10×4×2×30=2 400（车吨日）

第二步，计算后备司机薪酬费用分配率。

后备司机每营运车吨日薪酬费用分配率=(960×2)÷(7 200+2 400)= 0. 2

第三步，计算 A、B 型车应分配的后备司机薪酬费用。

A 型车应分配的后备司机薪酬费用=7 200×0. 2=1 440（元）

B 型车应分配的后备司机薪酬费用=2 400×0. 2=480（元）

第四步，计算 A、B 型车应负担的薪酬费用总额。

A 型车应负担的薪酬费用总额=15×1 000+1 440=16 440（元）

B 型车应负担的薪酬费用总额=10×1 000+480=10 480（元）

（2）燃料费。

实行满油箱制的运输企业，在月初、月末油箱加满的前提下，车辆当月加油的累计数即为当月实际消耗数量。企业根据行车路单上的领油记录核实燃料消耗统计表，即可以计算当月燃料实际消耗数量，也就是说，实行满油箱制的企业，当月燃料实际消耗数量为当月实际领油数量。

实行实地盘存制的企业，应在月底实地测算车辆油箱存油数量，并根据当月行车路单加油记录计算出各车实际耗用的燃料数量。计算公式：

本月燃料耗用量=月初结存数量+本月领用数量-月末结存数量

（3）轮胎费。

外胎可以按实际领用数量直接计入当月运输成本。当一次领用轮胎数量较多时，可以在一年内分月计入各月运输成本。一般按每千胎千米摊提额和月度内实际行驶胎千米数计算，计量单位：元/千胎千米。计算公式：

千胎千米摊提额=(外胎计划成本-计划残值)÷(新胎至报废预计行驶

里程定额÷1 000)

某车型某月应摊提轮胎费用=千胎千米摊提额×(该车型该月实际行驶里程数÷1 000)

【例 8-3】 八达运输公司某车型一次领用轮胎 100 个，每个 800 元。该批轮胎计划残值 4 000 元。这些新轮胎行驶里程定额为 500 万千米。本月该批轮胎行驶 50 万千米。

要求：计算本月应摊提的轮胎费用。

千胎千米摊提额=(100×800-4 000)÷(5 000 000÷1 000)= 15. 20（元）

该车型本月应摊提轮胎费用=15. 20×(500 000÷1 000)= 7 600（元）

（4）修理费。

营运车辆因维护和修理而领用的各种材料费、配件费和修理费等费用，可直接计入成本，预提的大修理费用则根据“预提大修理费用计算表”按月分配计入成本。营运车辆的大修理费用按实际行驶里程数来计算预提；特种车、大型车按实际使用年限来计算预提。

按实际行驶里程数计提时，其计算公式：

某车型营运车千车千米大修理费用预提额=(预计大修理次数×每次大修理费用)÷(该车行驶里程定额÷1 000)

某车型营运车月大修理费用提存额=该车型营运车千车千米大修理费用预提额×(该车型营运车月实际行驶里程数÷1 000)

按使用年限计提时，其计算公式：

某车型营运月大修理费用预提额=(预计大修理次数×预计每次大修理费用)÷(该车预计使用年限÷12)

需要注意的是，应根据车辆实际大修理间隔里程数与大修理间隔里程定额相比较所发生的超亏里程数的差异，以及大修理之后实际大修理费用与预提每次大修理费用的差额，调整运输成本项目。

【例 8-4】 八达运输公司有 A 型车 10 辆，预计使用年限为 10 年，预计大修理次数为 20 次，预计每次修理费用 10 000 元，该车型行驶里程定额为 40 万千米。2016 年 10 月，10 辆车共行驶 5 万千米。

要求：分别用行驶里程法和使用年限法计算大修理费用预提额。

按行驶里程法计算如下：

分配率=(20×10 000)÷(400 000×10÷1 000)= 50

该车型月大修理费用预提额=50×(50 000÷1 000)= 2 500（元）

按使用年限法计算如下：

该车型月大修理费用预提额=(20×10 000)÷(10×12)= 1 667（元）

(5) 车辆折旧费。

一般营运车辆的折旧费，按实际行驶里程数计算；特种车、大型车则按使用年限法计算。采用预提大修理费用的企业，可不分大修理和小修理，所发生的修理费用，可直接计入本项目。

在计算营运车辆折旧费时，要注意车辆折旧总额的确定。运输企业营运车辆的折旧总额应确定：

营运车辆折旧总额=车辆原值-预计净残值+预计清理费用

按行驶里程法的计算公式：

千车千米折旧额=营运车辆折旧总额÷(折旧里程定额÷1 000)

某营运车辆月折旧额=千车千米折旧额×(该车当月行驶里程÷1 000)

按使用年限法的计算公式：

车辆月折旧率=(1-净残值率)÷(折旧年限×12)×100%

车辆月折旧额=车辆原值×车辆月折旧率

(6) 养路费及运输管理费。

养路费及运输管理费按运输收入的一定比例来计算和缴纳的企业，是按车型来分别计算应缴纳的养路费及运输管理费，并计入成本。按车辆吨位于月初、季初预缴的企业，则根据实际缴纳数分别计入成本。

(7) 车辆保险费。

车辆保险费是按实际支付的投保数额和投保期限，按月、按车型分摊计入成本。

(8) 事故费。

营运车辆在营运过程中，因碰撞、翻车、碾压、落水、失火和机械故障等原因，造成的人员死亡、牲畜死伤、车辆损失和物资毁损等行车事故所发生的修理费、救援费和赔偿费，以及支付给外单位人员的医药费、丧葬费、抚恤费和生活补助费等事故损失费用，在扣除保险公司的赔偿收入、事故双方和相关责任人的赔偿金额后的净额计入成本。

事故发生后，可预估事故损失，通过预提费用账户预提事故损失费，待结案后，再根据当年结案事故的实际损失与预提数额的差额，调整本年度有关业务成本。应当注意的是，因车站责任发生货损和货差等事故损失的，应计入营运间接费用账户，不得列入本项目。

(9) 其他营运费用。

车辆发生的其他营运费用，应根据其实际内容的不同，视具体情况分别予以处理。

车辆发生的随车工具、篷布绳索、防滑链及司机的劳动保护费等，按照“原材料”或“低值易耗品”分别进行归集和分配，并计入各运输成本项目。如果上述原材料、低值易耗品一次领用数量较大时，则要通过摊销的方法进行分期摊销。车辆发生的行车杂支、车辆牌照费、检验费及过桥费、轮渡费等费用，则应按照实际发生的金额计入各分类成本项目。

（四）铁路运输成本的核算★

1. 铁路运输成本核算对象

铁路运输企业为完成货物运输业务而发生的职工薪酬、材料、燃料、电力消耗及固定资产折旧费以及各种服务管理费等，构成铁路运输成本。铁路运输企业应对一定时期内发生的费用按照一定的成本计算对象进行归集，以便计算其运输总成本和单位成本。

铁路运输成本计算以货物运输业务作为成本计算对象。

2. 铁路运输营运成本项目

铁路运输营运成本是指铁路运输企业营运生产过程中实际发生的与营运生产直接相关的各项支出。其项目包括以下几个方面。

（1）薪酬费用。是指由成本费用负担的运输各类人员的各种形式的薪酬费用，以及按批准工资结算收入与实际工资支出的差额。

（2）材料费用。指运输生产经营过程中所耗费的材料、配件、油脂（含清洗用柴油、汽油）、工具备品、劳动保护用品等具有实物形态的物品的实际成本。

材料支出的核算应严格执行定向定量制度，按用途列入有关成本费用科目。对于已领用未使用的材料，应在月末时办理盘点退料手续，不得发生账外材料。对于存放在铁路沿线的线上材料，应加强管理，采取分存制进账，不得一次出账。低值易耗品领用后一次摊销，实行账外数量管理。

线上材料及其他自购材料的差价，应按材料供应分类和使用对象分别摊入相关款源项目。

动用备用钢轨或互换配件报废时，应及时补充。在未补充前作为预提费用处理。

（3）燃料费。指运输设备运用、养护和修理及生产过程中所发生的固体、液体及气体等燃料费用支出。

燃料费用支出的核算应根据燃料消耗报表及有关记录，严格按规定用途列入有关科目，不得一次出账。燃料差价的分摊，应按月编制分摊率计算表，据实反映燃料成本支出。

（4）电力费用。指铁路运输设备运用、修理、动力、照明及其他用电的费用。

（5）折旧费。指铁路运输企业按照规定计提的固定资产折旧费。

铁路运输企业的下列固定资产应按规定计提折旧：铁路运输企业生产经营过程中的主要设施、设备、工具等，如房屋建筑物、铁路路基、铁路线路上部建筑和桥梁、隧道、涵洞、铁路机车车辆、机器设备、仪器仪表、工具器具、季节性停用和大修理停用的设备，以及以经营性租赁方式租出和以融资性租赁方式租入的固定资产。

铁路运输企业的下列固定资产按规定不计提折旧：房屋建筑物以外的未使用及不需用的固定资产、以经营性租赁方式租入的固定资产、提足折旧仍继续使用的固定资产、破产和关停企业的固定资产、提前报废的固定资产以及以前已单独估价入账的土地等。

货车、集装箱的折旧费，由原铁道部按该项固定资产平均总值和折旧率统一计提，并按各铁路局运用车数、集装箱运用箱数分别分配列入营运成本。

（6）其他费用。指不属于以上各要素的支出。如按预算管理的支出项目、集中费、差旅费、福利费、职工教育经费、工会经费、职工待业保险金、损失性费用、冲减成本费用的收入以及财务费用和委外加工修理费等。

3. 铁路运输成本的计算

铁路运输成本的计算，分经常性成本计算和非经常性成本计算两种。

经常性成本计算是定期进行的成本计算。它分别计算客运成本和货运成本。计算客运成本和货运成本的关键是把运输支出总额划分为客运支出额和货运支出额两部分，划分的原则是：①凡是直接与客运有关的支出，以及属于客运专用固定资产的折旧费和维修费，全部划入客运支出总额；②凡是直接与货运有关的支出，以及属于货运专用固定资产的折旧费和维修费，全部划入货运支出总额；③凡是客货运输混合的支出，以及客货运输共用的固定资产折旧费、维修费和管理费等，分别用客货列车千米、客货机车总行驶千米、客货机车总重吨千米等统计指标中所包含的客、货工作量比例和客货生产人员工资比例、客货运生产费用比例等进行分配。

非经常性成本计算是为解决某些特定的任务而进行的成本计算，如为制定运价，就要计算煤炭、焦炭、钢铁、石油、粮食等各类货物在不同运输距离上的运输成本，为评价合理运输方案而计算区段别的运输成本等。非经常性成本计算通常是采用支出率法来计算。支出率法是根据在运输过程中消耗的营运指标数和该指标的支出率来计算并分析运输成本的一种方法。这种方法还可以用来预测营运指标变动对运输成本的影响程度。

二、仓储成本的计算

（一）物流仓储成本的构成

仓储成本的构成主要包括以下几个方面。

1. 仓储持有成本

仓储持有成本是指为保持适当的库存而发生的成本，可以分为固定成本和变动成本。

（1）固定成本。仓储持有成本中的固定成本是相对固定的，与一定限度内的库存数量无直接关系。固定成本包括仓储设备折旧、保险费用和税金、仓储设备的维护费用和仓库职工工资等。

（2）变动成本。变动成本取决于仓储数量的多少，如库存占用资金的利息费用、仓储物品的毁损和变质损失、保险费用、搬运装卸费用和挑选整理费用等。它主要包括资金占用成本、仓储维护成本、仓储运作成本和仓储风险成本。

2. 订货或生产准备成本

订货或生产准备成本是指企业向外部的供应商发出采购订单的成本，或指企业内部的生产准备成本。这项成本通常和订货或生产准备次数直接相关，而和订货量或生产量无直接关系。

（1）订货成本。订货成本是指企业为了实现一次订货而进行的各种活动所消耗的费用，包括处理订货的差旅费和办公费等。订货成本中有一部分与订货次数无关，如常设机构的基本开支等，称为订货的固定成本；另一部分与订货的次数有关，如差旅费和通信费等，称为订货的变动成本。一般来说，订货成本包括与下列活动相关的费用：检查存货；编制并提出订货申请；对多个供应商进行调查比较，选择最合适的供应商；填写并发出订单；填写并核对收货单；验收发来的货物；筹集资金并付款。这些成本很容易被忽视，但在考虑涉及订货和收货的全部活动时，这些成本很重要。

（2）生产准备成本。生产准备成本是指当库存的某些产品不由外部供应而是由企业自己生产时，企业为生产一批货物而进行准备的成本。其中，固定成本包括更换模具和增添某些专用设备等的成本；变动成本包括材料费、加工费和人工费等。

3. 缺货成本

缺货成本，又称亏空成本，是由于外部和内部中断供应而产生的。当企业的用户得不到全部订货时，叫做外部短缺；外部短缺将导致延期交货、当前利润损失和未来利润损失（商誉损失）。而当组织内部的一个班组或一个部门得不到全部订货时，叫做内部短缺；内部短缺可能导致生产损失（人员和机器的闲置）和完工日期的延误。

4. 在途库存持有成本

对部分以目的地交货销售货物的企业而言，企业要负责将货物运达客户，当客户收到订货货物时，货物的所有权才转移。从理财的角度来看，货物仍是销售方的库存。因为这种在途货物在交给客户之前仍然属于企业所有，运货方式及所需的时间是储存成本的一部分，企业应该对运输成本与在途库存持有成本进行分析。

一般来说，在途库存持有成本要比仓储持有成本小，在实际业务中，需要对每一项成本进行仔细分析，才能准确计算出在途库存持有成本的实际数额。

（二）核算仓储成本

在明确了仓储成本的核算目的，确定了仓储成本的核算范围之后，物流企业便可根据自身的实际情况，选择适当的核算方法核算仓储成本。

一般来讲，仓储成本的计算可以采用以下几种方法。

1. 按支付形态核算仓储成本

把仓储成本分别按仓储搬运费、仓储保管费、材料消耗费、人工费、仓储管理费和仓储占用资金利息等支付形态分类，就可以核算出仓储成本的总额。

仓储成本=搬运费+保管费+消耗费+人工费+仓管费+利息+税收

这样可以了解花费最多的项目，从而确定仓储成本管理的重点。

这种核算方法是从月度利润表中“管理费用”“财务费用”“销售费用”等各个项目中，取出一定数值乘以一定的比例（物流部门比率，分别按人数平均、台数平均、面积平均、时间平均等计算出来）算出仓储部门的费用。

2. 按仓储项目核算仓储成本

按前面所述的支付形态进行仓储成本分析，虽然可以得出总额，但还不能充分地说明仓储成本的分布情况。若想降低仓储成本，就应把这个仓储总额按照项目详细区分开来，以便掌握仓储的实际状态，了解在哪些功能环节上有浪费，以达到控制成本的目的。这就是按仓储项目计算仓储成本的方法。

与按形态核算成本的方法相比，这种方法更能进一步找出妨碍实现仓储合理化的症结。而且可以核算出标准仓储成本（单位个数、重量、容器的成本），以便确定合理化目标。

3. 按使用对象核算仓储成本

按不同功能的仓储成本计算，不但可以降低仓储成本，而且还可以分别按适用对象核算仓储成本，即分别按商品、地区、客户等的不同计算成本，由此可以分析不同的对象对仓储成本的影响。如按商品核算仓储成本就是指把按项目计算出来的仓储费，以不同的基准，分配给各类商品，以此计算仓储成本，并可以分析各类商品的盈亏。

（三）仓储成本的计算范围

仓储成本的核算范围取决于仓储成本核算的目的，如果要对所有的仓储活动进行管理，则需要核算出所有仓储成本。同样是仓储成本，由于所包括的范围不同，其核算结果也不一样。如果只考虑库存本身的费用，不考虑仓储物流等其他领域的费用，则不能全面反映仓储成本。由于每个企业在统计仓储费用时的口径不一样，往往缺乏可比性。因此，在讨论仓储成本时，首先应该根据核算目的明确该成本核算所包括的范围。

仓储成本的核算范围应该包括以下几个方面的内容。

（1）材料费。材料费用是指与包装材料、消耗工具、器具备品和燃料等相关的费用。企业可以根据材料的入库、出库记录，先将此期间与物流活动有关的消耗量计算出来，再分别乘以材料单价，计算出物流材料成本。

（2）人工费。人工费可以根据工资和福利费用分配表中，向仓储人员支付的工资、奖金、补贴和福利费等报酬的实际金额，以及由企业统一负担部分按人数分配后得到的金额计算确定。

（3）物业管理费。企业的物业管理费用包括水、电、气等费用，这些费用可以根据安装在设备设施上的计量仪表的用量记录获取数据，也可以根据建筑设施的比例和物流人员的比例进行分配计算。

（4）管理费用。管理费用是指发生在企业管理部门的、为管理物流活动而发生的各项费用。管理费用无法从财务会计方面直接得到数据的，可以按人数比例进行分配求得。

（5）营业外费用。营业外费用包括折旧、利息等费用。折旧费用根据物流设备设施的原价、折旧年限和折旧率等来计算；利息费用则根据物流相关资产的金额、利率和年限等来计算。

(6) 对外支付保管费用。企业对外支付的保管费用应全部计入仓储成本。

(7) 仓库内的装卸搬运费。企业仓库内的装卸搬运费用也应当计入仓储成本。

(四) 仓储成本的核算项目

仓储成本是物流活动中所消耗的物化劳动和活劳动的货币表现。它是伴随着物流活动而发生的各项费用。

具体说来，仓储成本是由投入仓储生产中的各种要素的成本和费用构成的，这些要素包括以下几个方面。

(1) 固定资产折旧。固定资产主要指库房、堆场和道路等基础设施建设的投资，以及仓储机械设备的投入。这些投资在仓库建设时一次性投入，通过逐年折旧的方式收回。由于不同的项目和企业经营策略的不同，固定资产折旧年限也不完全相同，一般可采用年限平均法计算提取固定资产折旧额，计入仓储成本，还可以采用加速折旧法计算提取固定资产折旧额，计入仓储成本。

(2) 薪酬费用。薪酬费用是指仓储企业内部各类人员的工资、奖金和各种补贴，以及有企业缴纳的住房公积金、社会保险基金和退休基金等货币性薪酬和非货币性福利，按实际发生额计入当期仓储成本。

(3) 材料费。材料费包括仓储企业在生产经营过程中耗费的电力，材料、燃料等的实际成本，包括仓库用水、装卸搬运生产使用的工具，绑扎、衬垫、苫盖材料的损耗等。

(4) 设备维修费。仓储大型设备的修理费通过大型设备修理基金每年从经营收入中提取，提取额度一般为设备投资额的3%～5%，专项用于设备大修理。实际发生设备大修理支出时，按实际发生额分摊计入当期的仓储成本。

(5) 管理费用。管理费用是仓储企业为组织和管理仓储生产经营活动而发生的各项费用，包括行政办公费用、公司经费、工会经费、职工教育经费、排污费、绿化费、咨询审计费、土地使用费、业务费、劳动保护费等。按实际发生额计入当期的仓储成本。

(6) 资金利息。资金利息是企业使用投资资金所要承担的利息费用，即资金成本。发生时应直接或分配计入当期仓储成本。

(7) 保险费。保险费是仓储企业对储存的货物按其价值和储存期限向保险公司进行投保，对于意外事故或者自然灾害造成仓储货物损坏，所要承担的赔偿责任进行保险所支付的费用。一般来说，如果没有约定，仓储物资的财产险由存货人承担；仓储保管人仅承担责任险。仓储企业支付的保险费，应分期分摊计入仓储成本。

（8）外部协作费。仓储企业在提供仓储服务时使用外部服务所支付的费用称为外部协作费，包括业务外包，与其他相关单位合作发生的成本，如铁路、码头、汽车等设施和设备的租用费等。这些费用发生后，应视具体情况直接或分配计入当期仓储成本。

（9）相关税费。相关税费是指仓储企业在生产经营过程中承担的各种税金。相关税费发生时，应计入当期的仓储成本。

（10）营销费用。营销费用包括企业宣传、业务广告和仓储促销活动发生的各项费用。这些费用发生时，应直接计入当期仓储成本。

（11）保管成本。保管成本是仓储企业为存储货物而支付的货物养护和保管等费用，包括用于货物保管和货架和托盘等费用的分摊，以及为保管货物所消耗的相应耗材的实际成本、仓库堆场的房地产税等。这些费用发生时，应直接计入当期的仓储成本。

（12）货物搬运成本。货物搬运成本是指货物在仓库内移动而发生的各种耗费。这些耗费发生时，应直接计入当期仓储成本。

（13）流通加工成本。流通加工成本包括货物包装、挑选整理和成组等业务发生的各项费用。这些费用发生时，应直接计入当期仓储成本。

（五）仓储成本的核算方法

在明确了仓储成本的核算目的，明确了仓储成本的核算范围之后，物流企业便可以根据自身的实际情况，选择适当的方法核算仓储成本。

一般来说，仓储成本的计算可以采用以下几种方法。

1. 按支付形态核算仓储成本

把仓储成本分别按仓储搬运费、仓储保管费、材料消耗费、薪酬费用、仓储管理费和仓储占用资金利息等支付形态分类，就可以计算出仓储成本总额。

仓储成本=仓储搬运费+仓储保管费+材料消耗费+薪酬费用+仓储管理费+利息费用+相关税费

这种核算方法是从月度利润表中的“管理费用”“财务费用”“营业费用”等各个项目中，取出一定数值乘以一定比例（如物流部门比率，分别按人数平均、机器台数平均、仓库面积平均、时间平均等计算出来）算出仓储部门的费用，合计计算当期仓储成本。

【例 8-5】八达物流公司 2016 年 12 月按支付形态划分的仓储成本核算，如表 8-1 所示。

表 8-1 八达物流公司 2016 年 12 月仓储成本核算表

金额单位：元

项目	管理等费用	仓储成本	计算基础	备注
(1) 仓库租赁费	50 040	50 040	100%	全额
(2) 材料消耗费	15 092	15 092	100%	全额
(3) 薪酬费用	315 668	94 700. 40	30%	人数比率
(4) 燃料动力费	6 322	3 287. 44	52%	面积比率
(5) 保险费	5 124	2 664. 48	52%	面积比率
(6) 修缮维护费	9 798	5 094. 96	52%	面积比率
(7) 仓储搬运费	14 057	7 309. 64	52%	面积比率
(8) 仓储保管费	19 902	10 349. 04	52%	面积比率
(9) 仓储管理费	9 638	4 047. 96	42%	仓储费比率
(10) 易耗品消耗	10 658	4 476. 36	42%	仓储费比率
(11) 资金占用利息	11 930	5 010. 60	42%	仓储费比率
(12) 相关税费	16 553	6 952. 26	42%	仓储费比率
仓储成本合计	484 782	222 999. 72	46%	仓储费占费用总额比率

核算基准的计算公式：

人数比率=(物流工作人员数/全公司人数)×100%

面积比率=(物流设施面积/全公司面积)×100%

仓储费用比率=(1)～(8) 项的仓储费用之和÷(1)～(8) 项的管理等费用之和

2. 按仓储项目核算仓储成本

按支付形态进行仓储成本分析，虽然可以计算出仓储成本，但不能充分地说明仓储成本的分布情况。要想降低仓储成本，就应当把这个仓储成本总额按照项目详细区分开来，以便掌握仓储成本的实际状况，了解在哪些功能环节上有浪费的现象，以达到控制成本的目的。这就是按仓储成本项目计算仓储成本的方法。

与按支付形态核算成本的方法相比较，按仓储成本项目计算仓储成本的方法更能进一步找出妨碍实现仓储合理化的症结。而且可以核算出标准仓储成本（单位个数、重量、容器的成本），以便确定合理化目标。

【例 8-6】 八达物流公司 2016 年 12 月按功能划分的仓储成本核算，如表 8-2 所示。

表 8-2　八达物流公司 2016 年 12 月仓储成本核算表

金额单位：元

项目	管理等费用	项　目				
		仓储租赁费	仓储保管费	仓储管理费	材料消耗费	仓储搬运费等
(1) 仓库租赁费	50 040	50 040				
(2) 材料消耗费	15 092	4 037	6 202	2 445	2 408	
(3) 工资津贴	315 668	1 652	219 015	45 000		50 000
(4) 燃料动力费	6 322	1 350		3 622	1 350	
(5) 保险费	5 124	2 567	2 582	25		
(6) 修缮维护费	9 798	3 704		2 390	3 704	
(7) 仓储搬运费	14 057				3 558	10 498
(8) 仓储保管费	19 902		19 902			
(9) 仓储管理费	9 638	1 496	1 496	1 496	5 152	
(10) 易耗品费	10 658				10 658	
(11) 资金占用利息	11 930	5 022	6 908			
(12) 税金等	16 553	1 666	6 908			
合计	484 782	71 534	263 013	54 978	26 830	60 498
物流成本构成/%	100	16.45	60.49	12.64	6.17	13.91

3. 按适用对象核算仓储成本

按不同功能的仓储成本来核算，不仅实现了成本的降低，而且还能分别掌握按产品、地区、客户的不同而产生的仓储成本。这就是一般所说的按适用对象核算仓储成本。由此可以分析出产生仓储成本的不同对象。

按店或营业所核算仓储成本，就是要计算出各营业单位仓储成本与销售金额或毛收入的对比，用来了解营业单位仓储成本构成中存在的问题，以便加强管理。

按货物核算仓储成本是指把按项目计算出来的仓储费，以各自不同的基准，分配给各类货物，以此核算仓储成本。这种方法可以用来分析各类货物的盈亏。

4. 平均成本的仓储费核算

仓储成本需要在每单位仓储货物的仓储收费中得到补偿，要将总成本分摊到每一单位的仓储货物上，只需要确定每项货物在某一时期的平均成本，从而可以确定所收取的仓储费用。仓储总成本是指发生在仓储期间整体成本的总和。

仓储总成本由一定时期的固定资产折旧、资本费用、薪酬费用、管理业务费、仓储经营的耗损费、保险费、相关税费等构成。其中资本费用表现为所使用资本的利息，包括自有资本的利息。

仓储总成本=固定资产折旧+资本费用+薪酬费用+管理业务费+耗损费+保险费+相关税费

将仓储总成本分摊到同期的仓储量中，就可以确定每一仓储量的仓储成本。

单位仓储成本=仓储总成本/库存总量

其中，库存总量可以采取库存吨天量计算，则所确定的单位仓储成本即为日成本，所确定的价格则为日价；如果采用月存量计算，则可得出月价。一般情况下，仓储成本主要发生在出入库过程当中，因而定价期间的确定需要考虑货物存期。存期短、周转快的仓库，应以日价确定价格；存期长的仓库，可以选用较长期的价格。

三、配送成本的计算

（一）配送成本构成

根据配送流程及配送环节，配送成本实际由配送运输费用、储存保管费用、分拣费用、配装及流通加工费用等全过程中各环节的总成本组成。

1. 配送运输费用

配送运输费用是指配送车辆在完成配送货物的过程中所发生的各种车辆费用（营运直接费用）和营运间接费用。车辆费用包括工资和福利费、燃料费、轮胎费、修理费、折旧费、养路费、事故费和其他运营费；营运间接费用指营运过程中发生的不能直接计入各成本对象的站、队经费，但不包括管理费用。

2. 储存保管费用

储存保管费用是指货物在储存保管过程中所发生的费用。储存保管费用指货物在经济活动过程中所消耗的物化劳动和活劳动的货币表现。主要由仓储费、进出库费、代运费、机修费、验收费、代办费、装卸费和管理费组成。

3. 分拣费用

分拣费用包括分拣人工费用和分拣设备费用。分拣人工费用指从事分拣工作的作业人员及有关人员的工资、奖金和补贴等费用的总和。分拣设备费用指分拣机械设备的折旧费及修理费。

4. 配装费用

配装费用包括配装材料费及辅助费用、配装人工费、配装机械费用、配装技术费。配装材料费及辅助费用，常用的配装材料有木材、纸、金属和塑料等，包装过程中耗用的辅助材料包括标牌和标签等。配装人工费指从事配装工作的工人及有关人员的工资总额及所计提的福利费总和。配装机械费用：主要是包装机械的折旧费和维修费。配装技术费：如缓冲包装技术费、防震包装技术费、防潮及防锈包装技术费等。

5. 流通加工费用

流通加工费用包括流通加工材料费用、流通加工人工费用和流通加工制造费用（主要指流通加工设备费用）。

（二）核算配送成本

1. 分拣成本核算

分拣成本是指分拣机械及人工在完成货物分拣过程中所发生的各种费用。

（1）分拣直接费用。

①职工薪酬。工资是指按规定支付给分拣作业工人的标准工资、奖金和津贴等。

②职工福利费。职工福利费是指按规定的工资总额和提取标准计提的职工福利费。

③修理费。修理费是指分拣机械进行保养和修理所发生的工料费用。

④折旧费。折旧是指分拣机械按规定计提的折旧费。

⑤其他费用。包括不属于以上各项但应计入成本的其他费用。

（2）分拣间接费用。

分拣间接费用是指配送分拣管理部门为管理和组织分拣生产，需要由分拣成本负担的各项管理费用和业务费用。

上述分拣直接费用和分拣间接费用则构成了配送环节的分拣成本。

（3）分拣成本的核算方法。

配送环节分拣成本的计算方法，是指分拣过程中所发生的费用，按照规定的成本核算对象和成本项目，计入分拣成本的方法。

$$分拣成本 = 分拣直接费用 + 分拣间接费用 = \sum \begin{matrix}分拣成本项目核\\算期发生成本\end{matrix}$$

①职工薪酬的核算。根据“工资分配汇总表”和“职工福利费计算表”中分配的金额计入分拣成本。

②修理费的核算。辅助生产部门对分拣机械进行保养和修理的费用，根据“辅助生产费用分配表”中分配的分拣成本金额计入成本。

③折旧的核算。根据“固定资产折旧计算表”中按照分拣机械提取的折旧金额计入成本。

④其他费用的核算。根据“低值易耗品发出凭证汇总表”中分拣成本领用的金额计入成本。

⑤分拣间接费用的核算。根据“配送制造费用分配表”计入分拣成本。

物流配送企业月末应编制配送分拣成本核算表，以反映配送分拣总成本。

分拣总成本是指成本核算期内成本核算对象的成本总额，即各个成本项目金额之和。

2. 配装成本核算

配装费用是指在完成配装货物过程中所发生的各种费用。

（1）直接配装费用的核算。

①工资包括按规定支付给配装作业工人的标准工资、奖金和津贴等。

②职工福利费包括按规定的工资总额和提取标准计提的职工福利费。

③材料包括配装过程中消耗的各种材料，如木材、纸、金属和塑料等。

④辅助材料包括配装过程中消耗的辅助材料，如标志和标签等。

⑤其他包括不属于以上各项的费用，如配装工人的劳保用品等。

（2）间接配装费用的核算。

间接配装费用是指配送配装管理部门为管理和组织配装生产，需要由配装成本负担的各项管理费用和业务费用。

（3）配装成本的核算。

配送环节配装成本的核算方法，是指配装过程中所发生的费用，按照规定的成本核算对象和成本项目，计入配装成本的方法。

$$\begin{aligned}\text{配装成本} &= \text{配装直接费用} + \text{配装间接费用} \\ &= \sum \text{配装成本项目核算期发生成本}\end{aligned}$$

①职工薪酬。根据“工资分配汇总表”和“职工福利费”中分配的配装成本的金额计入成本。

计入成本中的直接人工费用，是根据当期“工资结算汇总表”和“职工福利费计算表”来确定的。

②材料费用。根据“材料发出凭证汇总表”“领料单”及“领料登记

表”等原始凭证，配装成本耗用的金额计入成本。

③辅助材料费用。根据“材料发出凭证表”和“领料单”中的金额计入成本。

④其他费用。根据“材料发出凭证汇总表”和“低值易耗品发出凭证”中配装成本领用的金额计入成本。

⑤配装间接费用。根据“配装制造费用分配表”中的金额计入配装成本。

3. 流通加工成本核算

配送环节的流通加工总成本是指成本核算期内成本核算对象的成本总额，即各成本项目金额之和。单位成本则为总成本除以期末完工产品的数量。

（三）配送成本的核算

配送成本费用的计算由于涉及多环节的成本计算，因此，对每一环节应当计算各成本核算对象的总成本。总成本是指计算期内成本计算对象的成本总额，即各个成本项目金额的总和。配送成本费用总额是由各个环节的成本组成的，其计算公式：

配送成本=配送运输成本+分拣成本+装配成本+流通加工成本

需要指出的是，在进行配送成本费用核算时，要避免配送成本费用的重复交叉计算。

1. 配送运输成本的核算

配送运输成本的核算是指将配送车辆在配送过程中所发生的费用，按照规定的配送对象和成本项目，计入配送对象的运输成本中。运输成本的核算方法在前面的内容中已经做了详细的介绍，配送运输成本的核算方法与之类似，因此，在此只做简单介绍。

配送运输成本的数据来源包括以下几方面。

（1）职工薪酬。职工薪酬是根据职工薪酬分配汇总表中各车型分配的金额来计入成本。

（2）燃料费。燃料费用是根据燃料发出凭证汇总表中，各车型耗用的燃料实际成本计入成本。配送车辆在本企业以外的油库加油，其领发数量不作为企业购入和发出处理的，应在发生时按照配送车辆领用数量和单价计算计入成本。

（3）轮胎费用。轮胎的外胎费用采用一次摊销法的，根据轮胎发出凭证汇总表中各车型领用的金额计入成本；采用按行驶胎千米提取法的，则根据轮胎摊提费计算表中各车型应负担的摊提额计入成本。发生轮胎翻新费用时，应根据付款凭证所列金额直接计入各车型成本或通过待摊费用分期摊销。

轮胎的内胎、垫带是根据材料发出凭证汇总表中各车型领用情况，将耗用的实际成本计入成本。

(4) 修理费。辅助生产车间（部门）对配送车辆进行保养和修理发生的费用，根据辅助营运费用分配表中各车型分配的金额计入成本。

(5) 折旧费。折旧费是根据固定资产折旧计算表中按车型提取的折旧额计入成本。

(6) 养路费及运输管理费。配送车辆应缴纳的养路费及运输管理费，应在期末（月末）时，编制配送车辆应缴纳养路费及运输管理费计算表进行分配计算，并据此计入配送成本。

(7) 车船使用税、行车事故损失和其他费用。对于车船使用税等其他费用，如果是通过银行转账、应付票据或现金支付的，根据付款凭证等直接计入相关车型的成本；如果是在企业仓库内领用的材料物资，则根据材料发出凭证汇总表和低值易耗品发出凭证汇总表中各车型领用的实际成本计入成本。

(8) 营运间接费用。营运间接费用是根据营运间接费用分配表所列相关数据计入有关配送车辆的配送成本。

物流配送企业在每月月末应编制配送运输成本计算表，以反映运输总成本和单位成本。

配送运输总成本是指成本计算期内成本计算对象的成本总额，即各个成本项目金额的总和。

2. 配送流通加工成本

物流配送企业在月末，应编制流通加工成本计算表，以反映配送流通加工总成本和单位成本。

配送环节的流通加工成本是指成本计算期内成本计算对象的总成本，即各个成本项目金额的总和。

流通加工成本核算的具体内容将在以后的项目中详细讲述，在此不赘述。

【例 8-7】 八达物流公司为 A 企业完成配送作业，2016 年 6 月发生的各项营运费用如下。

首先，归集和分配配送费用。

在这个环节，企业应将薪酬费用分配表、耗用材料、燃料汇总表、固定资产折旧计算表等所列的各项目，以及各种票据记载的其他费用，直接计入各环节成本。

薪酬费用分配表，如表 8-3 所示。

表 8-3　薪酬费用分配表　　单位：元

项目		工资费用	其他薪酬费用	合计
配送支出	堆存费用	120 000	16 800	13 680
	分拣费用	80 000	11 200	91 200
	配装费用	30 000	1 000	31 000
	运输费用	20 000	3 000	23 000
营运间接费用		10 000	1 500	11 500
管理费用		7 500	1 050	8 550
合计		267 500	34 550	302 050

耗用燃料、材料汇总表，如表 8-4 所示。

表 8-4　耗用燃料、材料汇总表　　单位：元

项目		燃料费用	材料费用	合计
配送支出	堆存费用	3 000	300	3 300
	分拣费用	5 000	200	5 200
	配装费用	1 000	100	1 100
	运输费用	20 000	400	20 400
营运间接费用		10 000	2 500	12 500
管理费用		4 000	1 000	5 000
合计		43 000	4 500	47 500

固定资产折旧计算分配表，如表 8-5 所示。

表 8-5　固定资产折旧计算分配表　　单位：元

项目		折旧费
配送支出	堆存费用	1 200
	分拣费用	1 000
	配装费用	3 000
	运输费用	2 400
营运间接费用		2 500
管理费用		1 000
合计		11 100

其他费用分配计算表，如表 8-6 所示。

表 8-6　其他费用分配表　　单位：元

项目		其他费用
配送支出	堆存费用	2 000
	分拣费用	3 000
	配装费用	1 000
	运输费用	4 000
营运间接费用		2 000
管理费用		1 000
合计		13 100

然后，分配营运间接费用。

月末时，将本月归集的营运间接费用总额按部门工资比例分配计入其营运成本，如表 8-7 所示。

表 8-7　营运间接费用分配表　　单位：元

项目		分配标准（工资总额）（元）	分配率	分配金额（元）
配送支出	堆存费用	120 000		13 680
	分拣费用	80 000		91 200
	配装费用	30 000		3 420
	运输费用	20 000		2 280
合计		250 000	0. 114	28 500

四、包装成本的计算

（一）包装成本计算的要素

物流企业经营包装业务，可以货物包装业务作为成本计算对象，按月计算包装成本。

（二）成本项目的计算

1. 包装材料成本的计算

物流企业包装材料的取得，主要有外购和自制两个途径。

(1) 购入包装材料成本的计算。物流企业的包装材料除少数自制外，大部分是通过采购取得的。根据财政部门颁布的《企业会计准则》，外购包装材料的成本包括以下内容。

①购买价格。购买价格指企业购入包装材料所支付的价款。企业有购入的包装材料，若销售方没有提供折扣的，其购买价格就是发票注明的金额；若有购货折扣的，实际成本应按扣除折扣后的金额计算。

②附带成本。附带成本指企业购入包装材料时所支付的除材料价款以外的其他支出。按现行会计制度的规定，附带成本具体包括：运杂费、运输途中的合理损耗、入库前的挑选整理费和按规定应计入包装材料成本的税金以及其他费用。

(2) 自制包装材料成本的计算。自制的包装材料，按自制过程中发生的各项实际支出作为其成本。

(3) 发出包装材料成本的计价。实际中，发出包装材料成本的计算方法有先进先出法、全月一次平均法、移动平均法、分批实际进价法、后进先出法等方法，这些方法在计算方法和适用上各有特点。物流企业对商品进行包装，其目的是为了提高装卸搬运、运输的效率和保护商品，所以包装并非物流企业营运的主要业务，因而在发出包装材料的计算上一般采用全月一次平均法或分批实际进价法。

①全月一次平均法。全月一次平均法是以期初结存材料金额与当期收入材料金额之和除以期初结存材料数量与当期收入材料数量之和，计算出加权平均单价，从而确定发出材料和期末结存材料成本的计算方法。该方法一般适用于全月进货批次较多、且进货价格变化较大的材料。计算公式：

材料期末加权平均单价 =（期初结存材料金额 + 当期收入材料金额）÷（期初结存材料数量 + 当期收入材料数量）

当期发出材料成本 = 当期发出材料数量 × 材料期末加权平均单价

②分批实际进价法。分批实际进价法是对每一批次购进的包装材料分别记载其购进数量和价格，实际发出材料时，按发出材料所属的批次选择单位进价，据此计算其实际成本的成本计算方法。采用此法计算包装材料的成本，需要建立并执行严格的材料分类登记管理制度，详细记载每类、每一批次的材料进价和库存数量，以便快速和准确查找发出材料的单位成本。

2. 包装人工费用的计算

包装人工费用根据“工资分配汇总表”和“职工福利费计算表”的有

关数字，直接计入包装成本。

在实行计件工资制的企业，应付工人的计件工资等于工人完成的合格品数量与计件单价的积。如果工人在同一月份内从事多种包装作业，作业计件单价各不相同，则需逐一计算相加。计件工资计算公式：

$$应付计件工资 = \sum(包装数量 \times 包装该种货物的单价)$$

若不实行计件工资制，在计算包装人工费的本期实际支付额时，报酬总额按实际支付总额计算。

3. 包装机械费用的计算

（1）折旧费。包装机械的折旧按规定的分类方法和折旧率计算计入包装成本。包装机械折旧的计算方法较多，实际中常用平均年限法。

（2）维修费。对包装机械、包装工具进行维护修理时的工料费应计入包装成本中。包装机械在操作过程中所耗用的机油、润滑油，月终根据油料库的领料凭证直接计入包装成本。

4. 包装技术费用和其他辅助费用的计算

包装技术费用和其他辅助费用按实际支出计入包装成本中。

（三）包装费用的核算

1. 包装材料成本的核算

（1）确定购入材料的成本。

物流企业的包装材料的来源渠道主要有外购和自制，除少数包装材料属于企业自制外，绝大部分的包装材料是通过外购的方式取得的。按《企业会计准则》的规定，企业外购材料的成本一般由材料的买价和采购费用两部分构成。材料的买价是指外购材料时实际支付的价款（不含进项增值税）；材料采购费用一般包括运输费、装卸费、保险费、包装费、仓储费、入库前的挑选整理费，以及运输途中的合理损耗等。材料成本的核算方法通常有按实际成本计价核算和按计划成本计价核算两种。物流企业材料通常按实际成本进行计价核算。

在会计实务中，企业外购材料发生的采购费用，凡是分清归属的，可直接计入各种材料的采购成本；凡是不能分清归属的，可根据各种材料的特点，采用一定的分配方法，分配计入各种材料的成本。其分配的标准通常有重量、体积、买价等。

确定分配标准后，进行费用分配时先计算费用分配率，然后计算出各种产品应分配的费用数额。计算公式如下。

首先，计算费用分配率：

材料采购费用的分配率=待分配的采购费用总额÷分配标准总额（总量）

然后，计算某一种材料应分摊的费用额：

该种材料应分配的费用数额=该种材料的分配标准额（量）×费用分配率

【例 8-8】 企业从外部购入甲材料 1 000 千克，不含税单价为 10 元/千克；乙材料 2 000 千克，不含税单价为 8 元/千克。购入两种材料发生共同运杂费 300 元。计算甲乙两种材料的采购成本。运杂费按材料重量比例分配。

计算过程如表 8-8 所示。

表 8-8 材料采购成本计算表

材料名称	买价（元）	运杂费分配率	应分摊的运杂费（元）	材料总成本（元）	材料单位成本（元）
甲材料	10 000	0. 10	100	10 100	10. 10
乙材料	16 000	0. 10	200	16 200	8. 10

（2）确定发出材料的成本。

由于企业的材料是按实际成本计价进行核算的。企业的各种材料是分次分批由不同的地点购进的，而每次购进的同一种材料单价往往不相同，因此，在每次领用（发出）材料时，就存在重新确定发出材料计价的问题。企业可以根据不同情况，采用先进先出法、加权平均法、移动加权平均法、个别计价法等方法计算发出材料的成本。

无论采用哪一种方法，方法已经确定，企业不得随意变更。

第一种：先进先出法。

先进先出法是指根据先入库先发出的原则，对于发出的存货以先入库存货的单价计算发出存货成本的方法。

现以甲材料为例，采用先进先出法计算发出材料和期末结存材料的成本，如表 8-9 所示。

第二种：加权平均法。

加权平均法也称“全月一次加权平均法”“综合加权平均法”，是以月初结存材料金额与全月收入材料金额之和，除以月初结存材料数量与全月收入材料数量之和，计算出以数量为权数的材料平均单价，从而确定材料发出成本和库存材料成本。这种平均单价每月月末计算一次。其计算公式：

材料加权平均单位成本=（月初结存材料成本+本月收入材料成本）÷（月初结存材料数量+本月收入材料数量）

表 8－9　甲材料明细账

年		凭证号数	摘要	收入			发出			结存		
月	日			数量（千克）	单价（元/千克）	金额（元）	数量（千克）	单价（元/千克）	金额（元）	数量（千克）	单价（元/千克）	金额（元）
1	1	–	期初余额							300	50	15 000
	10	略	购入	900	60	54 000				300 900	50 60	15 000 54 000
	11		发出				300 500	50 60	15 000 30 000	400	60	24 000
	18		购入	600	70	42 000				400 600	60 70	24 000 42000
	20		发出				400 400	60 70	24 000 28 000	200	70	14 000
	23		购入	200	80	16 000				200 200	70 80	14 000 16 000
	31	本月合计		1 700		112 000	1 600		97 000	200 200	70 80	14 000 16 000

月末结存材料成本=月末结存材料数量×加权平均单位成本

本月发出材料的成本=本月发出材料的数量× 加权平均单位成本

或=期初结存材料成本+本月收入材料成本-月末结存材料成本

仍以上述甲材料明细账为例，采用加权平均法计算发出材料和月末结存材料的成本。如表 8-10 所示。

材料月末加权平均单价=(15 000+54 000+42 000+16 000)/(300+900+600+200)= 63. 50（元/千克）

本月发出甲材料成本=1 600×63. 50=101 600（元）

月末结存甲材料成本=400×63. 50=25 400（元）

采用加权平均法，只在月末一次计算加权平均单价，比较简单，而且在市场价格上涨或下跌时所计算出来的单位成本平均化，对存货成本的分摊较为折中。但是，采用这种方法不利于核算的及时性；在物价变动幅度较大的情况下，按加权平均单价计算的期末存货价值与现行成本有较大的差异。适合物价变动幅度不大的情况。

第三种：移动加权平均法。

移动加权平均法是指以每次进货材料的成本加上原有库存材料的成本，除以每次进货材料数量与原有库存材料的数量之和，据以计算加权平均单位成本，以此为基础计算当月发出材料的成本和期末结存材料的成本的一种方法。

其计算公式：

移动加权平均单价=（本次收入前结存材料成本+本次收入材料成本）÷（本次收入前结存材料数量+本次收入材料数量）

仍以上述甲材料明细账为例，采用移动加权平均法计算发出材料和月末结存材料的成本，如表 8-11 所示。

移动加权平均法计算出来的商品成本比较均衡和准确，但计算起来的工作量大，一般适用于经营品种不多，或者前后购进商品的单价相差幅度较大的商品流通类企业。

第四种：个别计价法。

个别计价法也称为“个别认定法”“具体辨认法”“分批实际法”，是指对库存和发出的每一特定存货或每一批特定材料的个别成本或每一批成本加以认定的一种方法。

采用这一方法是假设材料的成本流转与实物流转相一致，按照各种材料，逐一辨认各批发出材料和期末结存材料所属的购进批别或生产批别，分别按其购入或生产时所确定的单位成本作为计算各批发出材料和期末结

表 8 – 10　甲材料明细账

年		凭证号数	摘要	收入			发出			结存		
月	日			数量（千克）	单价（元/千克）	金额（元）	数量（千克）	单价（元/千克）	金额（元）	数量（千克）	单价（元/千克）	金额（元）
1	1	–	期初余额							300	50	15 000
	10	略	购入	900	60	54 000				1 200		
	11		发出				800			400		
	18		购入	600	70	42 000				1 000		
	20		发出				800			200		
	23		购入	200	80	16 000				400		
	31	本月合计		1 700		112 000	1 600	63. 50	101 600	400	63. 50	25 400

表 8 – 11　甲材料明细账

年		凭证号数	摘要	收入			发出			结存		
月	日			数量（千克）	单价（元/千克）	金额（元）	数量（千克）	单价（元/千克）	金额（元）	数量（千克）	单价（元/千克）	金额（元）
1	1	—	期初余额							300	50. 00	15 000
	10	略	购入	900	60	54 000				1 200	57. 50	69 000
	11		发出				800	57. 50	46 000	400	57. 50	23 000
	18		购入	600	70	42 000				1 000	65. 00	65 000
	20		发出				800	65. 00	52 000	200	65. 00	13 000
	23		购入	200	80	16 000				400	72. 50	29 000
	31	本月合计		1 700		112 000	1 600		98 000	400	72. 50	29 000

存材料成本的方法。在这种方法下，是把每一种材料的实际成本作为计算发出材料成本和期末结存材料成本的基础。

2. 包装机械费用的计算

包装机械费用主要包括包装机械的折旧费和维修费。

包装机械的折旧费是指包装机械在使用过程中的损耗，而在一定时期内逐渐转移到包装成本中去的那一部分价值。影响折旧费的主要因素有包装机械的原值、预计使用年限、净残值等。计提折旧费的方法主要有年限平均法（直线法）、工作量法和加速折旧法（双倍余额递减法、年数总和法）等。

包装机械的维修费是指包装机械发生部分损坏而进行修理时发生的各项相关支出，可以分为中小修理和大修理两种。

3. 包装技术费用的计算

包装技术费用包括包装技术设计费和包装技术实施费。

包装技术设计费是指设计人员在包装技术的设计过程中所发生的与设计包装技术相关的一切合理费用。它主要包括设计人员的薪酬、设计过程中领用的材料和产品成本，以及各种现金支出。

（四）包装总成本的计算

物流企业的包装总成本是以上各项成本费用之和，即包装材料费用、包装机械费用、包装技术费用、包装人工费用和其他辅助费用之和。包装作业单位成本表明每包装一单位的作业量，需要花费多少包装成本，其计算公式：

包装作业单位成本＝包装作业总成本÷包装作业量

五、装卸搬运成本的计算

装卸搬运成本在物流总成本中占有较大比重，因此，加强装卸搬运费用的管理与核算，可以降低物流成本，提高企业的经济效益。

（一）装卸搬运作业成本的构成

装卸搬运作业活动消耗的人力、物力在内容和形式上多样，根据现行财务会计制度的规定和要求，通常情况下业内将装卸搬运成本分解成以下几个成本项目。

1. 人工费用

这是指支付给装卸搬运机械司机、助手和装卸搬运工人的工资、福利费、奖金、津贴、保险及补贴。

2. 营运费用

这是指在装卸搬运过程中的费用支出，包括以下几种费用。

（1）固定资产折旧费，是指装卸搬运机械在使用过程中逐渐损耗而转移的价值，企业应按规定计提装卸搬运机械的折旧费，使其价值得到补偿。

（2）维修费，是指为维护和修理装卸机械和装卸工具所发生的工料费用，以及装卸机械在运行和操作过程中所耗用的机油和润滑油的费用。

（3）能源消耗费，是装卸机械在运行和操作过程中所耗用的燃料（如汽油、柴油）、动力（如电力、蒸气）费用。

（4）材料费，是指装卸搬运过程中领用的材料物资成本，如装卸机械的外胎、内胎、垫带以及外胎翻新费用和零星修补费用。

3. 装卸搬运事故损失费用

这是指在装卸作业过程中，因装卸作业责任造成的应由本期装卸成本负担的事故损失，包括货物破损、散失、损耗、混合的损失及损坏装卸设备支付的修理费用，以及外单位人员人身伤亡事故所支付的费用支出。

4. 其他费用

其他费用包含为组织与管理装卸搬运业务而发生的管理费用和业务费用，如装卸搬运管理人员工资及福利费、办公费、差旅费、保险费和相关税金等。

（二）装卸搬运成本的计算

1. 装卸搬运作业成本计算的要素

物流企业通常以装卸搬运业务为成本计算对象，按月计算装卸搬运成本。物流企业既有机械化作业又有人工作业的，以机械作业为主仅配备少量人工作业时，可只计算机械作业成本；如以人工作业为主仅配备少量机械作业时，可只计算人工装卸成本。另外，企业根据管理的需要，还可将货种、装卸操作过程、成本责任部门、作业场所等作为成本计算对象。

在成本计算单位的确定上，运输企业的装卸成本一般以“千操作吨”为成本计算单位。港口企业业务成本的计算单位为：装卸成本计算单位为“千自然吨”，也可为“千操作吨”、“千吞吐吨”。集装箱装卸成本计算单位可采用“标准箱”和“千吞吐吨”两种，换算比例为：标准箱=100吞吐吨。

2. 成本项目的计算

（1）人工费用。

这是指直接人工费用，包括支付给装卸搬运机械司机、助手和装卸搬运工人等的工资以及按其工资总额和规定比例计提的职工福利费。职工福利费根据工资总额按14%的比例计提。物流企业可根据“工资结算表”等有关资料，编制工资及职工福利费汇总表，据以直接计入各类装卸成本。

装卸机械维修工的工资及福利费和装卸组管理人员工资及福利费不属于直接人工范围，前者是为装卸搬运机械进行保养、修理所发生的人工费，应计入营运费用中的修理费中；后者是装卸组为组织和管理装卸搬运业务而发生的管理费用，属于其他费用的范畴。

（2）营运费用。

①固定资产折旧费。装卸搬运机械在使用过程中会因逐渐损耗而使价值逐渐转移，这部分价值应在装卸搬运机械的有效使用年限内进行分摊，形成折旧费用。物流企业装卸搬运机械的折旧可采用平均年限法或工作量法计算；对于连续工作或不便于单独计算工作量的装卸设备，可按规定的折旧率计提；对于可以直接统计作业时间的装卸设备，则采用工作量法计算设备折旧。

采用工作量法计提折旧，一般按其工作时间（以台时表示）计提。其计算公式：

单位台时折旧额＝装卸搬运机械原值×(1−净残值率)÷预计总台时

装卸搬运机械月折旧额＝当月运转台时×单位台时折旧额

②维修费。物流企业由专职装卸机械维修工或维修班组进行维修的工料费，应直接计入装卸成本；由保养场（或保修车间）进行装卸机械保养的工料费，分配计入装卸成本。装卸机械在运行和装卸操作过程中耗用的机油、润滑油以及装卸机械保修领用的价值，月终根据油料库的领料凭证直接计入装卸成本。装卸机械的大修理预提费用，可分别按预定的计提方法（如按操作量计提）计算，并计入装卸成本。以上费用之和构成当月的维修费。

③能源消耗费。对于燃料和动力费用，每月终了可根据油库转来的装卸机械领用燃料凭证，计算实际消耗数量与金额，计入成本。电力费用可根据供电部门的收费凭证或企业的分配凭证，直接计入装卸成本。燃料、动力、电力费用之和构成能源消耗费。

④材料费。在领用装卸机械的轮胎时，将其价值直接计入成本。如果一次领换轮胎数量较大时，可作为待摊费用或预提费用，按月分摊计入装卸成本。装卸机械轮胎的翻新和零星修补费用，一般在费用发生和支付时，直接计入装卸成本。

（3）装卸搬运事故损失费用。

在装卸作业过程中，因装卸队责任造成的事故损失一般在实际发生时直接计入有关装卸成本。

（4）其他费用。

装卸搬运组直接开支的管理费和业务费，可在发生和支付时，直接列入装卸成本。

3. 装卸搬运总成本和单位成本的计算

物流企业的装卸搬运总成本是以上各项成本费用之和，即人工费用、营运费用、事故损失费用与其他费用之和。

装卸搬运业务的单位成本是指装卸搬运总成本与装卸作业量的商，即一单位的作业量承担多少装卸搬运成本。它以“元/千操作吨”为计算单位。其计算公式：

装卸搬运单位成本＝装卸总成本÷装卸作业量

【例 8-9】八达物流公司因装卸作业于 2016 年 12 月所支付的工资如下：机械装卸队司机 50 000 元，维修工人 20 000 元；人工装卸队人员 40 000 元，维修工人 15 000 元；队部人员 10 000 元。该公司 2016 年 12 月领用的装卸过程耗用燃料成本 80 000 元，其中，机械装卸队 55 000 元，人工装卸队 25 000 元。此外，该公司装卸队机械操作耗用电费 1 000 元。该公司 2016 年 12 月进行装卸作业时，机械装卸队领用外胎 2 500 元，内胎、垫带共计 1 800 元，机械装卸队送保养场零星修补轮胎费用 2 000 元，另外，委托外单位翻新轮胎支付翻新费 550 元。2016 年 12 月，该公司装卸队为保养修理所领用的备品备件、燃料及其他材料 32 600 元，其中，机械装卸队领用 25 600 元，人工装卸队领用 7 000 元。当月，机械装卸队送保养场大修机械的大修理费用 6 700 元。该物流公司购入一台装卸搬运机械设备，原价 200 000 元，预计净残值 200 元，预计使用年限为 5 年，采用年限平均法计算折旧。另外，该公司 2016 年发生的各项其他费用中，机械装卸队 500 元，人工装卸队 850 元。

该公司 2016 年 12 月所发生的各项费用具体分析如下。

①直接人工费。

工资费用汇总表　　　　单位：元

成本计算对象	直接人工费	制造费用
机械装卸队	70 000	
人工装卸队	55 000	
队部费用		10 000
合计	125 000	10 000

职工福利费汇总表　　单位：元

成本计算对象	直接人工费	制造费用
机械装卸队	9 800	
人工装卸队	7 700	
队部费用		1 400
合计	17 500	1 400

②燃料和动力。

燃料和动力费用汇总表　　单位：元

成本计算对象	直接材料费用	直接材料费—电费	总计
机械装卸队	55 000	1 000	56 000
人工装卸队	25 000		25 000
合计	80 000	1 000	81 000

③轮胎费用。

轮胎费用汇总表　　单位：元

成本计算对象	直接材料——轮胎			总计
	外胎、内胎	修补轮胎	翻新轮胎	
机械装卸队	4 300	2 000	550	6 850
人工装卸队				
合计	4 300	2 000	550	6 850

④保养修理费。

保养修理费用汇总表　　单位：元

成本计算对象	其他直接费用		小计
	保养修理费	大修理费	
机械装卸队	25 600	6 700	32 300
人工装卸队	7 000		7 000
合计	32 600	6 700	39 300

⑤折旧费。

折旧费用计算表 单位：元

固定资产原值	预计净残值	预计使用年限	年折旧额
200 000	200	5	39 960

⑥其他费用。

其他直接费用汇总表 单位：元

成本计算对象	其他直接费用
机械装卸队	500
人工装卸队	850
合计	1 350

⑦营运间接费用。

企业对装卸搬运作业过程中发生的管理费用和业务费用，在发生和支付时直接计入装卸搬运成本。当机械装卸和人工装卸分别计算成本时，可先通过营运间接费用表进行汇总，月末再按直接费用比例分配计入各类装卸搬运成本中。

六、流通加工成本的计算

（一）流通加工成本的构成

在物流系统中进行流通加工所消耗的物化劳动和活动的货币表现，即流通加工成本。流通加工成本由以下几方面构成。

1. 流通加工设备费用

流通加工设备因流通加工形式、服务对象的不同而不同。物流中心常见的流通加工设备有数种设备项目，如剪板加工需要的剪板机，木材加工需要的电锯，印刷标签条码的喷印机，拆箱需要的拆箱机等。购置这些设备需支出的费用，以流通加工费的形式转移到被加工的产品中去。

2. 流通加工材料费用

产品进入流通领域后，在进行流通加工的过程中根据加工措施的不同，需要消耗不同的材料，如包装材料、辅助材料等。流通加工材料费用就是指这些被消耗的材料的费用。

3. 流通加工劳务费用

流通加工劳务费用是指发放给从事流通加工活动的管理人员、工人以及相关人员的工资、奖金等费用。

4. 流通加工其他费用

除上述费用外，在流通加工的过程中耗用电力、燃料、油料等发生的费用，也是流通加工成本的构成部分。

（二）流通加工成本的核算

为简化计算，将物流中心、配送中心甚至仓库提供的各种各样的流通加工服务成本设置为流通加工直接材料费用、流通加工直接人工费用、流通加工制造费用三个成本项目。

1. 流通加工直接材料费用的核算

流通加工直接材料费用就是指在对产品进行加工过程中所直接消耗的辅助材料、包装材料的费用。这笔费用主要由直接消耗的材料数量和材料价格两个因素决定。

在计算直接材料费用时，材料费用数额是根据全部领料凭证汇总编制的“耗用材料汇总表”确定的。凡能分清某一成本计算对象的费用，应单独列出，以便直接记入该加工对象的产品成本计算单中；凡属于几个加工成本对象共同消耗的直接材料费用，应选择适当的方法，分别记入各加工成本计算对象的成本计算单中。

一般分配直接材料费用的方法有重量分配法、体积分配法、定额耗用量比例分配法、标准产量分配法、生产工时比例法和机器工时比例法等。

2. 流通加工直接人工费用的核算

流通加工直接人工费用是指直接参与流通加工活动的工人的工资、补贴、奖金、津贴以及按工资总额的一定比例提取的职工福利费等费用的总和。

（1）流通加工直接人工费用的归集。

流通加工直接人工费用的计算根据是“工资结算单”，计算时按照人员类别汇总编制“工资结算汇总表”和“职工福利费计算表”，根据当期报表来确定流通加工直接人工费用。

（2）流通加工直接人工费用的分配。

支付生产工人的工资时，如果是以计件工资的形式发放，此部分成本直接计入加工对象的成本中即可，不再进行分配。如果以计时工资的形式发放工资，在只加工一个对象的情况下直接计入该对象的成本；如果是多个对象，则需要采取恰当的方法在各个对象之间进行分配。职工福利费的分配方法与工资的分配方法相同。

直接人工费用的分配方法有生产工时分配法、系数分配法等。

3. 流通加工制造费用的核算

流通加工制造费用是指为组织和管理流通加工而发生的各项间接费用，主要包括生产加工单位的房屋、建筑物、机器设备的折旧费、修理费以及取暖费、水电费、办公费、保险费等。

制造费用是流通加工生产单位为组织和管理流通加工所发生的间接费用，制造费用的受益对象是流通加工单位本期所加工的所有产品。如果加工单位只加工一种产品，则制造费用直接计入该产品的流通加工成本，不需要再次进行分配；但如果加工单位同时加工多种产品，则制造费用不可直接计入，需要采取恰当的方法在全部产品之间进行合理分配。

制造费用的分配方法主要有直接人工工资比例法、系数分配法、计划分配率法、生产工时比例法和机器工时比例法等。

【例 8-10】某公司设有一个基本生产车间和一个辅助生产修理车间。基本生产车间大量生产甲、乙两种产品，根据生产的特点和公司管理的要求，采用品种法计算产品成本。

甲、乙产品共同耗用的材料按直接材料比例分配；基本生产车间的工人工资和制造费用均按生产工时比例分配；辅助生产成本采用直接分配法进行分配。

该公司 2016 年 6 月有关资料，如表 8-12 和表 8-13 所示。

表 8-12　工时记录

项目		生产工时（小时）	修理工时（小时）
基本生产车间	甲产品	2 480	
	乙产品	1 650	
	一般消耗		12 800
公司管理部门			10 100
合计		4 130	22 900

表 8-13　本月生产费用　　金额单位：元

项目	甲产品耗用	乙产品耗用	甲乙产品共同耗用	基本生产一般耗用	辅助生产费用	小计
原材料费用	224 000	160 000	364 000	2 300	1 100	751 400
人工费用			94 893. 60	7 364. 40	27 485. 40	129 743. 40
折旧费用				37 600	13 800	51 400

续 表

项目	甲产品耗用	乙产品耗用	甲乙产品共同耗用	基本生产一般耗用	辅助生产费用	小计
外购动力费用				48 400	13 000	61 400
燃料费用				10 600	1 400	12 000
办公费等其他费用				38 000	4 500	42 500
合计	224 000	160 000	458 893. 60	144 264. 40	61 285. 40	1 048 443. 40

根据以上资料，可计算 2016 年 6 月该公司甲、乙产品成本。

甲、乙产品成本计算单分别如表 8-14 和表 8-15 所示。

表 8-14　甲产品成本计算单　　金额单位：元

2016 年		摘要	直接材料	直接人工	制造费用	合计
月	日					
6	30	材料费用分配	436 333. 33			436 333. 33
	30	人工费用分配		56 982. 11		56 982. 11
	30	制造费用分配			107 198. 44	107 198. 44
	30	生产费用合计	436 333. 33	56 982. 11	107 198. 44	600 513. 88

表 8-15　乙产品成本计算单　　金额单位：元

2016 年		摘要	直接材料	直接人工	制造费用	合计
月	日					
6	30	材料费用分配	311 666. 67			311 666. 67
	30	人工费用分配		37 911. 49		37 911. 49
	30	制造费用分配			71 321. 55	71 321. 55
	30	生产费用合计	311 666. 67	37 911. 49	71 321. 55	420 899. 71

基本生产车间制造费用明细账，如表 8-16 所示。

表 8-16　基本生产车间制造费用明细账　　　金额单位：元

2016 年		摘要	材料费	人工费	折旧费	动力费	燃料费	办公费	修理费	合计
月	日									
6	30	材料费用分配	2 300							2 300
	30	人工费用分配		7 364. 40						7 364. 40
	30	折旧费分配			37 600					37 600
	30	外购动力费分配				48 400				48 400
	30	燃料费分配					10 600			10 600
	30	其他费用分配						38 000		38 000
	30	修费分配							34 255. 59	34 255. 59
	30	本月合计	2 300	7 364. 40	37 600	48 400	10 600	38 000	34 255. 59	178 519. 99

辅助生茶机修车间生产成本明细账，如表 8-17 所示。

表 8-17　机修车间生产成本明细账　　　金额单位：元

2016 年		摘要	直接材料	直接人工	制造费用	合计
月	日					
6	30	材料费用分配	1 100			1 100
	30	人工费用分配		27 485. 40		27 485. 40
	30	折旧费分配			13 800	13 800
	30	外购动力费分配			13 000	13 000
	30	燃料费用分配			1 400	1 400
	30	其他费用分配			4 500	4 500
	30	合计	1 100	27 485. 40	32 700	61 285. 40

具体计算过程如下。

①分配材料费用。

甲乙产品共同耗用材料费用分配表　　　　金额单位：元

产品名称	分配标准	分配率	分配金额
甲产品	224 000		212 333. 33
乙产品	160 000		151 666. 67
合计	384 000	0. 947 916 667	364 000

材料费用分配汇总表　　　　金额单位：元

受益对象	基本生产成本			辅助生产成本	制造费用	合计
	甲产品	乙产品	小计	机修车间	基本生产车间	
直接计入	224 000	160 000	384 000	1 100	2 300	387 400
分配计入	212 333. 33	151 666. 67	364 000			364 000
合计	436 333. 33	311 666. 67	748 000	1 100	2 300	751 400

②分配人工费用。

人工费用分配表

项目		基本生产成本			辅助生产成本	制造费用	合计
		甲产品	乙产品	小计	机修车间	基本生产车间	
应付职工薪酬	实际工时（小时）	2 480	1 650	4 130			
	分配率	22. 976 659	22. 976 659				
	分配金额（元）	56 982. 11	37 911. 49	94 893. 60	27 485. 40	7 364. 40	129 743. 40

③计提固定资产折旧。

固定资产折旧计算表　　　　金额单位：元

项目	辅助生产成本	制造费用	合计
	机修车间	基本生成本	
累计折旧	13 800	37 600	51 400

④分配外购动力费。

外购动力费用分配表 金额单位：元

项目	辅助生产成本	制造费用	合计
	机修车间	基本生产车间	
应付账款	13 000	48 400	61 400

⑤分配燃料费用

燃料费用分配表 金额单位：元

项目	辅助生产成本	制造费用	
	机修车间	基本生产车间	
燃料费	1 400	10 600	12 000

⑥分配其他费用。

其他费用分配表 金额单位：元

项目	辅助生产成本	制造费用	合计
	机修车间	基本生产车间	
办公费等其他费用	4 500	38 000	42 500

⑦分配辅助生产成本。

辅助生产成本分配表 金额单位：元

项目		制造费用（基本生产车间）	管理费用（公司管理部门）	合计
机修车间	分配标准（元）	12 800	10 100	22 900
	分配率	2. 676 218	2. 676 218	
	分配金额（元）	34 255. 59	27 029. 81	61 285. 40

⑧分配制造费用。

制造费用分配表 金额单位：元

项目		实际工时（小时）	分配率	分配金额（元）
基本生产车间	甲产品	2 480		107 198. 44
	乙产品	1 650		71 321. 55
	合计	4 130	43. 225 179	178 519. 99

项目九　汽车修理企业成本核算

不同行业的会计核算本质上是相通的，但也存在很多行业特征，要想成为一名合格或优秀的汽车修理厂或者4S店的财务人员，必须要对自己所从事的职业有所了解，对该类型企业的业务、财务知识了如指掌。学完本项目内容，相信对你将有很大帮助。

任务一　认识汽车修理企业成本费用

一、认识汽车修理企业

汽车维修企业是从事汽车维护和修理生产的经济实体。一般包括汽车维护企业、汽车修理企业、汽车专项修理业户、汽车技术状况诊断检测站等。汽车修理厂是专门修理汽车和总成的单位，一般设置在汽车站（场）内部，也有单独设立的企业。

目前汽车维修行业经营和销售模式主要有四种即四位一体，即4S店形式、连锁经营、特约维修、综合经营。

（一）汽车修理企业经营范围

按照国家标准《汽车维修业开业条件》，将汽车维修企业分为三类，一类汽车维修企业、二类汽车维修企业和三类汽车维修业户。各类汽车维修企业经营范围都不一样。

一类汽车维修企业是从事汽车大修和总成修理生产的企业，亦可从事汽车维护、汽车小修和汽车专项修理生产。

二类汽车维修企业是从事汽车一级、二级维护和汽车小修生产的企业。

三类汽车维修业户是专门从事汽车专项修理（或维护）生产的企业和

个体户。专项修理是指对汽车单项或几项附属总成、附件、零部件、专用装备、电器仪表、轮胎、装修涂饰中的一项或几项进行专业性的修理、维护、工艺加工、技术服务、改装等作业，如汽车喷（烤）漆、蓄电池充电修理、电气或空调器修理、轮胎修补充气、喷油泵修理、高压注（换）油、曲轴磨修、车身修理改装、门窗玻璃安装、检测四轮定位等。专门从事某一车型维修的汽车制造厂维修中心和特约维修站也参照相应条件进行分类。

（二）汽车修理企业财务人员日常工作

1. 出纳人员日常工作

（1）收取上缴的现金销售款。

①收取现金。做好当面清点手续，注意是否有假币。

②逐笔清点。对照相关原始单据，如送货单，核对现金，发现问题及时与当事人核实。

③确认款项、单据总额清点无误。开具收款收据，每日业务终了，将现金连同原始单据送交财务部门进行账务处理。

（2）办理各类收付款业务。

①接到手续完备的单据，以现金或银行转账方式付款。并在已现金付款的单据上加盖“现金付讫”戳记。员工借款单，手续完备后，现金付款式样，如图 9-1 所示。

借　款　单

2016 年 12 月 10 日　　　　第 00127 号

借款部门	销售部	姓名	王明	事由	出差
借款金额（大写）	零万贰仟零佰零拾零元零角零分　　¥2 000.00				
部门负责人签署	王庆	借款人签章	王明 现金付讫	注意事项	一、凡借用公款必须使用本单 二、出差返回后三天内结算
单位领导批示	王靓瑛	财务经理审核意见	郑镭		

图 9-1　现金支付借款

②办理网银转账付款业务时，应及时与收款方联系，确认款项收讫。

③办理有关收款业务。填写收款凭据，清点现金或其他形式的收款票

据，及时办理相应的进账业务。

④及时核对现金及银行存款日记账，同时清点库存现金，保证账实相符，并随时接受财务经理的检查。

⑤每周编制资金日报表，报总经理，对于已支付未划账的项目需特别注明。

⑥做好月末结账对账工作，每月末，编制现金及各银行的明细表，核对银行对账，查明差额或未达账形成原因，跟踪解决。

⑦做好发票的申购、登记、保管、发放、回收检查等管理工作。

⑧完成财务经理交办的其他工作。

2. 会计人员日常工作

（1）负责公司的全面财务会计工作。

（2）负责制定并完成公司的财务会计制度、规定和方法。

（3）解释、解答与公司财务会计有关的法规和制度。

（4）分析检查公司财务收支和预算的执行情况。

（5）审核公司的原始单据和办理日常的会计业务。

（6）编制会计凭证，登记会计账簿。

（7）编制公司的会计报表，按时报送给公司分管领导。

（8）编制、核算每月的薪酬发放表，发放职工薪酬。

（9）定期检查公司库存现金和银行存款是否账实相符。

（10）不定期检查存货是否账实相符。

（11）负责公司财务管理，合理控制费用支出，合理进行纳税筹划，控制公司财务风险，解决存在的问题。

（12）协调对外审计，提供所需财会资料。

二、汽车修理企业成本费用构成

汽车修理企业成本费用根据资金支出的性质，可以分为以下几大类。

（1）日常经营费用支出。包括办公用品、交通费、差旅费等经营管理费用。这些费用的支出主要通过销售费用、管理费用、财务费用科目核算。

“销售费用”科目是核算企业销售商品和材料、提供劳务的过程中发生的各种费用，包括保险费、包装费、展览费和广告费、商品维修费、预计产品质量保证损失、运输费、装卸费以及为销售本企业商品而专设的销售机构（含销售网点、售后服务网点等）的职工薪酬、业务费、折旧费等经营费用等。

“管理费用”科目是核算企业为组织和管理企业生产经营所发生的管

理费用，包括企业的董事会和行政管理部门在企业的经营管理中发生的，或者应由企业统一负担的公司经费（包括行政管理部门职工工资、修理费、物料消耗、低值易耗品摊销、办公费和差旅费等）、工会经费、待业保险费、劳动保险费、董事会费（包括董事会成员津贴、会议费和差旅费等）、聘请中介机构费、咨询费（含顾问费）、诉讼费、业务招待费、房产税、车船使用税、土地使用税、印花税、技术转让费、矿产资源补偿费、无形资产摊销、职工教育经费、研究与开发费、排污费、存货盘亏或盘盈（不包括应计入营业外支出的存货损失）；计提的坏账准备和存货跌价准备等。

“财务费用”是指企业在生产经营过程中为筹集资金而发生的筹资费用，包括企业生产经营期间发生的利息支出（减利息收入）、汇兑损益(有的企业如商品流通企业、保险企业进行单独核算，不包括在财务费用)、金融机构手续费，企业发生的现金折扣或收到的现金折扣等。但在企业筹建期间发生的利息支出，应计入开办费；为购建或生产满足资本化条件的资产发生的应予以资本化的借款费用，在“在建工程”“制造费用”等账户核算。

(2) 经营采购支出。主要是指为生产、服务而进行的物资采购。存货的采购支出包括购买价款、相关税费、运输费、装卸费、保险费以及其他可归属于存货采购成本的费用。对于一般纳税人而言，采购成本不包含进项税额；但对于小规模纳税人而言，进项税额包含在其采购成本之中。

(3) 工资性支出。包括企业为职工提供的各种形式的报酬支出。薪酬是组织（企业）对员工的贡献包括员工的态度、行为和业绩等所做出的各种回报。从广义上讲，工资性支出包括工资、奖金、休假等外部回报，也包括参与决策、承担更大的责任等内部回报。外部回报是指员工因为雇佣关系从自身以外所得到的各种形式的回报，也称外部薪酬。外部薪酬包括直接薪酬和间接薪酬。直接薪酬是员工薪酬的主体组成部分，它包括员工的基本薪酬，即基本工资，如周薪、月薪、年薪等；也包括员工的激励薪酬，如绩效工资、红利和利润分成等。间接薪酬即福利，包括公司向员工提供的各种保险、非工作日工资、额外的津贴和其他服务，比如单身公寓、免费工作餐等。

(4) 税费支出。税收是国家为满足社会公共需要，依据其社会职能，按照法律规定，强制地、无偿地参与社会产品分配的一种形式。税费是指国家机关向有关当事人提供某种特定劳务或服务，按规定收取的一种费用。这里的税费支出指的是汽车修理企业应上交的各项税款，主要有增值税、所得税、税金及附加等税费。

（5）其他支出。如固定资产购置、长短期投资支出等。

三、汽车修理企业成本费用计算的相关概念

汽车修理企业的会计科目与其他类型企业相差不太大，一般包括资产类、负债类、所有者权益类、损益类。

汽车修理企业设置哪些会计科目，应根据企业的实际业务需要来确定。因汽车修理企业不涉及具体的生产环节，其成本核算也比较简单，除了材料、人工这些直接成本外，再具体些就增加制造费用与管理费用以及销售费用即可。至于利润，即按收入和利得减去成本、费用和损失。

汽车修理企业存货发出成本的计算与一般企业存货成本核算无差别，我国《企业会计准则》规定："各种存货发出时，企业可以根据实际情况，选择使用先进先出法、加权平均法、移动平均法、个别计价法等方法确定其实际成本。"

（一）支出

支出是指企业在经济活动中为了实现特定经济目的而发生的资源流出。企业在生产经营过程中为获得另一项资产、为清偿债务所发生的资产的流出。如企业为购买材料、办公用品等支付或预付的款项；为偿还银行借款、应付账款及支付账款或支付股利所发生的资产的流出；为购置固定资产、支付长期工程费用所发生的支出和生活中的消费支出。

（二）费用

费用是指企业在日常生产经营活动中发生的、会导致所有者权益减少、与向所有者分配利润无关的经济利益的总流出。小企业的费用包括营业成本、营业税金及附加和期间费用等。

企业发生费用的形式是由于资产流出企业、资产损耗或负债增加而引起所有者权益减少。

在确认费用时，首先应当划分生产费用与非生产费用的界限；其次，应当分清生产费用与产品成本的界限；最后，应当分清生产费用与期间费用的界限。生产费用应当计入产品成本，而期间费用直接计入当期损益。

（三）成本

在会计当中对成本含义的表述通常有以下几种。

（1）成本是生产和销售一定种类与数量产品以耗费资源用货币计量的经济价值。企业进行产品生产需要消耗生产资料和劳动力，这些消耗在成本中用货币计量，就表现为材料费用、折旧费用、工资费用等。企业的经营活动不仅包括生产，也包括销售活动，因此在销售活动中所发生的费

用，也应计入成本。同时，为了管理生产所发生的费用，也应计入成本。同时，为了管理生产经营活动所发生的费用也具有形成成本的性质。

（2）成本是为取得物质资源所需付出的经济价值。企业为进行生产经营活动，购置各种生产资料或采购商品，而支付的价款和费用，就是购置成本或采购成本。随着生产经营活动的不断进行，这些成本就转化为生产成本和销售成本。

（3）成本是为达到一定目的而付出或应付出资源的价值牺牲，它可用货币单位加以计量。

（4）成本是为达到一种目的而放弃另一种目的所牺牲的经济价值。

（四）间接费用的分摊

所谓间接费用是指内部生产经营单位为组织和管理生产经营活动而发生的共同费用和不能直接计入产品成本的各项费用，如多种产品共同消耗的材料等，这些费用发生后应按一定标准分配计入生产经营成本。在会计上一般将其称为成本项目。

具体说来，间接费用是指制造企业各生产单位（分厂、车间）为组织和管理生产所发生的各种费用，包括生产单位管理人员的工资和福利费、办公费、水电费、机物料消耗、劳动保护费、机器设备的折旧费、修理费、低值易耗品摊销等。会计单位通常是先通过“制造费用”科目对这些费用进行归集，在每个会计期间终了，再按一定的标准（比如生产各种产品所耗的工时）将所归集的制造费用分配计入相关产品的生产成本之中。

制造费用分摊有五种方法：生产工人工时比率法、生产工人工资比率法、机器工时比率法、年度计划分配率法和直接成本比率法。

1. 生产工人工时比率法

该方法以生产工人所耗用的工时为基准，对制造费用进行分摊。这种办法适用于生产统计完善（能准确统计工人生产该产品的工时）和生产产品的市场价值相差不大的情况。

例如，某公司生产 A、B 两种产品，公司有生产统计基础良好，能准确统计工人生产产品的工时。A、B 两种产品在市场上的价格相差不大，则可以选用此法。

计算公式：

费用分配率=制造费用总额÷生产工人工时总数

某种产品应分配的制造费用=该产品的生产工人工时×费用分配率

【例 9-1】 2016 年 8 月 31 日，假如本月共发生制造费用 85 370 元，五菱车、宝骏车的生产工人工时分别为 6 000 工时、4 000 工时，按生产工人工时比例进行分配。

分摊过程如下：

制造费用分配率=85 370÷(6 000+4 000)= 8. 537

五菱车应分配的制造费用=6 000×8. 537=51 222（元）

宝骏车应分配的制造费用=4 000×8. 537=34 148（元）

2. 生产工人工资比率法

这种方法比较简单，工人工资比率可以很容易得到，但要求生产产品之间的劳动力交叉情况较少，或几乎没有劳资交叉情况。为了解决劳动力交叉的情况，有的公司往往实行劳资买卖关系，且劳资买卖可以通过考勤机来完成。操作方法如下：假定 A 产品工人是 3 个，每个人的工资为 1 200 元，B 产品工人是 4 个，每人的工资是 1 100 元，每月以 40 小时计算，A 产品满勤为 120 小时，B 产品为 160 小时。根据劳资买卖关系，A 产品向 B 产品购买了 70 小时，B 产品向 A 产品购买了 40 小时。则计算 A 和 B 的工资比率先计算出每个工人的工时工资，再进行买卖交换。然后重新汇总，就可计算出各个产品的工资比率。

这种方法适用于中小公司，公司人力资源不是很丰富，生产产品不是很多，且公司没有设置生产统计的企业用，还可以不用考虑产品价值，其核算成本很低。

计算公式：

费用分配率=制造费用总额÷生产工人工资总数

某种产品应分配的制造费用=该产品的生产工人工资×费用分配率

【例 9-2】 2016 年 8 月 31 日，假如本月共发生制造费用 85 370 元，五菱车、宝骏车的生产工人工资分别为 64 500、42 300 工时，按生产工人工资比例进行分配。

分摊过程如下：

制造费用分配率=85 370÷(64 500+42 300)≈0. 80

五菱车应分配的制造费用=64 500×0. 80=51 600（元）

宝骏车应分配的制造费用=85 370−51 600=33 770（元）

因为分配率是约等于计算的结果，宝骏车应分配的制造费用再按照 42 300×0. 80=33 840 元，则两者合计金额以超过原有应分摊的金额 85 370 元，故宝骏车应分配的制造费用只能采用倒轧的方式计算，以下采用倒轧也和此原理一样。

3. 机器工时比率法

其条件和生产工人工时比率法差不多，都要求有人统计机器使用时间，这种方法适用于产品的制造几乎只由机器完成，而人只是作为辅助性质存在的企业，自动化程度高的企业可以采用此法。

费用分配率=制造费用总额÷机器工时总数

某种产品应分配的制造费用=该产品的机器工时×费用分配率

【例 9-3】 2016 年 8 月 31 日，假如本月共发生制造费用 85 370 元，五菱车、宝骏车的机器工时分别为 5 000 工时、3 000 工时，按生产工人工时比例进行分配。

分摊过程如下：

制造费用分配率=85 370÷(5 000+3 000)≈10. 67

五菱车应分配的制造费用=5 000×10. 67=53 350（元）

宝骏车应分配的制造费用=85 370−53 350=32 020（元）

4. 年度计划分配率法

这种方法适用于开展企业预算，能基本可靠地获得产品市场价值的企业。通过市场价值与会计成本（扣除制造费用）之间的关系，利用产品成本=直接成本+制造费用×分配率的公式进行计算。

【例 9-4】 2016 年 8 月 31 日，假如本月共发生制造费用 85 370 元，五菱车、宝骏车的市场价值分别为 50 000 元、70 000 元，按产品市场价值比例进行分配。

分摊过程如下：

制造费用分配率=85 370÷(50 000+70 000)≈0. 71

五菱车应分配的制造费用=50 000×0. 71=35 500（元）

宝骏车应分配的制造费用=85 370−35 500=49 870（元）

5. 直接成本比率法

这种方法是利用直接成本的比率来分摊制造费用。这种方法的科学性不是很好，一般不常用。

任务二　汽车修理企业成本计算的方法

一、直接成本构成

直接成本是指直接用于生产过程的各项费用。某一时期（如一年）的直接成本总额随产量的变化而变化，且随产量的增加大体上成正比增加，故直接成本又称为可变成本。虽然直接成本的总额随产量变化，但在一定的产量范围内单位产品的直接成本基本上是常数。因此直接成本的单位成本常常以元/吨、元/千克为单位。

直接成本主要包括直接材料、直接人工。

二、直接成本计算

（一）存货的购进成本计算

存货是指企业在日常活动中持有以备出售的产成品或商品、处在生产过程中的在产品、在生产过程或提供劳务过程中耗用的材料或物料等，包括各类材料、在产品、半成品、产成品或库存商品以及包装物、低值易耗品、委托加工物资等 。

《小企业会计准则》规定，批发和零售业小企业，购买商品过程中发生的相关费用如运输费、装卸费、包装费、保险费等计入销售费用。《企业会计准则》中，购买商品过程中发生的采购费用计入货物的采购成本。

《企业会计准则》中明确规定，材料采购成本=买价+采购费用。采购费用是指材料采购过程中发生的运杂费（运输费、装卸费、保险费、包装费等）、运输途中的合理损耗、入库前的挑选整理费和相关税金。需要注意的是，为简化核算，实际工作中对一些应计入材料采购成本的费用如采购人员的差旅费、市内采购材料的运杂费、专设机构的经费等，不计入材料采购成本，而作为“管理费用”支出。

若是同时采购多个商品，发生了共同的采购费用，就需要对采购费用进行分摊，按照一定的比例分摊到不同商品，计入商品采购成本。通常使用的分配标准包括重量、金额、体积等，计算公式：

分配率=采购费用总额÷分配标准总额（重量、金额、体积等）

$$\text{某种材料应分摊的采购费用} = \text{该种材料的分配标准（重量、金额、体积等）} \times \text{分配率}$$

购进时，直接按照所购商品成本入账。整车销售成本可以使用个别计价法结转。维修成本也就是所谓的材料费，为简化核算，可每月月末根据出库单汇总结转一次，维修材料成本按加权平均法来计价。

【例 9-5】 9 月 1 日，某汽车修理企业购入汽车配件一批，总价款为 1 000 000 元，增值税额为 170 000 元，款项已付。其中购入甲配件 1 000 千克，单价 200 元；乙配件 1 500 千克，单价 300 元；丙配件 3 500 千克，单价 100 元，增值税税率 17%，采购三种配件共发生采购费用 3 000 元，按配件重量分配采购费用。

按配件重量分配采购费用过程如下：

(1) 采购费用分摊到这三种配件：

分摊率＝3 000/(1 000+1 500+3 500)＝0. 5

甲配件：1 000×0. 5＝500（元）

乙配件：1 500×0. 5＝750（元）

丙配件：3 500×0. 5＝1 750（元）

(2) 这三种配件每一种配件的成本是多少？

甲配件：1 000×200+500＝200 500（元）

乙配件：1 500×300+750＝450 750（元）

丙配件：3 500×100+1 750＝351 750（元）

(3) 进项税额是多少？

(1 000×200+1 500×300+3 500×100)×17%＝170 000（元）

(二) 存货发出计价方法

存货的入账价值主要有购货价格、购货费用、税金等，其发出存货的价值由以下方法确定。

1. 先进先出法

先进先出法是假定先收到的存货先发出或先收到的存货先耗用，并根据这种假定的存货流转次序对发出存货和期末存货进行计价的一种方法。

采用这种方法，先购入的存货成本在后购入存货成本之前转出，据此确定发出存货和期末存货的成本。具体方法是：收入存货时，逐笔登记收入存货的数量、单价和金额；发出存货时，按照先进先出的原则逐笔登记存货的发出成本和结存金额。

【例 9-6】某企业某材料 2016 年 8 月份购入、发出情况如表 9-1 所示，请用先进先出法计算材料发出的成本。

表 9-1　某材料收入、发出和结存明细账

2017		摘要	收入			发出			结存		
月	日		数量(斤)	单价(元/斤)	金额(元)	数量(斤)	单价(元/斤)	金额(元)	数量(斤)	单价(元/斤)	金额(元)
7	31	期初结存							3 800	8. 9	33 820
8	9	购入	2 100	9. 5	19 950				3 800 2 100	8. 9 9. 5	33 820 19 950

续 表

2017		摘要	收入			发出			结存		
月	日		数量（斤）	单价（元/斤）	金额（元）	数量（斤）	单价（元/斤）	金额（元）	数量（斤）	单价（元/斤）	金额（元）
8	13	销售				3 800 200	8. 9 9. 5	33 820 1 900	1 900	9. 5	18 050
8	19	购入	1 400	10. 8	15 120				1 900 1 400	9. 5 10. 8	18 050 15 120
8	22	销售				1 200	9. 5	11 400	700 1 400	9. 5 10. 8	6 650 15 120
8	26	购入	500	9. 8	4 900				700 1 400 500	9. 5 10. 8 9. 8	6 650 15 120 4 900
8	28	销售				700 800	9. 5 10. 8	6 650 8 640	600 500	10. 8 9. 8	6 480 4 900
8	31	本月合计	4 000		39 970	6 700		62 410	600 500	10. 8 9. 8	6 480 4 900

2. 加权平均法

加权平均法是根据期初存货结余和本期收入存货的数量及进价成本，期末一次计算存货的本月加权平均单价，作为计算本期发出存货成本和期末结存价值的单价，以求得本期发出存货成本和结存存货价值的一种方法。

计算公式：

$$\text{存货的加权平均单位成本}=\left(\text{结存存货成本}+\text{购入存货成本}\right)/\left(\text{结存存货数量}+\text{购入存货数量}\right)$$

库存存货成本＝库存存货数量×存货加权平均单位成本

本期发出存货的成本＝本期发出存货的数量×存货加权平均单位成本

或＝期初存货成本+本期收入存货成本－期末存货成本

【例 9–7】某公司 2016 年 6 月份”原材料——乙材料”明细账资料如表 9–2 所示。

表 9-2　原材料明细账

名称：乙材料

年		摘要	收入			发出			结存		
月	日		数量（斤）	单价（元/斤）	金额（元）	数量（斤）	单价（元/斤）	金额（元）	数量（斤）	单价（元/斤）	金额（元）
6	1	月初余额							2 000	6	12 000
	6	购进	3 000	6.5	19 500				5 000		
	10	发出				2 500			2 500		
	15	购进	2 000	6.6	13 200				4 500		
	21	发出				3000			1 500		
	26	购进	1 000	6.8	6 800				2 500		
		合计	6 000		39 500	5 500		35 406.25	2 500	6.4375	16 093.75

3. 移动加权平均法

移动加权平均法是指每次收货后，立即根据库存存货数量和总成本，计算出新的平均单价或成本的一种方法。

计算公式：

$$\text{本次发货前存货的单位成本}=\frac{\text{库存原有存货的实际成本+本次进货的实际成本}}{\text{原有库存存货数量+本次进货数量}}$$

本次发出存货的成本 = 本次发出存货的数量×本次发货前存货的单位成本

本月月末库存存货成本 = 月末库存存货的数量×本月月末存货单位成本

【例 9-8】 某公司 2016 年 6 月份“原材料——乙材料”明细账资料，如表 9-3 所示。

表 9-3　原材料明细账

名称：乙材料

年		摘要	收入			发出			结存		
月	日		数量（斤）	单价（元/斤）	金额（元）	数量（斤）	单价（元/斤）	金额（元）	数量（斤）	单价（元/斤）	金额（元）
6	1	月初余额							2 000	6	12 000
	6	购进	3 000	6.5	19 500				5 000	6.3	31 500

续 表

年		摘要	收入			发出			结存		
月	日		数量（斤）	单价（元/斤）	金额（元）	数量（斤）	单价（元/斤）	金额（元）	数量（斤）	单价（元/斤）	金额（元）
	10	发出				2 500	6. 30	15 750	2 500	6. 3	15 750
	15	购进	2 000	6. 6	13 200				4 500	6. 43	28 950
	21	发出				3 000	6. 43	19 305	1500	6. 43	9 645
	26	购进	1 000	6. 8	6 800				2 500	6. 578	16 445
		合计	6 000		39 500	5 500		35 055	2 500	6. 578	16 445

4. 个别计价法

个别计价法是以每次（批）收入存货的实际成本作为计算各该次（批）发出存货成本的依据。即每次（批）存货发出成本＝该次（批）存货发出数量×该次（批）存货实际收入的单位成本。

个别计价法亦称个别认定法、具体辨认法、分批实际法，采用这一方法是假设存货具体项目的实物流转与成本流转相一致，按照各种存货逐一辨认各批发出存货和期末存货所属的购进批别或生产批别，分别按其购入或生产时所确定的单位成本计算各批发出存货和期末存货成本的方法。在这种方法下，是把每一种存货的实际成本作为计算发出存货成本和期末存货成本的基础。

（三）人工成本

人工成本指企业在生产经营中由投入劳动力要素所发生的一切费用，包括企业支付给职工的工资性报酬和福利性供给，是企业总成本的组成部分。

人工成本主要包括：职工工资总额、社会保险费用、职工福利费用、职工教育经费、劳动保护费用、职工住房费用和其他人工成本支出。其中，职工工资总额是人工成本的主要组成部分。

【例 9-9】9 月 5 日，某汽车修理企业分配 8 月份职工薪酬费用，总额共计 10 万元，其中维修部工资 4 万元，销售部工资 2 万元，售后部工资 2 万元，行政管理部工资 2 万元。

借：销售费用—工资—销售部　　20 000

　　　　　　—工资—售后部　　20 000

　　主营业务成本—维修成本—人工成本　　40 000

　　贷：应付职工薪酬—工资　　100 000

三、间接成本的核算

（一）间接成本的构成

间接费用是指内部生产经营单位为组织和管理生产经营活动而发生的共同费用和不能直接计入产品成本的各项费用，会计通常是先通过“制造费用”科目对这些费用进行归集，在每个会计期间终了，再按一定的标准（比如生产各种产品所耗的工时）将所归集的制造费用分配计入相关产品的生产成本之中。

间接费用包括辅助材料、场地费、折旧费、水电费等，这些费用的归属，若是受益对象具体、明确，直接按受益对象计入相关成本、费用，若是受益对象不具体明确，根据一定比例分摊到相应的成本、费用中。

（二）间接成本计算

汽车修理企业不生产产品，不存在复杂的间接成本分摊的问题，在业务发生时就按照收入成本配比原则，计入相应的成本费用科目，但也存在一些公共部分的费用，不能直接计入相应的成本费用时，需要进行简单的分摊，参照上述间接费用分摊的方法。以汽车修理企业水电费为例介绍间接成本的分摊。

【例 9-10】 8 月 31 日，某汽车修理企业支付本月份水电费共计 12 000 元，其中：电费 10 000 元，办公楼单独设置电表，抄表得知办公楼电费 2 000 元，水费 200 元，维修部与售后部、销售部共计 8 000 元；全厂水费共 2 000 元。根据公司规定，维修部与售后部、销售部电费分摊根据部门的面积比例进行分摊，即 5∶2∶3，水费根据员工总数比例分摊，即 3∶2∶5，请根据上述信息帮该公司分摊各个部门应承担的水电费。

分摊过程如下：

维修部电费：8 000×5/10＝4 000（元）

售后部电费：8 000×2/10＝1 600（元）

销售部电费：8 000×3/10＝2 400（元）

维修部水费：2 000×3/10＝600（元）

售后部水费：2 000×2/10＝400（元）

销售部电费：2 000×5/10＝1 000（元）

四、折旧及摊销的计算

（一）固定资产折旧的核算

1. 固定资产折旧

固定资产在使用过程中，其价值会不断被损耗，固定资产折旧是固定资产由于损耗而减少的价值。这部分价值应按固定资产原始价值和核定的折旧率，按月计算折旧费用，并计入间接费用或期间费用。企业应按月计提固定资产折旧。计提的固定资产折旧额，按固定资产的使用部门，计入相关的账户。

2. 固定资产折旧的计算方法

固定资产折旧方法是指将应提折旧总额在固定资产各使用期间进行分配时所采用的具体计算方法。包括平均年限法、工作量法、年数总和法和双倍余额递减法。

（1）平均年限法。

平均年限法又称为直线法，是将固定资产的折旧均衡地分摊到各期的一种方法。采用这种方法计算的每期折旧额均是等额的。计算公式：

$$年折旧率=(1-预计净残值率)\div预计使用年限\times100\%$$

$$月折旧率=年折旧率\div12$$

$$月折旧额=固定资产原价\times月折旧率$$

【例 9-11】某汽车修理企业有一栋厂房，原价为 500 000 元，预计可使用年限 20 年，预计报废时的净残值率为 2%。请用平均年限法计算该厂房的年折旧额。

该厂房的折旧率和折旧额的计算如下：

$$年折旧率=(1-2\%)/20=4.9\%$$

$$月折旧率=4.9\%/12=0.41\%$$

$$月折旧额=500\,000\times0.41\%=2\,050\ （元）$$

采用平均年限法计算固定资产折旧虽然简单，但也存在一些局限性。例如，固定资产在不同使用年限提供的经济效益不同，平均年限法没有考虑这一事实。又如，固定资产在不同使用年限发生的维修费用也不一样，平均年限法也没有考虑这一因素。因此，只有当固定资产各期的负荷程度相同，各期应分摊相同的折旧费时，采用平均年限法计算折旧才是合理的。

（2）工作量法。

工作量法是根据实际工作量计提折旧额的一种方法。这种方法可以弥补平均年限法只重使用时间，不考虑使用强度的缺点，计算公式：

$$每一工作量折旧额=固定资产原价\times(1-预计净残值率)\div预计总工作量$$

$$某项固定资产月折旧额=该项固定资产当月工作量\times每一工作量折旧额$$

工作量法的优点按照实际使用过程磨损程度计算，能正确反映运输工具、精密设备等使用程度，而且把折旧费用与业务成果联系起来。缺点有两点：①即使每年的折旧费用是变动的，工作量法仍然类似于直线法；②工作量法未能考虑到修理和维修费用的递增，以及操作效率或收入的递减等因素。

【例 9-12】 某企业的运输汽车 1 辆，原值为 300 000 元，预计净残值率为 4%，预计行使总里程为 800 000 公里。该汽车采用工作量法计提折旧。某月该汽车行使 6 000 公里。请用工作量法计算该汽车该月应该计提的折旧。

该汽车的单位工作量折旧额和该月折旧额计算如下：

单位工作量折旧额=[300 000×(1-4%)]÷800 000=0. 36（元/公里）

该月折旧额=0. 36×6 000=2 160（元）

（3）双倍余额递减法。

双倍余额递减法是在不考虑固定资产残值的情况下，根据每一期期初固定资产账面净值和双倍直线法折旧额计算固定资产折旧的一种方法。计算公式：

年折旧率=2÷预计的折旧年限×100%

月折旧率=年折旧率÷12

月折旧额=固定资产账面净值×月折旧率

这种方法没有考虑固定资产的残值收入，因此不能使固定资产的账面折余价值降低到它的预计残值收入以下，即实行双倍余额递减法计提折旧的固定资产，应当在其固定资产折旧年限到期的最后两年，将固定资产净值扣除预计净残值后的余额平均摊销。

【例 9-13】 某企业一固定资产的原价为 10 000 元，预计使用年限为 5 年，预计净残值 200 元，按双倍余额递减法计算折旧，每年的折旧额为：

双倍余额年折旧率=2÷5×100%=40%

第一年应提的折旧额=10 000×40%=4 000（元）

第二年应提的折旧额=(10 000-4 000)×40%=2 400（元）

第三年应提的折旧额=(6 000-2 400)×40%=1 440（元）

从第四年起改按平均年限法（直线法）计提折旧。

第四、第五年的年折旧额=(10 000-4 000-2 400-1 440-200)÷2=980（元）

根据上述资料，编制固定资产折旧计算表，如表 9-4 所示。

表 9-4　固定资产折旧计算表

年份	原值	账面净值	折旧率	每年折旧额	累计折旧
1	10 000	10 000	0. 4	4 000	4 000
2	10 000	6 000	0. 4	2 400	6 400

续 表

年份	原值	账面净值	折旧率	每年折旧额	累计折旧
3	10 000	3 600	0.4	1 440	7 840
4	10 000	2 160	—	980	8 820
5	10 000	1 180	—	980	9 800

（4）年数总和法。

年数总和法也称为合计年限法，是将固定资产的原值减去净残值后的净额和以一个逐年递减的分数计算每年的折旧额，这个分数的分子代表固定资产尚可使用的年数，分母代表使用年数的逐年数字总和。计算公式：

年折旧率=尚可使用年限/预计使用年限折数总和

月折旧率=年折旧率÷12

月折旧额=(固定资产原值-预计净残值)×月折旧率

【例 9-14】前例来说明，若采用年数总和法计算，各年的折旧额，如表 9-5 所示。

表 9-5　固定资产折旧计算表

年份	尚可使用年限	原值-净残值（元）	变动折旧率	每年折旧额（元）	累计折旧（元）
1	5	9 800	5/15	3 266.67	3 266.67
2	4	9 800	4/15	2 613.33	5 880.00
3	3	9 800	3/15	1 960.00	7 840.00
4	2	9 800	2/15	1 306.67	9 146.67
5	1	9 800	1/15	653.33	9 800.00

由上表可以看出，年数总和法所计算的折旧费随着年数的增加而逐渐递减，这样可以保持固定资产使用成本的均衡性和防止固定资产因无损耗而遭受的损失。

（二）其他经营管理费用的计算

企业一般经营管理费用直接根据原始单据分析计算，只要此类费用支出符合国家政策法规、汽车修理企业或者4S店的章程、有关管理规定，未超过预算文件，单据合法、合规、审核手续完备完善，就予以支出。

以差旅费业务为例介绍如何计算此类费用，差旅费核算的内容：用于出差旅途中的费用支出，包括购买车、船、火车、飞机的票费、住宿费、伙食补助费及其他方面的支出。

【**例 9-15**】李飞出差，去南宁参加汽修技能培训，8 月 1 日去，8 月 6 日回，往返车票共计 130 元，如图 9-1 所示（返回车票也是 65.5 元，省略原始单据），住宿费 1 200 元，如图 9-2 所示，根据公司规定，员工省内出差住宿标准每日不能超过 250 元，每日伙食补助 150 元，请根据上述资料帮李飞计算本次能报销的差旅费用。

20:06开　02车11D号
二等座
柳州　D8209次　南宁
LiuZhou　NanNing
¥65.50元　网折　始发改签
限乘当日当次车
6301051983****0634
和谐号

图 9-1　车票

广西增值税专用发票　　NO. 23215896

发票联

开票日期：2017 年 08 月 06 日

购买方	名　　称：柳州 ZLS 汽车修理厂 纳税人识别号：9110106820122212 地 址、电 话：柳州市航四路 774 号 0772-5337777 开户行及账号：广西柳州市区农村信用合作联社 62313305005165779				密码区	S454-+>4521<<5410001<458 -265>+545110444140256210 50-+>400<<558000-<212500 180<4151240<25486884147	
货物及应税劳务、服务名称	规格型号	单位	数量	单价	金额	税率	税额
住宿费					1 132.08	6%	67.92
合　计					¥1 132.08		¥67.92
价税合计（大写）	⊗壹仟贰佰元整				（小写）¥1 200.00		
销售方	名　　称：南宁牡丹大酒店 纳税人识别号：91304831235678979 地 址、电 话：南宁市外环路 120 号 0771-5331566 开户行及账号：中国建设银行南宁琅东支行 9553302153211233				备注	南宁牡丹大酒店 265789190223452 发票专用章	

收款人：　　复核：　　开票人：陈英　　销售方：（章）

第二联：抵扣联 购买方扣税凭证

4501171140　　**广西增值税专用发票**　　NO. 23215896

抵扣联　　开票日期：2017 年 08 月 06 日

购买方	名　　　称：柳州 ZLS 汽车修理厂 纳税人识别号：911010682012212 地 址、电 话：柳州市航四路 774 号 0772-5337777 开户行及账号：广西柳州市区农村信用合作联社 62313305005165779	密码区	S454-+>4521<<5410001<458 -265>+545110444140256210 50-+>400<<558000-<212500 180<4151240<25486884147

货物及应税劳务、服务名称	规格型号	单位	数量	单价	金额	税率	税额
住宿费					1 132. 08	6%	67. 92
合　计					¥1 132. 08		¥67. 92
价税合计（大写）	⊗壹仟贰佰元整				（小写）¥1 200. 00		

销售方	名　　　称：南宁牡丹大酒店 纳税人识别号：91304831235678979 地 址、电 话：南宁市外环路 120 号 0771-5331566 开户行及账号：中国建设银行南宁琅东支行 9553302153211233	备注	南宁牡丹大酒店 265789190223452 发票专用章

收款人：　　复核：　　开票人：陈英　　销售方：（章）

第二联：抵扣联　购买方扣税凭证

图 9-2　住宿费发票

根据资料，所填制的差旅费单据，如图 9-3 所示。

所属部门	机修组		姓名	李飞	出差天数	自 08 月 01 日至 08 月 06 日共 6 天		
出差事由	去南宁参加汽车修理技能培训			借旅支费	日期	2017 年 7 月 23 日	金额 ¥2 000. 00	
					结算金额：¥			

出发		到达		起止地点	交通费	住宿费	伙食费	其他
月	日	月	日					
8	1	8	1	柳州—南宁	65. 5	1 200	900	
8	6	8	6	南宁—柳州	65. 5			
				合计	¥131. 00	¥1 200. 00	¥900. 00	
合计				零拾零万贰仟贰佰叁拾壹元零角零分　¥2 231. 00				

总经理：赖雪涛　财务经理：陈乔　部门经理：张涛　会计：冉莹颖　出纳：林静怡　报销人：李飞

图 9-3　差旅费报销单

任务三　维修管理

一、维修工单的结构

不同汽车修理企业的维修工单的结构不同，基本内容包括客户的基本信息、车辆基本信息、维修工时收入、维修配件收入、实际结算金额、本企业的基本信息等。大型的汽车修理企业管理严格，维修工单上的信息相对完整、细而全，如表 9-6 所示；而中小型汽车修理企业的维修工单则相对信息简陋，以满足企业自身经营需要为主，如表 9-7 所示。

表 9-6　维修工单格式一

柳州 FY 汽车销售服务有限公司

维修结算清单

结算日期：　　　　　　维修里程　　　　　　打印日期

转辆牌照		工单号		接待员		进场时间	
客户名称				结算单号		送修电话	
客户地址				购车日期		车辆型号	
底盘号				维修类型		经办财务	

维修工时结算单

序号	维修项目	工时费	索赔	维修工	序号	维修项目	工时费	索赔	维修工

应收工费：　　　　　　实收工费：

维修配件清单

序号	配件代码	配件名称	单位	数量	单价	金额	索赔

应收材料费： 实收材料费：

收费汇总：

序号	收费项目		金额	备注	序号	收费项目		金额	备注
1	工时费				4	其他			
2	材料费				5	收入合计			（1+2+3+4+5）
3	外加工费				6	实际收款			

注：结算收费项目及应付金额经双方核实，客户签字后生效。

柳州 FY 汽车销售服务有限公司感谢您的惠顾，欢迎再次光临，祝您一路平安！客户签名：

客户签名： 结算员签名：

地址：柳州汽车贸易园 1 区 22 号 服务热线：0772-8888666

表 9-7　维修工单格式二

柳州 ZLS 汽车修理厂

接车结算单

单号： 单位：元

客户名称		车牌号			车型	
车架号		发动机号			联系电话	
进厂里程		进厂时间			出厂时间	
维修项目/货品名称		数量	单价	金额	班组	类型
应收款：（大写）		（小写）	优惠：	实收款：		

开单人： 结算单人： 客户签字：

备注：经本人验收车辆合格，并同意支付表中所列的维修费用和配件费

公司电话：0772-3728777

地址：柳州市航四路 774 号

二、维修工单的填制

维修工单的填制基本上都是通过系统完成的，不同的汽车修理企业会购买不同的管理系统，格式大同小异，主要将客户信息，维修项目、金额等信息详细如实填列即可，打印出一式三份，与客户办理结算。一份给客户，一份留存，一份与结算款一起交与会计部门核算。

【例 9-16】 卢先生 2016 年 9 月 1 日进厂，维修本田汽车，详细结算情况，如表 9-18 所示。

表 9-8　卢先生客户维修结算单

柳州 ZLS 汽车修理厂

接车结算单

单号：JC201709-0001　　　　单位：元

客户名称	卢先生	车牌号	桂 BCU888		车型	本田
车架号		发动机号			联系电话	××××××
进厂里程		进厂时间	2016-9-1　09：17		出厂时间	2016-9-1 11：17
维修项目/货品名称		数量	单价	金额	班组	类型
更换方向机球头		1	55	55	机修组	工时
更换平衡杆球头		1	55	55	机修组	工时
洗车		1	35	35	机修组	工时
应收款：(大写) 壹佰肆拾伍元整　（小写）￥145.00　优惠：0　实收款：145						

开单人：陈莹　　结算单人：陈莹　　客户签字：

备注：经本人验收车辆合格，并同意支付表中所列的维修费用和配件费

公司电话：0772-3728777

地址：柳州市航四路 774 号

【例 9-17】 客户张峰进厂修车，具体维修情况如表 9-9 所示。

表 9-9 张峰客户维修结算单

柳州 FY 汽车销售服务有限公司

维修结算清单

结算日期：2016-9-18　　维修里程 5800　　打印日期 2016-9-18

转辆牌照	桂 BCE519	工单号	170911	接待员	陈飞燕	进场时间	16/09/09 12. 20
客户名称	张峰			结算单号	170901	送修电话	15617801763
客户地址	广西柳州市鱼峰区白云小区			购车日期		车辆型号	k3-k3 1. 6AT
底盘号	LJDMAA229H0722824			维修类型	保险维修	经办财务	

维修工时结算单

序号	维修项目	工时费	索赔	维修工	序号	维修项目	工时费	索赔	维修工
1	前盖、左前叶喷漆	800		曾凡					
2	更换左前大灯	120							

应收工费：920. 00　　实收工费：920. 00

维修配件清单

序号	配件代码	配件名称	单位	数量	单价	金额	索赔
1	26446686	左前大灯	个	1	3 000	3 000	

应收材料费：3 000. 00　　实收材料费：3 000. 00

收费汇总：

序号	收费项目		金额	备注	序号	收费项目	金额	备注
1	工时费	920. 00			4	其他		
2	材料费	3 000. 00			5	收入合计	3 920. 00	（1+2+3+4+5）
3	外加工费				6	实际收款	3 920. 00	

注：结算收费项目及应付金额经双方核实，客户签字后生效。

柳州 FY 汽车销售服务有限公司感谢您的惠顾，欢迎再次光临，祝您一路平安！客户签名：

客户签名：张峰　　结算员签名：李华

地址：柳州汽车贸易园 1 区 22 号　　服务热线：0772-8888666

三、维修环节的其他单据

（一）预估作业通知单

预估作业通知单，通常是客户车辆进厂后，维修师傅对车辆进行检查，对车辆所需要的维修作业进行估计，根据所估计作业填列而成的，并将实际情况告知客户。不同企业使用的单据格式不同，但基本的作用和用途是相同的。预估作业通知单具体格式，如表9-10所示。

表9-10　预检预估作业通知单

柳州市ZLS汽车修理厂

预检预估作业通知单

车牌号　　　　　　　　　　　服务顾问：

客户电话

配件名称	数量	单位	单价	金额						
				万	千	百	十	元	角	分
维修保养工时										
合计（大写）　万　仟　佰　拾　元　角　分　¥										

地址：柳州市航四路774号

电话：0772-3728777

（二）车辆维修报价单

车辆维修报价单指的是在车辆维修过程中，对所需要的配件、工时具体维修费用的记录，待维修完毕后，维修负责人填列好该报价单交于客户，客户持该表去结算中心结算。不同企业使用的单据格式不同，但基本的作用和用途是相同的。车辆维修报价单具体格式，如表 9-11 所示。

表 9-11 车辆维修报价单

柳州市 ZLS 汽车修理厂车辆维修报价单

开户行：广西柳州市区农村信用合作联社　　电话：0772-5333777　　工单号

账号：62313305005165779　　开户名：

送修单位				入厂日期	预交车时间	出厂日期	进厂里程	出厂里程
车牌号码		车型						
序号	配件名称	数量	单价	金额	序号	维修项目	工时费	
1					1			
2					2			
3					3			
4					4			
5					5			
6					6			
7					7			
8					8			
9					9			
10					10			
11					11			
12					12			
13					13			
14					14			
15					15			
16					16			
17					17			
18					18			
19					19			
20					20			
	材料费合计（元）：					工时费合计：		
服务接待		车身确认 A 凹陷 D 掉漆 H 划痕 L 裂纹 P 破损 X 锈蚀			进店油量确认		车上无贵重物品客户确认/电话	
维修技师								
收款人								
大写金额	万 仟 佰 拾 元 角 分				合计金额：		结算方式	

第一联：存根联（白）　第二联：派工联（红）　第三联：客户联（黄）

四、收银员报表

（一）收款日报表

1. 收款日报表的结构

收款日报表主要是记录当天所有收入的情况。对于汽车修理企业，有直接销售配件的收入，也有维修收入，有直接现金收取的情形，也有挂账的情形，对于不同的情况进行分类填列，具体的结构，如表 9-12 所示。

2. 收款日报表的填制

收银员日报表的填制要求，根据当天所有工单号填列，将工费和材料费分开填列。根据维修工单直接填列项目有工单号、车牌号、工费（折前、折后）、材料费（折前、折后）、日期、领料单号、发票号。需要特别说明的是，收银员日报表与收银员日报表主表有数据勾稽关系，所有的收银员日报表都是通过 Excel 在电子表格中设置格式，并进行数据的填制，此表当中需要设置公式填列的数据是工费折让、材料费折让、合计（折前、折后、工料费折让）。工费折让=工费折前-工费折后，材料费折让=材料费折前-材料费折后，合计折前=工费折前+材料费折前，合计折后=工费折后+材料费折后，合计工料费折让=（工费折让+材料费折让）或者（合计折前-合计折后）。

【例 9-18】柳州 FY 汽车销售服务有限公司是一家经营汽车修理、销售、服务于一体的企业，属于一般纳税人，以该公司 2016 年 9 月 1 日修理厂所发生的业务为例，如表 9-13 所示。

（二）三包结算日报表

1. 三包结算日报表的结构

三包结算日报表记录的是当天所发生业务属于三包的情况。具体包含工单号、车牌号、工费、材料费、合计、日期、领料单号、发票号等内容，与收款日报表类似，如表 9-14 所示。

2. 三包结算日报表的填制

三包结算日报表的填制很简单，只需根据维修工单，将属于三包业务的单子找出来，直接填列工单号、车牌号、日期、领料单号、发票号等。

【例 9-19】以柳州 FY 汽车销售服务有限公司 2016 年 9 月 1 日修理厂所发生的三包业务为例，如表 9-15 所示。

表 9－12　收款日报表

年　月收款结算单

序号	工单号	车牌号	工费			材料费			合计			日期	领料单号	发票号	备注
			折前	折后	工费折让	折前	折后	材料费折让	折前	折后	工料费折让合计				
	本日材料收现合计		0.00	0.00	0.00	0.00	0.00	0.00	0.00	0.00	0.00				
	本日维修收现合计		0.00	0.00	0.00	0.00	0.00	0.00	0.00	0.00	0.00				
	本日收现合计		0.00	0.00	0.00	0.00	0.00	0.00	0.00	0.00	0.00				
	本日挂账合计		0.00	0.00	0.00	0.00	0.00	0.00	0.00	0.00	0.00				
	总合计		0.00	0.00	0.00	0.00	0.00	0.00	0.00	0.00	0.00				

月　日制表人：

表 9－13 2016 年 9 月 1 日收款结算表

2016 年 9 月收款结算单

序号	工单号	车牌号	工费			材料费			合计			日期	领料单号	发票号	备注
			折前	折后	工费折让	折前	折后	材料费折让	折前	折后	工料费折让合计				
1	100801MJH01				0.00	83.00	83.00	0.00	83.00	83.00	0.00	2016－9－1			
2	100801MJH02				0.00	65.00	65.00	0.00	65.00	65.00	0.00	2016－9－1			
3	100801MJH03				0.00	103.00	103.00	0.00	103.00	103.00	0.00	2016－9－1			
4	100801MJH04				0.00	636.00	636.00	0.00	636.00	636.00	0.00	2016－9－1			
	本日材料收现合计		0.00	0.00	0.00	887.00	887.00	0.00	887.00	887.00	0.00	2016－9－1			
1	4－1007133	桂 B77320	550.00	550.00	0.00	22.00	22.00	0.00	572.00	572.00	0.00	2016－9－1	0005780，0001267		
2	1－1008001	桂 B27619	550.00	550.00	0.00	362.00	362.00	0.00	912.00	912.00	0.00	2016－9－1	0005946		
3	5－1008003	桂 AJ0756	550.00	550.00	0.00	872.00	872.00	0.00	1422.00	1422.00	0.00	2016－9－1	0019386		
	本日维修收现合计		1 650.00	1 650.00	0.00	1 256.00	1 256.00	0.00	2 906.00	2 906.00	0.00	2016－9－1			
	本日收现合计		1 650.00	1 650.00	0.00	2 143.00	2 143.00	0.00	3 793.00	3 793.00	0.00	2016－9－1			
1	5－1008004	桂 B15716	60.00	60.00	0.00	614.00	614.00	0.00	674.00	674.00	0.00	2016－6－1	0005951	桂方盛实业	
	本日挂账合计		60.00	60.00	0.00	614.00	614.00	0.00	674.00	674.00	0.00	2016－9－1			
	总合计		1 710.00	1 710.00	0.00	2 757.00	2 757.00	0.00	4 467.00	4 467.00	0.00	2016－9－1			

9 月 1 日制表人：林婧怡

表 9－14　收款结算表（三包）

年　月收款结算单（三包）

序号	工单号	车牌号	工费		材料费		合计		日前	领料单号	发票号
			折前	折后	折前	折后	折前	折后			
	本日合计		0.00	0.00	0.00	0.00	0.00	0.00			

制表人：林婧怡

表 9－15　2016 年 9 月 1 日收款结算表（三包）

2016 年 9 月收款结算单（三包）

序号	工单号	车牌号	工费		材料费		合计		日前	领料单号	发票号	备注
			折前	折后	折前	折后	折前	折后				
1	4－1007133	桂 B77320							2016－9－1	0001268. 0005790	保修	
2	D－1007166	桂 B77320							2016－9－1		保修	
3	D－1008002	未上牌							2016－9－1	0019384	保修	
4	1－1008002	桂 B32997							2016－9－1	0005944	保修	
5	1－1008001	桂 B27619							2016－9－1	0005943	保修	
6	D－1008001	桂 B27971							2016－9－1	0005945	保修	
7	2－1008001	桂 B27971							2016－9－1	0005942.	保修	
8	5－1007221	桂 B77099							2016－9－1		保修	
9	K－1008001	桂 B27575							2016－9－1		保修	
10	5－1008001	桂 B27575							2016－9－1	0019382. 0019381	保修	
11	K－1008002	桂 B41987							2016－9－1		保修	
12	D－1008004	桂 B41987							2016－9－1	0019387	保修	
13	D－1008005	桂 B77572							2016－9－1	0019389	保修	
14	5－1008003	桂 AJ0756							2016－9－1	0019388	保修	
	本日合计		0.00	0.00	0.00	0.00	0.00	0.00				

制表人：林婧怡

（三）开票统计表

1. 开票统计表的结构

开票统计表记录的是所发生业务当天实际开票的情况。具体包含工单号、车牌号、开票单位、开票内容、金额、税额等内容，如表 9-16 所示。

2. 开票统计表的填制

开票统计表的填制要求，需要将公司当天所有的开票情况详细记录。根据维修工单和所开发票的记账联或者留存联直接填列工单号、车牌号、开票单位、开票内容、金额、税额、总金额、发票号码、开票日期。需要特别说明的是，开票统计表都是逐日逐月增加，且与收银员日报表主表有数据勾稽关系，所有的表都是通过 Excel 在电子表格中设置格式，并进行数据的填制，因此涉及到数据的金额、税额、总金额都需要设置公式。金额栏=开票总金额÷(1+税率)，税额=金额栏×税率，总金额=金额栏+税额栏。本日开票合计，需用 SUM 求和公式，对金额、税额、总金额分别合计。

【例 9-20】以柳州 FY 汽车销售服务有限公司 2016 年 9 月 1 日修理厂所开增值税专票业务为例，共开三张增值税专票，工单号分别是：100801MJH04，1-1008001，4-1008003，具体金额根据表 9-16 收款结算表查看分析计算填列，填列结果，如表 9-17 所示。

表 9－16　开票统计表

年　月开票统计明细表

序号	工单号	车牌号	开票单位	开票内容	金额	税额	总金额	发票号码	开票日期	备注
			本日开票合计		0.00	0.00	0.00			

月　日制表人：

表 9－17　2016 年 9 月 1 人开票统计结算表

2016 年 9 月 1 日开票统计明细表

序号	工单号	车牌号	开票单位	开票内容	金额	税额	总金额	发票号码	开票日期	备注
1	100801MJH04		柳州延龙汽车有限公司	左、右外后视镜，车门镜外手柄总成，右脚踏板护板（雷诺红）	543.59	92.41	636.00	00020862	2016 年 9 月 1 日	
2	1－1008001	桂 B27619	1－1008001	汽车维修工料费	779.49	132.51	912.00	00020863	2016 年 9 月 1 日	
3	5－1008003	桂 AJ0756	5－1008003	汽车修理工料费	1 215.38	206.62	1422.00	00020864	2016 年 9 月 1 日	
				本日开票合计	2 538.46	431.54	2 970.00			

9 月 1 日制表人：林静怡

项目十　餐饮企业成本核算

本项目阐述了餐饮企业成本计算的几个基本问题，包括餐饮成本的概念、分类、特点、要素、餐饮成本的计算、餐饮成本报表编制的具体内容与一般要求。通过本项目学习，要求学生了解餐饮业成本的概念，餐饮成本要素，掌握餐饮业成本的计算方法和成本报表编制。

任务一　认识餐饮成本

餐饮业是通过即时加工制作，融商业销售和服务性劳动于一体，向消费者专门提供各种酒水、食品场所和设施的食品生产经营行业。按欧美《标准行业分类法》的定义，餐饮业是指以商业赢利为目的的餐饮服务机构。在我国，据《国民经济行业分类注释》的定义，餐饮业是指在一定场所，对食物进行现场烹饪、调制，并出售给顾客主要供现场消费的服务活动。

一、餐饮业成本的概念

（一）费用与产品成本

我国《企业会计准则》中对费用的定义表述为：费用是企业生产经营过程中发生的各项耗费。企业直接为生产商品和提供劳务等发生的直接材料、直接人工、商品进价和其他直接费用，直接计入生产经营成本；企业为生产商品和提供劳务而发生的各项间接费用，应当按一定标准分配计入生产经营成本。企业在生产经营过程中发生的、不能直接或间接归入营业成本，而是直接计入当期损益的各项费用，包括销售费用、管理费用和财务费用等。

产品成本是指企业为了生产产品而发生的各种耗费。可以指一定时期为生产一定数量产品而发生的成本总额，也可以指一定时期生产产品单位成本。

（二）餐饮业成本的构成

餐饮业成本，是指餐饮企业在一定时期内的生产经营过程中，所发生的费用支出的总和，即餐饮营业额减去利润的所有支出，是企业在生产经营过程中耗费的全部物化劳动和活劳动的货币形式。它包括企业的营业成本、营业费用和企业管理费用。餐饮业成本构成的内容主要包括原材料成本（包括餐饮产品、材料）；员工的工资费用（包括基本工资、附加工资、奖金津贴）；水电费；燃料费；物料用品；低值易耗品摊销；商品进价和流通费用；租赁费；折旧及摊销费；员工福利；企业管理费（包括办证、接待、广告宣传费等）；维修费；零星购置费其他费用支出（包括餐具破损费用，清洁、洗涤费用，办公用品费，银行贷款利息，电话费，差旅费等）。

在任何一个餐饮企业，主要成本（如材料成本、人工成本等）在餐饮成本中所占比例都很高。可以说，主要成本的水平很大程度上决定了餐饮管理能否实现财务目标。因此，应特别重视主要成本的管理和控制。下面主要介绍这两项成本。

1. 原材料成本

原材料是指企业用于制造产品并构成产品实体的购入物品，以及购入的用于产品生产但不构成产品实体的辅助性物资等。主要包括原材料及主要材料、辅助材料、外购半成品、修理用备件、包装材料、燃料等。

餐饮企业的原材料成本，是指餐饮生产经营活动中餐饮产品和饮料产品的销售成本。原材料成本占餐饮成本中的比例最高，占餐饮收入的比重最大，是餐饮部门的主要支出。一般情况下，餐饮原料的成本率高于饮料原料的成本率；普通餐饮的成本率高于宴会原料成本率；国内饭店餐饮原料的成本率高于国外企业的成本率。据测算，我国餐饮原料（餐饮产品、饮料）的平均成本率在45%左右。

2. 人工成本

人工成本是指一定时期内企业在生产经营和提供劳务活动中使用劳动力而发生的各项直接和间接的费用总和。主要包括：职工工资总额、社会保险费用、职工福利费用、职工教育经费、劳动保护费用、职工住房费用和其他人工成本支出。其中，职工工资总额是人工成本的主要组成部分。

餐饮企业的人工成本，是指餐饮企业在餐饮生产经营活动中耗费的活劳动的货币表现形式，主要包括工资、福利费、劳保、服装费和员工用餐费用。人工成本率仅次于餐饮产品饮料的成本率，因而，也是餐饮成本中的重要支出。目前，国内餐饮业中人工成本占营业额的20%左右。

二、餐饮企业成本的分类

餐饮成本与其他成本一样，可以按多种标准进行分类。餐饮成本分类的目的在于根据不同成本采取不同的控制策略。餐饮产品成本根据其考虑问题的角度不同，分类方法也不同。其主要有以下几种不同的方法。

（一）按是否与业务量有关，划分为固定成本和变动成本

（1）固定成本，是指不随业务量（产量、销售量或销售额）的变动而变动的那些成本。如固定资产折旧费，在一定时期内按财务制度规定所提取的折旧费的大小，是不随业务量的变动而变化的。

（2）变动成本，是指在一定时期和一定经营条件下，随着业务量的变动而变化的那些成本。例如，原料成本、水电能源等，会随着餐饮菜点的生产和销售的增加而增加。因此，原材料成本和水电能源支出是属于变动成本。

（二）按成本可控程度，划分为可控成本和不可控成本

（1）可控成本，是指在餐饮管理中基层和部门通过自身的努力所能控制的成本。即，在短期内可以改变其数额大小的那些成本。一般而论变动成本属于可控成本。管理人员若变换每份菜的份额，或在原料油的采购、验收、贮存、生产等环节加强控制，则餐饮产品成本也会发生变化，但某些固定成本也是可控成本。如，广告和推销费用、大修理费、管理费等。

（2）不可控成本，是指基层和部门人员通过努力也难于控制，只有高层管理才能掌握的那些成本。固定成本一般是不可控成本。

（三）按与产品形成的关系，划分为直接成本和间接成本

（1）所谓直接成本，是指在产品生产过程中直接耗用而加入到成本中去的那些成本。其主要包括原料成本、酒水成本和商品成本三部分。

（2）所谓间接成本，指那些不属于产品成本的直接支出，而必须用其他方法分摊的各项耗费。

（四）按成本计算的对象，划分为总成本和单位成本

（1）总成本，是指一定时期某种、某类、某批或全部菜点成品的成本总额。

（2）单位成本，是指单个产品的生产耗费称为单位产品成本。

三、餐饮产品成本的要素

餐饮业用以烹制餐饮产品的原料，有粮、油，以及鱼、畜、禽、蛋、

乳、蔬、果、山珍、海味、干货等。根据其在餐饮品构成中的不同作用，大致可以划分为三大类，即主料、配料（也称辅料）和调料（也称调味品）。这三类原材料构成了餐饮产品的成本，是核算餐饮产品成本的基础，是餐饮产品成本构成的三要素。

（一）主料

主料，是指制成各种餐饮产品的主要原料，是餐饮产品的主体，通常以米、面、鸡、鸭、鱼、肉、蛋、山珍、海鲜、干货等为主，也有以水果、蔬菜、豆制品等作为菜肴主料的。一般来说，主料的单位价值较高、耗用量较多，故所占成本的比重也较大（70%以上）。主料成本是构成餐饮产品成本的主体。

（二）配料

配料，也称为辅料，是指制成各种餐饮产品的辅助材料。在各式菜肴、羹汤中充作配料的，以各种蔬菜的根、茎、叶、花、果为主，以鱼、肉、蛋、禽等次之，耗用量少于主料，单位价值也大都低于主料。

（三）调料

调料，也称为调味品，是指制成各种口味产品的调味用料（如油、盐、酱、醋、胡椒、味精等），主要起到味的综合或调节作用。调料在各种餐饮单位产品中耗用量比较少，所占的成本也比较低，但随着新调料的不断推出，一些餐饮产品调料成本所占的比重也有不断上升的趋势。

主料和配料是构成餐饮产品的主体。主料、配料成本，是餐饮产品成本的主要组成部分，核算餐饮产品的成本，首先要对主料、配料进行成本核算。调料在餐饮产品中的用量比主料、配料少，但调料的成本也是餐饮产品成本的重要组成部分。因此，我们在进行餐饮产品成本核算时，一定要认真细致，不管是主料、配料还是调料，都不能遗漏。

任务二　餐饮成本的计算方法

一、净料与净料率

餐饮企业要想在激烈的市场竞争中立于不败之地，除了保证菜肴质量，提高服务质量外，搞好餐饮成本核算工作，做到既不侵害消费者利益，又不影响企业的经济效益，是至关重要的。烹饪原料从采购到切配一般都要经过清理、宰杀、拆卸、泡发、初熟等初（粗）加工后，才能用来配置成品。而加工过程中发生的重量的变化程度就是我们要学习的内容——净料与净料率。

（一）相关定义

1. 毛料和净料

饮食产品的主、配料，一般要经过清理、拣洗、宰杀、拆卸、泡发、初熟、半成品等加工处理之后，才能用来配制成品。没有经过加工处理，或虽经加工处理但不够彻底，最终不可以直接用来配制成品的原材料称为毛料。经过或未经过加工处理，但最终可以直接用来配制成品的原材料称为净料。如光鸡、光鸭、净全鱼、净肉、已涨发的干货、经过拣洗的蔬菜等。如何区分毛料和净料，是由每个饮食产品的具体要求决定的。比如，对于红烧鱼，只需将鱼去鳞、去鳃、去掉内脏就可以作为净料使用了，如果我们要做一道炒鱼片，那么它仍然是毛料，还需经过去头尾、去皮、去骨才能作为净料使用。

2. 净料率

所谓净料率，就是指食品原材料在初步加工后的可用部分的重量占加工前原材料总重量的比率，它是表明原材料利用程度的指标。即净料重量与毛料重量之间的比率。其计算公式：

$$净料率=\frac{净料重量}{毛料重量}\times 100\%$$

净料率以百分数表示，净料率在餐饮业中也称为“出成率”“出品率”“涨发率”等。餐饮业师傅也习惯于用“折”或“成”来表示的。对于鲜货而言，经过加工处理后，净料率一般小于100%，如虾、水发海参、茄子、青椒的净料率都是80%、西蓝花的净料率是70%、青笋的净料率是40%，而对于干货来说，经过加工处理后，净料率一般大于100%，如木耳的净料率是500%、干鹿筋的净料率是400%、干海参的净料率是650%等。

【例10-1】购进活鸡一只，重量为2千克，经宰杀、去毛、去内脏，洗涤处理后，得生光鸡1.4千克，试计算生光鸡的净料率为多少？

根据净料率计算公式，计算如下：

$$净料率=\frac{1.4}{2}\times 100\%=70\%$$

即生光鸡的净料率为70%。

【例10-2】购进海带一批，重量为3千克，经拣洗、泡发处理后，得净水海带15千克，试计算净水海带的净料率为多少？

根据净料率计算公式，计算如下：

$$净料率=\frac{15}{3}\times 100\%=500\%$$

即净水海带的净料率为 500%。

3. 损耗率

所谓损耗率，就是原料在加工处理后损耗的原料重量与加工前原料重量的比例。其计算公式：

$$损耗率=\frac{原料损耗重量}{毛料重量}\times 100\%$$

$$或\quad 损耗率=\frac{毛料重量-净料重量}{毛料重量}\times 100\%$$

【例 10-3】某饭店购进茄子 5 千克，经加工处理后重量为 4. 5 千克，求茄子的损耗率是多少？

根据损耗率计算公式，计算如下：

$$损耗率=\frac{5-4.5}{5}\times 100\%=10\%$$

即茄子的损耗率是 10%。

原料损耗率是一个逆指标，指标越小说明原料加工处理做得合理。企业应力争使原料的损耗率降到最低点。原料损耗率不仅是考核厨房工作质量的指标，也是划清原料购进与厨房原料损失责任界限的重要指标。

（二）净料率的应用

（1）净料率是指食品原材料在初步加工后的可用部分的重量占加工前原材料总重量的比率，它是表明原材料利用程度的指标。利用净料率可以根据毛料的重量，计算出净料的重量。其计算公式：

$$净料重量=毛料重量\times 净料率$$

$$或\quad 净料重量=毛料重量\times(1-损耗率)$$

【例 10-4】购进牛肉 2 千克，已知净牛肉的净料率是 84%，求可去牛筋多少牛肉？

根据公式，计算如下：

净料重量 $=2\times 84\%=1.68$（千克）

即可去牛筋肉 1. 68 千克。

（2）利用净料率可以根据净料的重量，计算出毛料的重量。其计算公式：

$$毛料重量=\frac{净料重量}{净料率}$$

【例 10-5】某酒店制作 20 份“白汁扒蹄筋”，每份按 750 克水发蹄筋投料，如干蹄筋的净料率是 350%，问需要多少干蹄筋？

根据公式，计算如下：

$$20\text{ 份水发蹄筋的重量}=20\times750=15\,000\text{（克）}$$

$$20\text{ 份菜肴所需干蹄筋重量}=\frac{15}{350\%}=4.28\text{（千克）}$$

即制作 20 份“白汁扒蹄筋”需要 4. 28 千克干蹄筋。

（3）利用净料率还可以直接将毛料成本单位换算为净料成本单价，这就方便了各种主、配料成本的计算。其计算公式：

$$\text{净料单价}=\frac{\text{毛料单价}}{\text{净料率}}$$

【例 10-6】鲜猪肚的单价为 48. 00 元/千克，如猪肚的净料率为 60%，试求熟猪肚的单价是多少？若一盘“凉拌肚丝”需熟猪肚 200 克，问该菜肴熟猪肚的成本是多少？

根据公式，计算如下：

$$\text{热猪肚的单价}=\frac{48}{60\%}=80.00\text{（元/千克）}$$

$$\text{该菜肴熟猪肚的成本}=80\times0.2=16.00\text{（元）}$$

即熟猪肚的单价是 80. 00 元/千克；每盘“凉拌肚丝”的熟猪肚成本为 16. 00 元。

由此可见，应用净料率能使我们方便、快捷地计算净料成本，净料率的大小直接关系到净料成本的高低，所以掌握净料率的精确度是成本核算中的关键问题。实际上，在原材料品质一定，同时在加工方法和技术水平一定的条件下，食品原材料在加工前后的重量变化，是有一定的规律可循的。因此，净料率对成本的核算、食品原材料利用状况分析及其采购、库存数量等方面，都有着很大的实际作用。

二、餐饮成本的核算

餐饮产品成本核算是餐饮业成本核算的主要内容，是制定餐饮产品销售价格的基础。产品成本不精确，销售价格就难以合理，其结果不是影响企业收益，就是侵害消费者利益。因此，精确地核算产品成本有着十分重要的意义。

（一）餐饮业成本的构成

餐饮业的成本结构，按与产品形成的关系，可分为直接成本和间接成本两大类。所谓直接成本，是指餐饮企在一定时期内耗用的原材料、调料和配料总成本，也是餐饮业务中最主要的支出。原材料是加工制作各种餐饮产品的主料，如面粉、大米、鸡、鸭、鱼、肉、海产品等；配料是指加工制作各种餐饮产品必要的辅助材料，以各种蔬菜为主；调料是指加工制作各种餐饮产品过程中附加的各种调味品，如油、盐、酱油、味精等。所谓间接成本，是指在产品加工制作过程中耗费的人工费、固定资产折旧费、管理费用等不计入产品成本的期间费用。

（二）餐饮业原料成本的计算方法

餐饮产品的成本应是餐饮产品制作过程中活劳动与物化劳动耗费的总和。但由于餐饮产品的种类多，数量零星，生产、销售和服务功能通常融为一体，因此在实务中，很难将所发生的成本费用严格地“对象化”，而是将餐饮产品加工制作过程中耗费的人工费、固定资产折旧费、企业管理费用等作为期间费用分别计入营业费用或管理费用中。因而餐饮业的成本仅指饭店一定时期内耗用的原料、调料和配料的总成本。

1. 原料成本的计算

（1）原料采购成本的构成。

原料采购成本是指企业从外部购入原料等所实际发生的全部支出，包括购入原料支付的买价和采购费用（如原料购入过程中的运输费、装卸费、保险费，运输途中的合理损耗，入库前的整理挑选费，购入材料负担的税费和其他费用等）。

原料是餐饮企业的一项存货。按照我国《企业会计准则》的规定：企业的存货可以按实际成本或计划成本计价。餐饮企业的存货通常采用实际成本计价法。

（2）发出原料成本的计算。

我国《企业会计准则》规定：“各种存货发出时，企业可以根据实际情况，选择使用先进先出法、加权平均法、移动平均法、个别计价法等方法确定其实际成本。”

①先进先出法。

先进先出法是以先购入或制成的原料应该先发出这样一种材料实物流转假设为前提，对发出原料进行计价的一种方法。采用这种方法，先购入的存货成本在后购入的存货成本之前转出，据此确定发出存货和期末存货的成本。

【例 10-7】某饭店 2017 年 2 月优质大米采购和发出情况登记如下表（单价：元/斤）：

2017 年		摘要	采购			发出			结存		
月	日		数量	单价	金额	数量	单价	金额	数量	单价	金额
2	1	结存							100	10	1 000
	10	采购	300	12	3 600				100 300	10 12	4 600
	12	发出				100 80	10 12	1 000 960	220	12	2 640
	18	购入	200	13	2 600				220 200	12 13	5 240
	25	发出				220 50	12 13	2 640 650	150	13	1 950
	31	合计	500		6 200	450		5 250	150	13	1 950

这种方法适用于物价基本稳定、存货收发业务频率不高的存货。

②加权平均法。

加权平均法又称“综合加权平均法”或“全月一次加权平均法”。根据期初结存存货成本和本期收入存货的数量及进价成本，计算出存货的加权平均单位成本，以此为基础计算一个月发出存货的成本和期末存货的成本的一种方法。其计算公式：

$$\text{月末原料加权平均单价}=\frac{\text{月初结存原料成本}+\text{本月购入原料成本}}{\text{月初结存原料数量}+\text{本月购入原料数量}}$$

$$\text{月末结存原料成本}=\text{月末结存原料数量}\times\text{原料加权平均单价}$$

$$\text{本月发出原料成本}=\text{本月发出原料的数量}\times\text{月末原料加权平均单位成本}$$

或

$$\begin{matrix}\text{本月发出}\\\text{原料成本}\end{matrix}=\begin{matrix}\text{月初结存}\\\text{原料成本}\end{matrix}+\text{本月购入原料成本}-\text{月末结存原料成本}$$

【例 10-8】某餐厅 2017 年 2 月份的面粉收发业务如下：

月初结存面粉 50 袋，单价 70.00 元；

2 月 3 日，购进 100 袋，单价 68.00 元；

2 月 10 日，厨房制造蛋糕领用面粉 30 袋；

2 月 15 日，购进 80 袋，单价 75.00 元；

2 月 20 日，厨房制造面包领用面粉 40 袋；

求该餐厅 2 月份发出面粉的成本是多少？

根据加权平均法计算公式，计算如下：

$$加权平均单价=\frac{50\times70+100\times68+80\times75}{50+100+80}=70.87（元/袋）$$

$$本月份发出面粉的成本=(30+40)\times70.87=4\,960.90（元）$$

$$本月末结存面粉成本=(50+100-30+80-40)\times70.87=11\,339.20（元）$$

即该餐厅2月份发出面粉的成本是70.87元/袋；2月末结存面粉的成本是11 330.20元。

企业发出存货成本的计算，一般都可以采用加权平均法。

③移动加权平均法。

移动加权平均法是指以每次进货的成本加上原有库存存货的成本，除以每次进货数量与原有库存存货的数量之和，据以计算加权平均单位成本，以此为基础计算当月发出存货的成本和期末存货的成本的一种方法。

移动加权平均法下存货的成本价格根据每次收入类单据自动加权平均；其计算方法是以各次收入数量和金额与各次收入前的数量和金额为基础，计算出移动加权平均单价。其计算公式：

$$移动加权平均单价=\frac{本次购进前结存原料金额+本次购进原料金额}{本次购进前原料数量+本次购进原料数量}$$

本次发出存货的成本=本次发出存货数量×本次发货前的存货单位成本

本月月末库存存货成本=月末库存存货的数量×本月月末存货单位成本

【例10-9】某餐饮企业2017年2月A原料的购销存货情况如下表所示（单价：元/千克）。

2017年		摘要	购进			发出			结存		
月	日		数量	单价	金额	数量	单价	金额	数量	单价	金额
2	1	购进	100	10	1 000				100	10	1 000
	2	购进	200	8.5	1 700				300	9	2 700
	5	发出				100	9	900	200	9	1 800
	8	购进	300	12	3 600				500	10.8	5 400
	10	发出				100	10.8	1 080	400	10.8	4 320

根据移动加权平均法，计算如下：

$$2日末A原料的移动加权平均单价=\frac{100\times10+200\times8.5}{100+200}=9.00（元/千克）$$

$$5日发出的A原料的成本=100\times9=900.00（元）$$

$$8\text{日购进A原料结存成本}=\frac{200\times9+300\times12}{200+300}=10.80\text{（元/千克）}$$

$$10\text{日发出的A原料的成本}=100\times10.8=1\,080.00\text{（元/千克）}$$

移动加权平均法计算出来的原料成本比较均衡和准确，但计算的工作量大，一般适用于经营品种不多、或者前后购进原料的单价相差幅度较大的企业。

④个别计价法。

又称“个别认定法”、“具体辨认法”、“分批实际法”。采用这一方法是假设结存原料的成本流转与实物流转相一致，按照各种结存原料，逐一辨认各批发出原料和期末结存原料所属的购进批别或生产批别，分别按其购入或生产时所确定的单位成本作为计算各批发出原料和期末结存原料成本的方法。其计算公式：

$$\text{发出原料的实际成本}=\sum\text{各批(次)原料发出数量}\times\text{该批次原料实际进货单价}$$

该方法适用于容易识别、存货品种数量不多、单位成本较高的存货计价。例如高档名酒、贵重原料等物品。

2. 净料成本计算方法

（1）一料一档成本核算。

①所谓一料一档是指一种原料经过加工处理后只有一种净料，下脚料已无法利用。其成本核算是以毛料价值为基础，直接核算净料成本。其计算公式：

$$\text{净料单位成本}=\frac{\text{毛料总值}}{\text{净料重量}}$$

$$\text{或}\quad\text{净料单位成本}=\frac{\text{毛料重量}\times\text{毛料单价}}{\text{净料重量}}$$

【例10-10】某厨房购进冬瓜50千克，进货价款为1.20元/千克，去皮后得到净冬瓜37.50千克，求：（1）净冬瓜的单位成本？（2）若一份菜肴需要净冬瓜650克，该菜肴中冬瓜的成本是多少？

根据一料一档净料单位成本计算公式，计算如下：

$$\text{净冬瓜的单位成本}=\frac{50\times1.2}{37.5}=1.60\text{（元/千克）}$$

$$\text{该份菜肴冬瓜的成本}=0.65\times1.6=1.04\text{（元）}$$

即净冬瓜的单位成本为1.60元/千克；该菜肴冬瓜的成本是1.04元。

②毛料经过加工处理后，得到一种净料，但同时又有可以作价利用的

下脚料，其成本核算是以扣除下脚料后的毛料价值为基础计算单位成本，其计算公式：

$$净料单位成本=\frac{毛料总值-下脚料价款}{净料重量}$$

【例 10-11】 某饭店购进肉鸡一只，重 2 千克，每千克单价为 11.20 元，经加工得生光鸡 1.40kg，下脚料头、爪子作价 1.50 元，鸡血 0.60 元，鸡内脏 2.20 元，废料鸡胗皮 0.30 元，求：（1）净光鸡的单位成本？（2）若一份菜肴需要净光鸡 250 克，该菜肴中鸡肉的成本是多少？

根据净料单位成本计算公式，计算如下：

$$净光鸡的单位成本=\frac{2\times11.2-(1.5+0.6+2.2+0.3)}{1.4}=12.70\ （元/千克）$$

$$该菜肴中鸡肉的成本=0.25\times12.70=3.17\ （元）$$

即净光鸡的单位成本是 12.70 元/千克；该菜肴中鸡肉的成本是 3.17 元。

（2）一料多档成本计算。

所谓一料多档是指一种毛料经过加工处理后得到多种净料。净料单位成本计算可分为两种情况：

①一料多档唯一未知。

一种毛料经过加工后得到多种净料其中只有一种净料的单位成本是未知的其他各项净料成本都是已知的。在这种情况下其计算公式：

$$未知净料单位成本=\frac{毛料总值-已知各项净料成本}{净料重量}$$

【例 10-12】 草鱼一条重 5.5 千克，每千克 8 元。经宰杀去鳞、鳃、内脏得头尾 1.5 千克（每千克作价 6.00 元），中段 3 千克，鱼籽作价 1.40 元。求鱼中段每 100 克的成本是多少元？

根据一料多档唯一未知净料单位成本计算公式：

$$草鱼价款=5.5\times8=44.00\ （元）$$

$$各净料成本=1.5\times6+1.4=10.40\ （元）$$

$$鱼中段每\ 100\ 克成本=\frac{44-10.4}{3\times10}=1.12\ （元）$$

即鱼中段每 100 克成本是 1.12 元。

②一料多档多项未知。

一种毛料经过加工后得到多种净料，其中有两种以上（包括两种）的净料单位成本是未知的。在这种情况下，则可根据各种净料的质量，本着按质量论价的原则，并参照市场行情，逐一确定它的单位成本。并一定要保持各档成本之和（各种净料成本之和）等于进货总值。用公式表示如下：

净料（1）总值+净料（2）总值……+净料（n）总值=一料多档的总值（毛料进货总值）

需要指出的是，在一个等式中，当未知数超过两个（包括两个）以上时，相当于多元一次方程，是无法精确计算求解的。因此我们只能以公式为原则，以市场行情为参考进行估算而已。

【例 10-13】生光鸡一批 80 千克，每千克进价 12.00 元，共计 960 元。经整理拆卸分档得到鸡肉（包括鸡腿、鸡翅等）42 千克、鸡壳 25 千克、头爪 10 千克、鸡胗肝 3 千克。现已知鸡壳每千克 6.00 元，鸡头爪每千克 8.00 元。需要计算鸡肉和鸡胗肝的成本时，则首先将鸡壳、鸡头爪的成本总额算出来，从生光鸡进货总值中扣除这部分价款，在扣除后的总值范围内（即 960-25×6-10×8=730.00 元）依据净料质员和市场行情，逐一确定鸡肉和鸡胗肝的单位成本。同时，一定要保持各档净料成本之和等于进货总值。

③多渠道、多批量采购原料的成本计算方法。

在实际生产经营中，采购部门往往多渠道、多批量的进行原料采购。这样就往往出现同—种原料的购进价格不尽相同，如果按批次原料的实际价格核算，不仅给生产和核算工作带来不方便、而且也会造成企业产品成本、利润不稳定。因此，这就要用加权平均法计算这种原料的平均成本。凡在外地采购的原料，还应将所支付的运输费列入成本计算。

【例 10-14】由肉联厂购进香肠 50 千克，每千克进价 22.80 元。同时又在集贸市场购进香肠 30 千克，每千克进价 22.00 元。求香肠每千克平均成本。

根据多渠道、多批量采购原料的成本计算方法得：

$$香肠平均成本=\frac{50\times22.8+30\times22}{50+30}=22.50（元/千克）$$

即香肠每千克平均成本是 22.50 元/千克。

④成本系数的成本计算方法。

成本系数是指某种原料经初步加工整理和核算后，所得净料的单位成本与毛料单位成本之比。即成本系数=净料单位成本/毛料单位成本，运用成本系数在已知进货单位成本（毛料单位成本）的情况下准确的计算出净料单位成本。其计算公式：

$$净料单位成本=毛料单位成本\times 成本系数$$

成本系数尤其适用于某些市场价格经常上涨或下跌，需要不断重新计算变动中的净料单位成本，可以有效的简化计算过程、节省工作时间。

如鲜鱼进价为18.00元/千克，经整理加工后，核定净鱼的单位成本为24.00元/千克，则净鱼的成本系数即为$24\div 18=1.33$。若鲜鱼的进价上涨至每千克21.00元，那么计算该原料涨价后的净料单位成本时仅需以毛料新进价乘以成本系数使可得知。

即：$21\times 1.33=27.93$（元/千克）

成本系数还可用于原料进货价格变化时，计算该原料每份投料量的新成本，此时称为份额成本系数。需要注意的是，成本系数只用于质量（净料率）相同的原料，如果质量和加工处理方法不同，则需在不同的净料测定基础上重新计算出成本系数。

（三）半制品成本的计算

半制品是指经过初步熟处理，但还没行完全加工成成品的净料。根据加工方法的不同，又可分为无味半制品和调味半制品两种。

1. 无味半制品成本计算

无味半制品又称水煮半制品。它包括的范围很广，如经过焯水的蔬菜和经过初步熟处理的肉类等，都属于无味半制品。它在核算上的特点是：除原料本身价值之外，在加工过程中没有任何其他价值的增加。其计算公式为：

$$无味半制品单位成本=(毛料进价总值-下脚料总值)\div 无味半制品重量$$

【例10-15】购进瘦猪肉5千克，每千克16.00元。煮熟后减少重量30%，试计算白煮肉每100克的成本是多少元？

根据无味半制品单位成本计算公式，计算如下：

$$白煮肉单位成本=\frac{5\times 16}{5\times(1-30\%)}=22.90（元/千克）$$

$$白煮肉每100克成本=22.90\times 0.1=2.29（元）$$

即白煮肉每100克成本为2.29元。

2. 调味半制品成本核算

调味半制品即加入调味品的半制品，如鱼丸、肉丸、油发肉皮等。构成调味半制品的成本中，不仅有原料本身的价值，还要加上调味品成本。其计算公式如下：

$$调味半制品单位成本=\frac{毛料总值-下脚料总值+调味品总值}{调味半制品重量}$$

【例 10-16】干肉皮 2 千克，经油发后得油发肉皮 5 千克（干肉皮经油炸后用水浸泡，故重量增加）、在油发过程中耗油 400 克。已知干肉皮每千克进价为 6.00 元，油每千克进价 12.00 元。求油发肉皮每 100 克的成本是多少？

根据调味半制品单位成本计算公式，计算如下：

$$油发肉皮单位成本=\frac{2\times6+0.4\times12}{5}=3.36\ （元/千克）$$

油发肉皮每 100 克成本 = 3.36×0.1 = 0.336（元）

即油发肉皮每 100 克的成本是 0.336 元。

3. 熟制品成本的计算

熟制品是指经加热调味品完全成熟的净料。熟品多系卤味品，它由卤、酱、熏、煮等方法加工而成，多用作冷盘菜肴，也可作为制作热菜的原料。这类熟品制成后虽可直接食用，但在使用上我们可以把它进行合理的搭配、拼制、组合成不同的形式，形成新的菜肴成本。所以，我们仍将其视为组成菜肴的净料，而不把它作为产品来进行核算。其成本结构与调味半制品类似，由主、配料成本和调味品成本构成。其计算公式：

$$熟制品单位成本=\frac{毛料总值-下脚料总值+调味品总值}{熟制品重量}$$

由以上公式可以看出熟制品与调味半制品成本计算的方法相似。由于对熟制品中的调味品成本多习惯采用估算方法，所以熟品单位成本的计算也可以用下列公式：

$$熟制品单位成本=\frac{毛料总值-下脚料总值}{熟品重量}+\frac{调味品总值}{熟品重量}$$

【例 10-17】鲜鱼一条 1.5 千克，每千克 8.00 元。经宰杀、去鳃、鳞、内脏，得鱼籽（作价 0.50 元），净鱼经炸熟后重 1.2 千克，耗油 100 克，每千克 12.00 元。试计算净鱼炸熟后每 100 克的成本。

计算过程如下：

第一步，分别计算各料价款：

鲜鱼总值 = 1.5×8 = 12.00（元）

下脚料鱼籽总值 = 0.50（元）

调味品总值 = 0.1×12 = 1.20（元）

炸鱼净重 = 1.2（千克）

第二步，代入熟品单位成本核算公式：

$$炸鱼每100克成本=\frac{12-0.5+1.2}{1.2}\times 0.1=1.06（元）$$

即净鱼炸熟后每100克的成本是1.06元。

（四）调味品成本核算

餐饮业产品的生产，根据生产和加工的方法不同，大体上分为两种类型，即单件生产和成批生产。单件生产以各类热菜为主，成批生产以卤制品和各种主食、点心为主。而且调味品成本属于餐饮产品成本的要素之一，为此，调味品的成本核算也相应有两种方法。

1. 单件成本核算法

单件成本核算也叫个别成本核算。凡单件生产的产品，其调味品成本核算均用这种方法。如各类炒菜。要计算这类产品的调味品成本，首先要把各种调味品用量计算出来，然后根据其进价分别算出各自的成本。并逐一相加。计算公式：

单件产品调味品成本=调味品（1）成本+调味品（2）成本+……+调味品（n）成本

2. 批量成本核算法

批量产品成本，也叫平均成本、综合成本，指批量生产的产品的单位调味品成本。卤制品和各种主食、点心等属于这一类。计算公式：

$$批量产品平均调味品成本=\frac{批量生产耗用调味品总值}{产品总量}$$

【例10-18】某餐馆制作“茄汁菊花鱼”，耗用各种调味品数量及单价如下：

调味品名称	数量（克）	单价（元/千克）
番茄酱	100	12.00
香醋	75	2.00
绵白糖	150	5.00
调和油	100	16.00
烹调淀粉	100	3.00
精盐、味精	适量	0.20

计算茄汁菊花鱼调味品成本是多少？

根据单件调味品成本计算公式，计算如下：

调味品成本=0.1×12.00+0.075×2.00+0.15×5.00+0.1×16.00+0.1×

3.00+0.2=4.20（元）

即：茄汁菊花鱼调味品成本是4.20元。

（五）产成品（菜点）成本核算

餐饮业产成品成本核算是在食品原材料加工成本核算的基础上进行的，其实质上就是所耗用的主、配料与调味品成本之和。所以，要核算某一单位产品的成本，只要将其所耗用的各种原料成本相加即可。核算方法主要有单件产品成本核算、批量产品成本核算两种。

1. 单件产品成本核算方法

单件产品成本核算的方法，又称先分后总法。就是先计算出产品中所耗用的主配料和调味品的成本，然后逐一相加，得出单件产品成本。其计算公式：

$$\text{单位产品成本}=\text{单位产品所用主料成本}+\text{单位产品所用配料成本}+\text{单位产品所用调味品成本}$$

【例10-19】某饭店制作葱爆羊肉，每份用羊肉片200克，单价18.00元/千克，用葱计价0.60元，其他辅料成本0.20元，求此菜每份成本。

根据单件产品成本计算方法，计算如下：

葱爆羊肉成本=3.60+0.6+0.2=4.40（元）

即每份葱爆羊肉的成本为4.40元。

目前大多数餐饮企业的成本计算，还包括“以存计耗”法，就是根据厨房原材料的进销存来计算出本月的原料成本。其计算公式：

本月耗用原料成本=期初盘存+本月领用−月末盘存

这里面需要注意几个细节，当月的采购不一定等于领用，因为调味品、冻品、物料通常是进仓库管理的，而生鲜品则是当日领用当日消耗。其次月末盘点需要注意换算，比如经过粗加工后的食材、化冻后的冻品甚至是一锅老火例汤如何换算成原材料需要有一个固定的换算清单。最后很多餐饮企业不重视验收和出入库的管理，仅以采购和月末盘点作为成本控制的手段，缺乏期间的监督，往往造成巨大浪费。

2. 批量产品成本核算

批量产品成本核算的方法，又称先总后分法。就是先求出整批产品所耗用的主配料、调味品的总成本，再求出单位产品的平均成本。其计算公式：

$$\text{单位产品成本}=\frac{\text{本批产品所用的原料成本}}{\text{产品数量}}$$

这种方法主要适用于主食、点心等批量制作的产品，如包子、馒头、米饭等。但有少数产品如炒面、果羹等有时是单件制作的，这就要根据不同的生产方式，采用不同的成本计算方法。

【例 10-20】某饭店制作猪肉包子 60 个，用料：面粉 1 千克，进价为 2.00 元/千克；猪肉 500 克，单价为 15.00 元/千克；酱油 150 克，单价为 4.00 元/千克；味精 3 克，葱末 50 克，姜末 5 克，作价 0.70 元，求猪肉包子的单位成本。

根据批量产品成本核算的计算公式，计算如下：

$$\text{猪肉包子的单位成本}=\frac{1\times2+0.5\times15+0.15\times4+0.7}{60}=0.18\text{（元/个）}$$

即猪肉包子的单位成本为 0.18 元/个。

餐饮产品（菜点）成本的计算具有以下的特点：一是产品的原料组成具有较大的随机性。在一般情况下，饮食品的制作生产很少受生产工具和原料种类的严格限制，不论什么主料或配料都可进行适当的调理搭配、制作出一种特定产品；二是产品成本的计算比较烦琐和复杂。饮食产品的成本核算在时间上没有一定的规律性，必须根据每天购进原材料的情况时进行核算工作。

【例 10-21】珍珠丸子每 1000 个的用料：净猪肉 15 千克（单价 20.00 元），糯米 2 千克（单价 4.00 元），鱼茸 0.5 千克（单价 40.00 元），鸡蛋 20 个（单价 0.50 元），小葱 1 千克（单价 6.00 元），味精 0.05 千克（单价 30.00 元），胡椒 0.02 千克（单价 50.00 元），盐等其他调料适量（计 3.50 元）。经测定该企业的燃料成本率为 5%。试计算每个珍珠丸子的成本为多少元？20 个珍珠丸子为一盘，其每盘成本又是多少元？

珍珠丸子系批量制作生产的，所以可运用先总后分法进行计算。计算如下：

$$\begin{aligned}\text{珍珠丸子的单位成本}&=\frac{(15\times20+2\times4+0.5\times40+20\times0.5+1\times6+0.05\times30+0.02\times50+3.5)\times(1+5\%)}{1000}\\&=0.3675\text{（元）}\end{aligned}$$

$$\text{珍珠丸子一盘的成本}=0.3675\times20=7.35\text{（元）}$$

即每个珍珠丸子的成本是 0.3675 元；每盘的成本是 7.35 元。

生产部门往往以填报“菜肴产品成本核算单”的方式，直接计算出菜肴产品成本，如表 10-1 所示。

表 10-1　菜肴产品成本核算单

产品名称：　　　　　　　　　　　　　　　　　　　　　　金额单位：元

原料品名	单位	数量	单价	金额	备注

核算员：　　　　　　　　保管员：　　　　　生产员：　　　　　　　　年　月　日

（六）筵席的成本核算

筵席是由大菜、热炒、冷盘、点心等各种菜点按一定规格组成的，其实就是一系列菜点的组合。根据餐饮业成本的含义，筵席的成本也就是实际耗用的主配料、调味品的成本之和。但是在实际经营中，筵席经常是由顾客预订的，因此，要根据顾客预订的标准计算总成本，再根据各种菜点所占筵席总成本的比例来计算出各种菜点的成本。

1. 标准筵席的成本计算

在掌握单一产品成本计算方法以后，计算筵席产品实际成本的方法是将组成筵席的各种菜点的原料成本相加，其总值即为该筵席产品的成本，用公式可表示：

筵席成本＝菜点产品（1）成本+菜点产品（2）成本+菜点产品（N）成本

【例 10-22】某筵席由四类产品组成，其中 A 组产品，用主料成本 240.00 元，辅料成本 80.00 元，B 组产品，用面粉 5 000 克，（每千克成本 2.40 元），黄油 800 克（每千克成本 28.00 元），其他辅料成本为 40.00 元：C 组产品，用熟苹果馅 3 000 克（已知苹果进价每千克 5.00 元），净料率为 60%，其他原料成本共计 85.00 元；D 组产品成本为 200.00 元，试求此筵席的产品成本。

分别计算各组产品成本：

A 组产品成本＝240+80＝320.00（元）

B 组产品成本＝2.4×5+28×0.8+40＝22+40＝74.40（元）

C 组产品成本＝$\frac{3\times5}{60\%}$+85＝110.00（元）

D 组产品成本＝200.00（元）

筵席产品总成本＝320+74.40+110+200＝704.40（元）

即此筵席产品的总成本为 704.40 元。

2. 预订筵席的成本计算

对于顾客预订筵席的成本计算，应按照预订筵席的规格要求、费用标准、参宴人数及相应的成本率等，计算出筵席成本、菜点成本。用公式可表示：

$$筵席总成本=筵席标准（筵席售价）\times筵席成本率$$

$$筵席单位成本=\frac{筵席总成本}{筵席桌数}$$

$$某菜点总成本=筵席总成本\times该菜点所占比例$$

$$某菜点单位成本=\frac{某菜点总成本}{筵席桌数}$$

【例 10-23】某顾客预订普通筵席 20 桌，每桌 600.00 元，普通筵席的成本率是 60%，由 6 个大菜、4 个热炒、4 个冷盘、2 个点心、1 个果盘组成，各类菜点成本所占比例分别是 60%、20%、10%、10%。试计算该筵席的成本和各菜点的成本。

根据筵席成本的计算公式，计算如下：

筵席总成本 = 20×600.00×60% = 7 200.00（元）

筵席单位成本 = 7 200÷20 = 360.00（元）

大菜总成本 = 7 200×60% = 4 320.00（元）

大菜单位成本 = 4 320÷20 = 216.00（元）

热炒总成本 = 7 200×20% = 1 440.00（元）

热炒单位成本 = 1 440÷20 = 72.00（元）

冷盘总成本 = 7 200×10% = 720.00（元）

冷盘单位成本 = 720÷20 = 36.00（元）

点心果盘总成本 = 7 200×10% = 720.00（元）

点心果盘单位成本 = 720÷20 = 36.00（元）

任务三　餐饮业酒水成本核算

餐饮企业的经营除了销售餐饮产品以外，最主要的就是酒水的销售了。“餐饮”就是“餐”和“饮”的结合，可见酒水在餐饮企业经营的重要性，而且利润率较高的酒水是餐饮收入的重要组成部分。一般而言，酒水毛利率达到 50% ~90%，酒水收入占餐饮总收入的 30% ~50%，比菜肴来的还要容易。酒水与菜品的适当搭配可以促进餐饮销售，所以酒水管理也可直接影响整个餐饮部门的运行和管理。

酒水是酒类和水类的统称，可指酒、水、饮料等液体可饮用的水，用来招待客人的液体食品。

酒的种类包括白酒、啤酒、葡萄酒、黄酒等。

饮用水是指可以不经处理、直接供给人体饮用的水。包括干净的天然泉水、井水、河水和湖水，也包括经过处理的矿泉水、纯净水等。加工过的饮用水有瓶装水、桶装水、管道直饮水等形式。

一、酒水成本的定义与计算

（一）酒水成本

广义的酒水成本是指餐饮部在经营酒水时所支付的各种费用。狭义的酒水成本是指购买酒水所支付的费用。酒水成本是酒水在销售过程中的直接成本。

（二）酒水采购成本的计算

1. 酒水采购成本的构成

餐饮企业的酒水采购与原料采购一样，是餐饮企业的一项重要支出。酒水采购成本同样包括购入酒水支付的买价和采购费用（如酒水购入过程中的运输费、装卸费、保险费，运输途中的合理损耗，入库前的整理挑选费，购入酒水负担的税费和其他费用等）。

2. 酒水采购成本的计算

①单一酒水采购成本的计算

采购的酒水属于同一品牌类型的，其全部费用直接计入该种酒水的采购成本。其计算公式：

$$\text{某种酒水采购成本}=\text{该种酒水的买价}+\text{应负担的采购费用}$$

$$\text{酒水单位成本}=\frac{\text{酒水采购成本}}{\text{酒水采购数量}}$$

【例 10-24】 某饭店 12 月 15 日从漓泉股份公司购入漓泉 7 度啤酒 20 000 瓶，买价 90 000 元，运杂费 4 000 元。求本次该啤酒的采购单位成本。

根据单一采购成本计算公式，计算如下：

$$\text{啤酒采购单位成本}=\frac{90\,000+4\,000}{20\,000}=4.70\text{（元/瓶）}$$

即该啤酒的采购单位成本是 4. 70 元/瓶。

②几种酒水共同发生采购成本的计算

餐饮企业在一次酒水采购中采购了两种及以上品牌的酒水，则按酒水的重量或买价等分配计入各种酒水成本。其计算公式：

$$采购费用分配率=\frac{采购费用总额}{各种酒水的重量（或买价）之和}$$

某种酒水应负担的采购费用=该种酒水的重量（或买价）×采购费用分配率。

【**例 10-25**】某酒店 12 月 10 日，从东风批发市场购入西凤酒 100 瓶，买价 2 600 元，茅台酒 50 瓶，买价 10 080 元，长城干邑葡萄酒 150 瓶，买价 18 000 元，运杂费 3 750 元。求各种酒的采购成本（按数量分配运杂费）。

根据几种酒水采购的成本计算公式，计算如下：

$$运杂费分配率=\frac{3\ 750}{100+50+150}=12.5$$

西凤酒应分摊运杂费=100×12.5=1 250.00（元）

西凤酒采购成本=2 600+1 250=3 850.00（元）

茅台酒应分摊运杂费=50×12.5=625.00（元）

茅台酒采购成本=10 080+625=10 705.00（元）

长城干邑葡萄酒应分摊运杂费=150×12.5=1 875.00（元）

长城干邑葡萄酒采购成本=18 000+1 875=19 875.00（元）

（三）酒水销售成本的计算

1. 发出酒水成本的计算

酒水的发出成本计算与原料发出成本计算一样，常用的计算发出存货价格的方法有：先进先出法（先购进的先领用）；加权平均法（将每次购进的存货单价平均算出一个价格）；个别计价法（领用时能分清每批购进的数量、价格，就用此方法）。

2. 整瓶酒水销售的成本核算

整瓶销售是指酒水以瓶为单位进行销售，这是餐饮企业最基本的销售形式。整瓶酒水的成本就是其进货价格，以此为基数计算销售价格。如一瓶贵州茅台酒的进货价是 560 元，那么这瓶酒的成本就是 560.00 元。

3. 零杯酒水销售的成本核算

酒水的零杯销售是餐厅酒吧经营中基本的销售形式，主要用于一些烈性酒，如威士忌、干邑白兰地和亚曼邑白兰地、开胃酒、鸡尾酒等。零杯销售必须计算每瓶酒水的销售份额，然后统计出期间的总销售数。其计算公式：

$$单位成本=\frac{每瓶酒水进价}{每瓶酒水容量-损耗量}$$

【例 10-26】 某餐厅酒吧 2016 年 11 月 3 日销售美国波平威士忌 20 杯（每杯 1 盎司）。已知美国波平威士忌进货价为 380.00 元/瓶，每瓶容量为 32 盎司。试求当日某餐厅酒吧销售美国波平威士忌的成本（在不考虑损耗的情况下）。

根据零杯酒水销售的成本计算公式，计算如下：

$$已售美国波平威士忌成本=\frac{380}{32}\times20=237.50\ （元）$$

即当日某餐厅酒吧销售美国波平威士忌的成本是 237.50 元。

4. 配制酒水的成本核算

在一些餐厅酒吧，经常会销售一种配制的酒水，如鸡尾酒。鸡尾酒是由多种原料或酒水配制而成，计算鸡尾酒的成本不仅要计算基酒（主要酒）成本，而且要加入辅助酒、辅助原料和装饰品的成本。在计算酒水成本时要严格按照酒水标准进行，以利加强成本核算。鸡尾酒成本核算公式为：

单杯鸡尾酒成本=配方中基酒成本+辅料成本+配料成本+装饰物成本

其中：基酒、辅料（利口酒、糖浆、碳酸饮料等瓶装材料均可用）的成本可参照零杯酒水销售的成本计算公式。

配料成本，主要是一些鲜榨果汁，比如柠檬汁、橙汁、西柚汁等，其成本计算公式：

$$鲜榨果汁单位成本=\frac{每斤水果价格}{每斤水果榨取的果汁数量}$$

新鲜果皮装饰，如橙皮、柠檬皮、西柚皮去做装饰或者增加香气，其成本计算公式：

$$每杯装饰皮成本=\frac{每斤水果价格}{每斤水果的颗数/每颗水果可切装饰皮数量}$$

为了节省酒吧成本，一般建议如下操作：每天榨取果汁前，就把果皮切下来备用，如果吧台用的果汁不会用到鲜榨的，那可以将果皮切下来，果肉切果盘售卖。这样一杯鸡尾酒所需要的柠檬皮就可以不用另外计算果皮的成本了，这是“废物利用”。

新鲜水果装饰，例如新鲜草莓、蓝莓、菠萝等，其成本计算公式：

$$每杯鸡尾酒用水果装饰成本=\frac{每斤水果价格}{每斤水果装饰鸡尾酒的杯数}$$

用罐装材料装饰，例如橄榄、糖浸樱桃、糖浸荔枝等，其成本计算公式：

$$\text{每杯鸡尾酒用此材料装饰成本}=\frac{\text{每罐材料价格}}{\text{每罐材料的颗数}}\times\text{每杯鸡尾酒需要装饰颗数}$$

【例 10-27】某酒店酒吧调制鸡尾酒 Americano（阿美利加诺），其配方用基酒、装饰物如表 10-2 所示。

表 10-2　Americano 用料表

材料名称	用量（毫升）	单价（元/瓶）	单瓶容量（毫升）
Campari	45	80.00	700
Martini Sweet Vermouth	45	100.00	700
Suntory Soda Water	90	4.00	320
装饰用一个橙半圆片：一斤橙 10 元，一斤 2.3 颗，一颗可以切出 20 个半圆片			
装饰用一个橙皮：合理利用橙肉做果盘售卖，橙皮忽略不计成本			

试求这杯鸡尾酒 Americano 的成本是多少？

计算过程如下：

第一步，根据基酒及配料的成本计算公式：

Campari 的单位成本＝80÷700＝0.114（元/毫升）

Martini Sweet Vermouth 的单位成本＝100÷700＝0.143（元/毫升）

Suntory soda water 的单位成本＝4÷320＝0.0125 元（元/毫升）

橙半圆片的成本＝10÷2.3÷20＝0.217（元/半片）

关于橙皮的成本，可合理利用橙肉做果盘售卖，因此可忽略不计成本。

第二步，根据鸡尾酒的成本计算公式：

Americano 的成本＝45×0.114＋45×0.143＋90×0.0125＋0.217＝12.907（元）

即每杯 Americano 的成本为 12.907 元。

（四）酒水成本率核算

酒水成本率指单位酒水产品的原料成本与它售价的比，用酒水的进货价与销售价来确定，可以用百分比来计算。其计算公式：

$$\text{酒水成本率}=\frac{\text{酒水成本}}{\text{酒水售价}}\times 100\%$$

【例 10-28】一瓶啤酒的进货价是 2.50 元，其售价是 10 元，试求该款啤酒的成本率。

根据酒水成本率的计算公式计算如下：

$$该款啤酒成本率=\frac{2.50}{10}\times100\%=25\%$$

即该款啤酒成本率是25%。

同样，瓶装的酒水也可以用每杯的进价与售价来进行计算。

（五）酒水毛利率核算

酒水毛利率指酒水毛利额与其售价的比，酒水毛利额等于酒水售价减去酒水原料成本。其计算公式：

$$酒水毛利率=\frac{酒水售价-酒水成本}{酒水售价}\times100\%$$

【例10-29】某酒店销售长城干邑葡萄酒的价格为260元/瓶，其采购价格为169元/瓶，试求某酒店长城干邑葡萄酒的毛利率是多少？

根据酒水毛利率计算公式，计算如下：

$$长城干邑葡萄酒的毛利率=\frac{260-169}{260}=35\%$$

即某酒店长城干邑葡萄酒的毛利率是35%。

二、酒水的成本核算

（一）酒水的日成本核算与成本日报表

每日酒水成本的核算是根据每日的发料额来计算的。为了便于控制和检查，许多餐饮企业要求餐厅和酒吧对每一种酒水和饮料的贮存有规定的数量，即建立标准储存量制度。标准储存量制度能有效地防止饮料的短缺。每日向各餐厅发放饮料后要使其储存量达到标准量。

许多酒水价格很贵，为更有效地及时发现酒水的短缺，有些企业实行保留空瓶制度。对零杯销售和混合销售的酒水要求保留空瓶，使这些酒水瓶子总保持在标准数量。整瓶销售的酒水往往由服务员将整瓶送到桌边，有时难以保证100%地回收空瓶，这就要求服务员填写整瓶销售单。在领料时，各餐厅和酒吧不仅需填写领料单，而且还要附上空瓶和整瓶销售单。因此，每日酒水销售额就是各个餐厅和酒吧各种酒水的空瓶数或整瓶销售数乘以每种酒水单价的总和。

一些企业不推行凭空瓶领料制度，而是由各餐厅和酒吧通过清点库存量来算出领料量。计算公式：

$$领料量=各种酒水标准储存量-库存量$$

如果采取标准储存量制度，则每日的领料额实际就是上日的酒水消耗额。计算公式：

上日酒水消耗额=本日各种酒水发料瓶数之和×每瓶成本单价

若不采取标准储存量制度，则当日的发料额即为当日酒水的消耗总额。不管是否采取标准储存量制度，在酒水消耗总额上还要加减成本调整额和各项扣除额才是日酒水成本净额。计算公式：

酒水成本净额=本日酒水发料额+转酒水的食品成本-转食品的酒水成本-赠客酒水成本-招待用酒水成本-其他扣除成本额

由于每日的酒水成本核算没有将酒吧和餐厅库存未售完的半瓶酒考虑进去，因而不十分精确。在日酒水成本表中，列出逐日累积的成本额，精确度会更大。

【例 10-30】某饭店 2017 年 10 月 21 日成本核算员收集企业的成本数据如下，试计算该饭店的酒水成本，并编制日酒水成本报表，如表 10-3 所示。

计算过程如下：

根据上述统计资料，直接计算当日成本，并与标准成本比较。假定规定的成本误差率<2%，成本率差额<1.2%。

表 10-3　某饭店酒水日成本核算资料

2017 年 10 月 21 日　　　　单位：元

项目	酒水
直接购入	820.00
仓库领用	200.00
内部调入	
内部调出	210.00
职工用餐	
招待用餐	100.00
余料出售	
上日结存	500.00
本日结存	120.00
当日营业额	2 926.00
标准成本率	30%

（1）计算结果如表 10-4 所示。

表 10-4　某饭店酒水日成本计算结果

编制日期：2017 年 10 月 21 日　　　　单位：元

项目	酒水
实际成本	790. 00
实际成本率	27%
标准成本率	30%
成本率误差	-3%

分析结果表明，该饭店 10 月 21 日，酒水的成本率存在低于标准成本率的现象，这就要求管理者查明具体原因，提出整改措施。

（2）编制“餐饮酒水成本日报表”。可参照表 10-3 编制，表 10-5 为简单的酒水成本日报表。

表 10-5　酒水成本日报表

编制日期：2017 年 10 月 21 日　　　　单位：元

项目	当日	累计	
		本周累计	上周累计
营业收入	8 500. 00	43 500. 00	38 200. 00
酒水成本	4 000. 00	20 000. 00	18 500. 00
酒水成本率	47%	46%	48. 4%

该表列出了企业当日的酒水成本，并将此项目与本周累计及上周同期的成本率进行比较。从该表中可以看出，当日成本率高于本周累计平均成本率；本周累计成本率比上周累计成本率降低了 2. 4%，说明成本控制见了成效。

（二）月酒水成本的核算与月报表

对月酒水成本的核算，需要进行库存盘点。一般来说，需要对库房的饮料以及餐厅和酒吧结存的饮料都进行盘点。在库房盘点时，要清点各种酒水和饮料的瓶及罐的数量，再乘以各种饮料的单价，由此汇总出库存饮料金额。在餐厅和酒吧清点时，除了要清点整瓶数外，还要对各类酒水的不满整瓶的量作出估计，或称量算出估计量，再核算出金额。通过对期初存库额、本月采购额和期末库存额的汇总，算出本月的消耗总额，再加减调整额和各项扣除额，得出酒水本月净成本额。其计算公式：

酒水月成本=月初库房库存额+月初餐厅（酒吧）库存额+本月采购额-月末库房库存额-月末餐厅（酒吧）库存额-扣除总额

【例 10-31】 某餐饮企业的白酒月报表，如表 10-6 所示。

表 10-6　××餐饮企业白酒成本月报表

编制日期：2017 年 10 月 31 日　　单位：元

项目	金额
月初仓库结存额	23 000.00
月初餐厅结存额	12 000.00
本月仓库采购额	
本月直接购入额	18 000.00
减：月末仓库盘存额	5 000.00
减：月末餐厅盘存额	16 000.00
本月餐饮酒水总消耗	32 000.00
减：转食品的酒水成本	7 500.00
减：其他杂项	2 500.00
扣除总额	10 000.00
本月酒水成本净额	22 000.00
本月酒水营业额	51 100.00
标准成本率	45%
实际成本率（本月酒水成本净额/本月酒水营业额）	43.1%

通过计算月成本率为 43.1%，与标准成本率 45% 进行比较相差 -1.9%，可以清楚地反映出月白酒成本控制得较好，企业收获了更多的利益。

酒水成本月报表应尽量简洁，很多企业将其与食品成本报表列在一起，以方便管理人员使用。

参考文献

［1］张燕，胡群英，费金华，陈国平．会计基础实务操作教程．上海：立信会计出版社，2011.

［2］韦雁玲．基础会计．上海：立信会计出版社，2017.

［3］会计从业资格考试辅导教材编委会．会计基础．上海：立信会计出版社，2015.

［4］王晓娟．物流企业成本核算．北京：机械工业出版社，2013.

［5］段春媚．物流成本核算．北京：中国人民大学出版社，2013.

［6］许彤，秦建玲，何勇．物流成本管理实务．武汉：华中科技大学出版社，2013.

［7］林小岗，吴传钰．餐饮业成本核算．北京：旅游教育出版社，2014.

［8］中华会计网校．2015 年会计从业资格考试——会计基础应试指南．北京：人民出版社，2014.

［9］汪一凡．原来会计可以这么学．上海：立信会计出版社，2010.

［10］刘海涛．会计原来这么有趣——零基础从业篇．北京：机械工业出版社，2016.

［11］何德显．商品流通企业会计核算实务．北京：电子工业出版社，2017.

［12］安建伟．汽车 4S 店财务主管上岗速成．北京：化学工业出版社，2017.

［13］张立波．柜组核算．北京：高等教育出版社，2009.

［14］百羽．商超、卖场、连锁店会计全流程实账实操．北京：北京理工大学出版社，2015.

［15］关红．会计基本技能．北京：高等教育出版社，2015.

［16］中华会计网校．2015 年会计从业资格考试——会计基础应试指南．北京：人民出版社，2014.